고구려의 고분벽화에 그려진
한국의 고대철학

고구려의 고분벽화에 그려진 한국의 고대철학

윤 병 렬 지음

철학과현실사

이 저서는 2006년 정부(교육인적자원부)의 재원으로 한국학술진흥재단의
지원을 받아 수행된 연구임)(KRF-2006-812-A00020)

This work was supported by the Korea Research Foundation Grant
funded by the Korean Government(Ministry of Education & Human
Resources Development (KRF-2006-812-A00020)

들어가는 말

폭풍우의
가장 성스런 회오리 속에서
나의 무덤 벽은
붕괴되고 말 것이다.

그리고선
지극히 자유롭고 영광스럽게
나의 영(Geist)은
아직 알려지지 않은 미지의 나라로
나아가리라.
— F. 횔덜린의 묘비에 쓰인 시(詩)

고구려의 고분벽화를 보고서 "아! 고구려"를 외치는 사람들이 많다. 뭔가 규명하긴 어려워도 우리를 경탄케 하고 압도하며 신비감을 불러일으키는 요소가 많기 때문이다. 이때까지 우리는 주로 고분벽화의 역사(학)적 의미와 회화적 의미를 규명하는 데에 집중해왔다. 그러나 여기에만 그쳐서는 안 된다! 고구려의 고분벽화를 단순한 역사적 전승의 산물로만 규명하는 데 그쳐서는 큰 잘못이다. 또 고구려의 고분벽화는 결코 단순한 회화의 차원에만 머물러 있지도 않다.

만약 누군가 고분벽화가 있다는 것만으로 만족한다거나 역사적 전승에 의한 유물 정도로 규명하는 차원에만 머물러 있다면, 이는 어처구니없는 존재의 가벼움에 머물러 있는 셈이다. 따라서 현명한 자는 벽화가 무엇을 말하려고 하는지에 대해 절실한 질문을 던진다.[1] 바로 이런 노력에서 고분벽화의 혼, 즉 그 존재의미를 드러낼 수 있는 계기가 마련되는 것이다. 이제 고구려의 고분벽화가 세계문화유산으로 지정된 만큼 이 고

분벽화가 여기에 있다는 것을 보고하는 데 그쳐서는 안 되고, 이 고분벽
화의 혼, 즉 그 정신적 의미를 드러내어야 한다. 더욱이 국제화의 시대에
세계문화유산으로 지정된 고구려의 고분벽화를 세계철학의 지평에서 읽
어야 하는 것은 긴요한 과제라고 하지 않을 수 없다.

　고구려의 고분벽화는 고대 한국인의 정신적 원형을 내포하고 있다고
말할 수 있는 비밀을 간직하고 있다. 거기엔 고대 한민족의 예술혼과 정
신문화, 한국 고대철학의 의미가 농축되어 있다. 이제 우리는 고분벽화
의 역사(학)적이고 회화적인 의미의 차원을 넘어 그 정신문화적이고 철
학적인 의미를 읽어내어야 한다. 이 책은 고구려의 고분벽화에 드러난
철학적 의미를 추적하고 이를 세계정신사적 지평 위로 올리는 작은 시도
이다. 고분벽화의 역사적·회화적 차원을 넘어 그 표현인문학적이고 철
학적인 의미를 정립하는 일은 이중삼중으로 긴급한 문제로 여겨진다.

　또 이중삼중으로 긴요하게 여겨지는 과제와 목적은 고구려의 고분벽
화가 세계문화유산으로 등록됨에 따라 인류에게 공감이 되는 정신문화
적이고 철학적인 의미를 밝혀내는 것이다. 오늘날 세계화의 시대에 이러
한 과제는 극히 중요한 것으로 생각되는데, 국외의 사람들에게도 공감이
되는, 단순한 회화적 차원을 넘는 정신문화의 깊이를 드러내어줄 필요가
있는 것이다.

　**만약 어떤 역사적 전승을 ― 그것이 엄청난 역사적인 사실과 내역을 갖
고 있을지라도 ― 역사서술이나 자료설명 및 유물제시의 차원에만 한정
시킨다면, 저 위대한 역사적 전승을 철학의 대열에 올릴 수 없다. 그 의미**

---

1) 이를테면 신영훈의 질문, 즉 "한 가지 더 궁금한 것은 무엇을 그리려 하였느냐는 것이다. 그림
　의 주제에 생각과 사상이 배어 있을 것인데 나는 아직 잘 모르고 있다."(신영훈, 『고구려』, 조선
　일보사, 2004, 18쪽)는 우리 모두의 강력한 물음이고 테마이며 과제인 것이다. 이런 간절한 물
　음 없인 고구려의 위대한 정신을 우리는 터득할 수 없다.

와 내용, 그 생명력과 혼 그리고 그 가치와 비밀 — 이 모든 것을 철학이라고 하자 — 을 펼쳐놓아야만 생명이 깃든 정신문화의 지평을 열 수 있는 것이다.

중국의 댐건설로 인해 수몰된 흘승골성 아래의 초기 고구려의 고분군을 포함하면 1만 기가 훨씬 넘는 고분과 이 고분들에 그려진 고분벽화만으로도 그 규모가 결코 중국의 갑골학(甲骨學)이나 둔황학(敦煌學) 내지는 간다라 문화학에 뒤떨어지지 않기에, 이를 우리는 학문의 한 분야로 승화시키는 노력을 해야 한다. 우리는 고구려의 고분벽화에서 한국의 고대철학을 재발견해야 한다. 엄연히 주어진 자료가 있는데도 침묵하고 있거나 여전히 '훈고학'이나 '왈(曰)철학' 내지는 '가라사대 철학'에 머물고 있다면, 그거야말로 '참을 수 없는 존재의 가벼움'이 아니라 용서할 수 없는 존재의 가벼움이다.

우리의 역사는 중국이나 인도 및 그리스와 같은 나라들에 비해 뒤떨어지지 않지만, 우리 고유의 고대철학은 인도와 중국으로부터 전래된 불교나 도교 및 유교와 같은 종교철학적인 사상들을 제외하면 문헌상으로는 빈약한 편이다. 더구나 기원전 6세기부터의 고대 중국이나 고대 그리스의 수다한 철학자들의 반열에 세울 만한 우리의 고대철학자를 언급하기는 퍽 어려운 편이다. 그러나 결코 실망만 하고 앉아 있을 수는 없다. 철학자 중심의 고대철학이 아닌, 고분벽화나 전승된 이야기 및 신화를 바탕으로 하는 내용중심의 철학은 얼마든지 재발견하고 재정립할 수 있기 때문이다. 필자는 오래 전부터 이러한 과제에 대해 고민해왔으며, 우선 고구려의 고분벽화에서 한국의 고대철학을 읽어내는 것이 하나의 시급한 과제라고 생각했다.

물론 고분벽화를 철학의 지평에서 읽고 해명하는 작업인 만큼 지나친 문학적 상상력을 동원한다거나 건강한 지성을 희생시키는 주장과 진술을 해서는 안 될 것이다. 철학은 무엇보다도 철학적 확실성을 기반으로 해야 한다. "존재하는 것을 존재하지 않는다고 하거나 존재하지 않는 것을 존재한다고 말하는 것은 허위이다. 그러나 이와 반대로 존재하는 것을 존재한다고 하고 존재하지 않는 것을 존재하지 않는다고 말하는 것은 진리이다."[2]라고 아리스토텔레스는 천명한다. 물론 이때 이 명제를 참이게 하는 것은 말(진술)하는 데에 있는 것이 아니고 존재하는 사실 그 자체이다. 이런 아리스토텔레스의 진리와 허위에 대한 규명은 고분벽화를 철학으로 읽고 해명하는 작업에도 바람직한 이정표가 된다.

고구려의 고분벽화에는 범상치 않은 철학적 테마가 그려져 있다. 생활세계의 철학, 고향과 귀향의 철학, 축제문화, 삶과 죽음의 철학, 인간의 궁극적인 문제, 신선사상을 중심으로 하는 초월자에 관한 철학, 원시도교의 철학, 문명창조론, 우주론('사방'으로서의 코스모스), 내세론, 불멸론 등등 철학사에서 굵직하고 심오하게 다뤄지는 테마들인 것이다.

고분벽화에 그려진, 철학과 종교의 '피할 수 없는' 과제인 인간의 불멸성과 자유, 초월자의 존재에 관한 성찰은 한국 고대철학의 깊이를 재조명하게 한다. '불멸성'은 플라톤과 칸트를 비롯한 많은 철학자들에게서 '철학의 근본과제'로 받아들여진다. 플라톤은 대화록 『파이돈』과 『파이드로스』, 『국가』 등에서 그 논의를 전개하고 칸트는 단도직입적으로 신(神), 자유, 불멸성을 형이상학의 피할 수 없는 3대 과제라고 피력했다.[3] 고분벽화에서 인간은 죽음으로 말미암아 절대적인 종말을 고하는 것이 아니라, 신선이 되어 선향(仙鄕) 혹은 본향으로 돌아가 다른 코스모스의

---

2) Aristoteles, *Aristoteles' Metaphysik*(『아리스토텔레스의 형이상학』), hrg. von Horst Seidel, Felix Meiner Verlag: Hamburg, 1989, 1011b.
3) I. Kant, *Kritik der reinen Vernunft*(『순수이성비판』), hrg. von Raymund Schmidt, Felix Meiner Verlag: Hamburg, 1976, B7, B346.

가족들과 만나고 교류하는 것으로 그 불멸성을 드러내어 보인다. 고분벽화에 드러난 인간의 위상은 영원한 종말이나 무화(無化) 및 저주의 운명으로부터 자유롭다.

그는 삶과 죽음의 굴레로부터 자유롭고 '원죄'나 '최후의 심판'과 같은 무거운 짐도 지고 있지 않다. 그는 마치 "지극히 자유롭고 영광스럽게 / 아직 알려지지 않은 / 미지의 나라로 나아가는"[4] 자(者)처럼 천상으로 비상하고 코스모스의 가족들과 교류한다. 또 이와 같이 불멸하는 신들의 세계도 고분벽화에 드러나는데, 면류관을 쓴 천제(天帝)를 비롯하여 문명을 창조한 신들, 신적인 형상을 취한 별들, 신비로운 '신수(神獸)'들은 초월자들이다. 이러한 논의에서 우리는 고구려의 고분벽화에서 형이상학의 3대 과제를 읽을 수 있다. 존재론, 우주론, 인간론, 내세론, 불멸론 등 고분벽화에 드러난 심오한 철학적 사유는 고대의 한국이 외국으로부터의 학문적 · 종교적 영향 외에도 독자적인 문화와 철학을 갖추고 있었음을 확신할 수 있다. 따라서 그 사상적 의미는 대단히 크다.

유네스코가 고구려의 고분벽화를 세계문화유산으로 지정하여 인류공동의 유산으로 확정한 이 시점에서, 고대 한민족의 내밀한 정신문화를 부각시켜 그 우수성을 밝히고, 이러한 내용들이 중국과는 근간을 달리함을 밝혀야 한다. 최근에 중국이 '동북공정'이란 명목으로 고대 한국의 역사를 침탈하는 행위를 자행하고 있다. 옛 고구려의 땅이 현재 자기네 영역에 속해 있다는 이유로 고구려를 중국의 지방이 되는 것처럼 날조하는 행위는 그들이 침탈한 고구려의 영역을 자기네의 것으로 굳히려는 음모인 것이다.[5] 이처럼 중국이 고대 한국의 명명백백한 옛 고구려를 자기네의 소속으로 굳히려는 음모를 꾀하기에, 이러한 고대 한국의 문화유산을

---

4) 횔덜린의 묘비에 쓰인 시(詩).

만방에 알림으로써 옛 고구려의 혼이 곧 오늘날 우리의 혼임을 명실상부하게 드러내야 할 것이다.

고구려인들은 중국의 한족과는 달리 활달하고 역동적인 세계관을 가졌으며, 개성이 넘치는 삶과 문화를 누렸다. 그들은 중국의 한족과는 근본적으로 다른 이질적인 전통과 사상 및 문화를 가졌다. 고분도 다르고 고분 속의 벽화도 다르다. 고분을 만드는 상사(喪事)의 문화 자체가 다른데,[6] 고구려와 고대 한국은 지상과 지상의 높은 곳에, 그들은 지하 깊은

---

5) 최근에 서길수 교수는 두 권의 저술을 출간하였는데, 이 중 하나는 『중국이 쓴 고구려의 역사』(마다정 외 지음, 서길수 옮김, 여유당)로서 중국 내에서 동북공정이 주도된 경위를 밝히고, 또 다른 하나는 『한말 유럽학자의 고구려 연구』(서길수 지음, 여유당)로서 위와는 대조적으로 중국과는 전혀 다른 한국 고대 고구려의 역사와 문화를 서구에 소개한 내용을 자세하게 밝히고 있다. 서교수는 특히 모리스 쿠랑과 에두아르 샤반의 업적을 잘 소개하고 있는데, 쿠랑은 세계 최초 금속활자의 인쇄본인 '직지심경'을 유럽에 소개한 학자로 알려져 있으며, 또 그는 1898년 유럽에 최초로 고구려의 광개토태왕비문을 소개한 학자이기도 하다. 서교수는 쿠랑이 이 비문을 프랑스어로 옮기면서 "한국의 지명과 인물에 관한 것이기 때문에 모두 한국 발음을 사용했다."고 언급한다. 또 그는 쿠랑이 그린 고대 동북아의 역사지도에서 길림성 일대 부여의 영토와 러시아 연해주 일대 읍루를 중국어 한자 발음이 아닌 한국어 한자 발음으로 올긴 사실을 지적한다. 샤반 또한 쿠랑의 논문에 자극받고서 광개토태왕비를 비롯해 고구려의 고분벽화 등 고구려의 유적을 직접 답사하고 조사활동을 펼쳤다. 그는 1907년 고구려의 국내성을 닷새 동안 답사하고 이 기간에 고구려의 고분벽화를 발견했다. 그는 옛 고구려의 유적을 답사하고 조사한 내용들을 묶어 『한국의 고대 왕국 고구려 유적에 관한 보고서』를 발표하였다. 샤반은 고구려사를 명백한 한국사로 인식하면서 고구려의 유적들이 중국인들의 무관심 속에 심각하게 훼손되어 가는 현상에 대해 안타까움을 표명했다. 앞에서 언급한 서길수 교수의 번역서적인 『중국이 쓴 고구려의 역사』는 중국의 동북공정을 주도한 학자들이 얼마나 자의적으로 고구려의 역사와 문화를 침탈했는지를 잘 드러내고 있다. 이 저술에선 동북공정의 시발점이 야기되고 주도된 내용이 집약되어 있다. 다분히 중화주의적 팽창과 침탈의 정치적 저의와 목적을 깔고 있는 이 책에는 마다정(馬大正)의 머리말부터 섬뜩한 주장이 전개되고 있다. "고구려는 중국 동북역사의 소수민족 정권"이며 "고구려·고려와 조선을 구별하라."는 침탈의지를 미리 내세우고 있다. 이리하여 마다정과 동북공정을 주도한 학자들(특히 양바오룽, 리다룽 등)은 기존의 자명한 역사인식과 연구업적 등을 마구 부인하고 날조하며 터무니없는 주장을 펼치고 있다.

6) 신영훈의 지적대로 상사(喪事)의 문화는 "가장 보수적인 관습이어서 남을 닮기도 어렵고 남과 달리하려 해도 쉽게 변형되지도 못하는 특징이 있다. … 서로 다르다면 문화기반에 차이가 있음을 의미한다."(신영훈, 앞의 책, 161-165쪽 참조) 여기서 신영훈은 "중국의 무덤 쓰는 법은 지금 공개하는 사례에서만 보아도 지하 깊은 곳에 묘실(墓室)을 만드는 특징이 있다. 명나라 황제가 묻힌 명십삼릉(明十三陵) 구역에서 공개하고 있는 정릉(定陵)의 현실(玄室)도 깊은 지하에 있는 엄청난 시설이다."(앞의 책, 161쪽)고 지적하여 그 차이를 명확하게 드러낸다.

곳에 만들었고, 벽화의 경우 그들은 큰 의미를 두지 않은데다 미미하기 그지없다. 더구나 고분에 있는 석실(石室)이나 묘실의 지붕돌이 고인돌을 닮았다면,[7] 이는 고구려가 상고시대로부터의 전통을 이어온 것이고 중국과의 문화차이를 그대로 드러내는 것이다. 그들 스스로 유구한 역사가 흐르는 동안 고조선과 부여 및 고구려와 발해를 한국의 역사로 인정을 해오다 느닷없이 '동북공정'이란 미명 아래 음흉한 수작을 펼치고 있는 것이다.

그들은 오랫동안 고구려의 고분에 대해서도 이민족의 문화로 보고서 이들을 보호할 생각을 아예 하지 않았다. 그래서 고분들을 방치해왔으며, 특히 고구려의 초기고분으로 보이는 흘승골성 아래의 고분군을 댐을 만들면서 수몰시켜버린 것이다.[8] 오늘날 고분과 고분벽화의 문화적 가치가 높아지면서, 또한 남북통일이 일어나기 전 역사적 선점을 하기 위해 갑자기 고구려가 '당나라의 지방정부'라는 괴상망측한 주장을 꺼내고 있는 것이다.[9] 오늘날 동북공정이란 미명 아래 괴물 스핑크스 같은 중화주의로 귀속시키려는 음모는 중단되어야 한다.

벽화가 그려진 고분은 인류의 문화유산이 된 만큼 아주 훌륭한 독특함을 갖추고 있다. 이집트 파라오의 고분(피라미드)이나 진시황의 고분(병마총)과는 전혀 다른 차원이다. 이들의 고분도 물론 고고학적으로 또 역사적 유물로 중요한 가치를 가지고 있음에는 틀림없다. 그럼에도 불구하

---

7) 신영훈, 앞의 책, 180쪽 이하 참조.
8) 신영훈에 의하면 까오리묘자촌 혹은 고력묘자촌(高力墓子村)의 240기가 넘는 고분이 다른 유적과 함께 물속에 잠기고 말았다고 한다(신영훈, 앞의 책, 94-98쪽 참조).
9) 중국의 당나라가 기원후 618년에 건국되었는데, 기원전에 건국된 고구려가 그토록 오래도록 (700년 이상) 기다려서 당나라의 지방정권과 동북지역의 소수민족에 편입되었다고? 개도 소도 웃을 일이다. 더욱이 그런 동북방의 소수민족이 수나라 대군을 몰락시키고 또 당태종을 외눈깔로 만들어 돌려보냈단 말인가? 중국은 패권주의와 중화주의에 중독되어 날조와 조작의 꼬락서니를 못 보고 있다.

고 고구려의 고분은 이들 고분과 전적으로 다른 면이 있다. 정신문화적·철학적 가치의 차이인 것이다. 피라미드와 병마총이 무엇을 위해서 건립되었는지를 숙고해보면 그 차이를 잘 알 수 있다. 파라오는 이 세상에서 신격화된 절대군주인지라 죽고 나서도 영원토록 왕노릇을 하기 위해 미라로 만들어졌고 또 피라미드로 건립된 것이다. 권력을 억지로 정당화하기 위해 '파라오'는 '태양신의 아들'이라 하여 신의 대열에 올려놓았던 것이다. 그러므로 파라오에 맞선다는 것은 배교행위와 맞먹는 것이다. 그뿐인가?

수많은 인력(노예들)을 동원해 10년에서 20년에 걸쳐 파라오의 피라미드가 건립되지 않았는가. 그러한 피라미드 중 쿠푸(Khufu)왕의 피라미드는 150m나 되며(그리스인들은 이 피라미드를 가장 높다고 하여 케오프[Cheops]라고 불렀다) 이를 위해 약 20년 간 10만 명의 인력이 동원되었다고 한다. 이 한 사람 파라오의 무덤을 위해 수많은 노예들의 생명이 탈취되었다면, 이 얼마나 무자비하고 잔인한 전체주의이고 전제주의인가. 그런 가혹한 전체주의와 전제주의가 횡행했던 것이다. 피라미드는 왕이 영원히 살겠다는 의도로 노예들의 피로 쌓아올린 건축물인 것이다. 그런데 더욱 경악스러운 것은 필요하다고 생각되는 노예들을 산 채로 함께 묻었고, 심지어 사후의 치료를 위해 의사들도 합장했다고 한다.[10] 고대 이집트와 메소포타미아의 일반 백성들은 — 역사가 잘 증언하듯 — 신권정치를 하는 절대권력자의 종이었다고 할 수 있다.

진시황의 병마총도 이와 유사한 의미를 내포하고 있다. 천하통일을 이

---

10) 이집트의 수도 카이로에서 20km 떨어진 사카라 피라미드 지역에서 새로 발견된 4,200년 전의 묘역에선 왕족의 사후 치료를 위해 의사 3명이 합장된 사실이 발견됐다(『동아일보』, 2006년 10월 23일자).

루고 난 뒤에 그는 엄청난 규모의 무덤을 만들게 했다. 말이 천하통일이지 진시황은 수많은 나라들을 침략하여 인명을 잔인하게 죽였으며, 포로로 끌고 온 자들을 예외 없이 목을 베어 죽였다. 많은 사람을 쉽게 죽인만큼 그는 악몽에 시달렸으며, 죽기 싫어 하늘을 향해 원망조로 비명을 지르고 울기도 하였다. 불사약을 구하려고 신하들을 보내고, 연금술사의 말을 듣고 장수비결로 수은을 복용하였으나 49세의 젊은 나이로 죽고 말았다. 2004년 초 중국 당국의 전자파 탐측을 통해 밝혀진 진시황의 무덤은 그 봉분이 동서 345m, 남북 350m, 높이 76m인데다, 그 봉분 바닥에서 35m의 지하에 축구장 크기만한 거대한 묘실이 나타났다. 이 지하궁의 규모 또한 상상을 초월하는데, 동서 170m, 남북 145m에 달하고 진시황의 관이 놓인 것으로 추정되는 묘실은 여기서 다시 15m 올라간 곳에 위치하고 있다. 피장품의 부식과 도굴방지를 위해 묘실 주위를 채웠다는 '수은의 강'도 확인됐다. 지하세계에서조차 병마총의 병졸들은 진시황을 호위하고 있다. 그뿐인가. 순장이란 이름으로 많은 산 사람을 무덤 속으로 끌고 간 것이다. 진시황릉이나 만리장성의 축조에 끌려간 수많은 노동자들(사료에 의하면 약 백만 명 정도)은 노예나 다름없었고, 평생을 강제노동에 시달리다가 생을 마감한 것이다. 전해진 바에 의하면 두 집 중에서 한 집은 만리장성 축조에서 못 돌아온 가정이라는 것이다.

그러나 고구려의 고분은 위와 같은 목적으로 세워지지 않았다. 벽화를 통해 위와는 전적으로 다른, 정신문화적이고 예술적이며, 불멸성을 드러내는 종교적이고 형이상학적인 메시지를 담고 있는 것이다. 고분벽화에 담긴 메시지는 어려운 해석의 과정을 거치지 않아도 되는 명쾌한 내용을 담고 있다. 고구려의 고분벽화는 **표현인문학적 지평**을 열고서, 거기에 인간의 심원하고 궁극적인 문제들을 펼쳐놓았다. 그것은 세계의 다른 벽화들에서 그 유래를 찾아보기 어려울 정도로 독특하고 고유한 문화적·철학적 의미를 끌어안고 있는 것이다.

고분벽화에 그려진 표현인문학적 · 철학적 의미를 관념론의 틀에 넣거나 그 틀에서 분석할 필요는 없다. 고분벽화에 드러난 테마들은 우리의 생활세계나 거주함, 축제, 사방으로서의 코스모스, 고향과 귀향의 철학 등등 우리의 삶과 친숙해 있기 때문이다. 물론 고분벽화가 함축하고 있는 심오한 철학적 의미들이 쉽게 우리의 시선 안으로 다 들어오지는 않는다. 특별한 그림이나 고분벽화는 감추어진 의미를 갖고 있고, 그런 감추어진 의미는 그림과 벽화에서 상징언어로 표현되기 때문이다. 그러므로 암호와도 같은 상징언어를 해독하는 것이 무엇보다도 중요한 과제이다.

상징을 자명하게 해명해내기는 어렵다. "상징은 모호하고, 알려지지 않고, 우리에게 감추어진 어떤 것을 내포한다. 예를 들면, 크레타의 많은 기념물들에는 쌍도끼 표시가 되어 있다. 이 쌍도끼는 우리가 아는 대상이지만, 우리는 그 상징적인 함축은 알지 못한다."[11] 그 감춰진 의미를 함축하는 상징은 이미 분명하고 직접적인 의미 이상의 것을 내포하고 드러낼 때 사용된다.[12] 그러므로 상징은 대체로 이성이 파악할 수 있는 것을 넘어선 곳에 위치한다. "사람의 이해의 범위를 넘어선 수많은 것들이 있기 때문에, 우리는 우리가 정의할 수 없거나 완전히 파악할 수 없는 개념들을 나타내기 위해서 늘 상징적인 용어들을 사용한다. 이것이 모든 종교가 상징적 언어나 이미지를 사용하는 한 가지 이유다."[13]

세계에 흩어져 있는 수많은 동굴벽화나 무덤벽화는 동물그림이나 해독이 불가능한 문자와 기호가 대부분이며, 대체로 알 수 없는 상징적 의

---

11) 칼 구스타프 융 편저(정영목 옮김), 「사람과 상징」, 도서출판 까치, 1995, 17쪽.
12) 앞의 책, 17-18쪽 참조.
13) 앞의 책, 18쪽.

미를 담은 그림으로 나타난다. 이를테면 세계문화유산으로 등록된 프랑스 베제르 계곡의 동굴벽화(라스코의 석기시대)는 생동감은 있지만, 단순한 동물들에 대한 그림이며, 또 세계문화유산으로 등록된 노르웨이 알타의 바위그림도 사냥꾼과 어부 무리들을 묘사한 그림이 대부분이고 색채도 단순한 주황색이 주종을 이룬다. 또 유럽의 구석기 문화의 말기인 마들렌(magdalenian) 시기에 스페인과 남프랑스의 수많은 동굴에 그려진 암벽화들도 대부분 동물그림이다. 이러한 그림들에서 비록 예술적이고 문화적인 큰 가치는 발견할 수 있지만, 어떤 분명하고 심오한 철학적 메시지를 주워 담기는 어렵다.[14]

　그러나 고구려의 고분벽화는 분명한 문화적·사상적 메시지를 갖고 있으며, 그 예술적이고 종교적이며 형이상학적인 의미를 심오하고 신비롭게 그려내고 있다. 지금으로부터 1,500년 내지 1,600년 전에 마치 동영상으로 펼쳐 보이듯이 총천연색의 색채로 그 신비한 의미를 드러내었다는 것에 경탄을 자아내지 않을 수 없다.

14) 타히르 후세인 엮음(박영구·최병연 옮김),『유네스코 세계문화유산』, 베텔스만 출판사, 12쪽, 28쪽 이하 참조.

차례

1.
고분벽화의 표현인문학과 예술철학

'표현인문학'이란 개념은 상당히 창의적이고 또 시대정신에 걸맞으며, 나아가 인문학의 지평을 확대하는 대단한 기획이라고 할 수 있다. 한국학술진흥재단의 기획과 지원에 의한 '표현인문학' 연구는 한 연구단체 (정대현, 박이문, 유종호, 김치수, 김주연, 정덕애, 이규성, 최성만)에 의해 주도되었다. 이 연구단체는 '인문학의 위기'를 극복하려는 시도에서 인문학의 지평을 확대하여 그리고 시대정신을 참작하여 '제도적 인문학'과 '고전인문학' 및 '이해인문학'에서부터 '표현인문학'으로의 확대를 시도하였다.

'표현인문학'이란 개념은 이 용어 속에 이미 그 뜻이 밝혀져 있어 쉽게 이해되지만, 다음과 같은 규명에서 우리는 그 개념정의를 더욱 명확하게 파악할 수 있다: "인문학이란 일차적으로 문자, 그리고 이차적으로 비문자를 포함한 문화활동을 통해 사람다움의 표현을 모색하는 노력이다."[1] 따라서 비문자적인 문화활동도 표현인문학의 영역에 포함되므로, 그림이나 예술활동, 정보매체나 사진예술, 여행스케치도 당연히 인문학의 카테고리에 속한다고 할 수 있다. 아쉬운 것은 위의 연구단체가 표현인문학의 구체적인 사례를 넓게 들지 않았다는 것과 또한 표현인문학을 위해 계속되는 노력을 기울이지 않았다는 것이다.

고분벽화는 다른 예술작품들처럼 표현인문학의 지평에서 논의될 수 있으며, 이 지평 위에서 그 인문학적이고 정신과학적인, 나아가 한국의 고대철학적인 윤곽을 기획하는 것이 또한 이 책의 주요 목적이다. 표현인문학의 지평에서 심오한 철학을 끌어올린 —그래서 필자에게도 많은 자극이 된— 사례를 몇 가지 들 수 있다. 이러한 사례들은 다음의 장(章)에서 좀 더 면밀하게 고찰할 것이다.

첫째는 셸링(F. W. J. Schelling)의 경우이다. 그에게서 예술은 철학과 별개의 것이 아니라, 오히려 철학의 본질적인 것을 밖으로 드러내어주는 유기체이며, 철학의 과제를 충실히 수행하는 기관인 것이다. 이러한 근거에서 지극히 엄밀한 공간에 그려진 고분벽화는 혼이 담겨 있는 메시지이고 철학이 밖으로 드러난 유기체인 것이다.

둘째는 하이데거(M. Heidegger)의 경우이다. 그는 횔덜린 및 트라클과 같은 시인들의 시작품 및 반 고흐의 예술작품 속에서 철학적 의미를 밝혀내고, 이를 그의 후기사유를 전개하는 데에 주요 사상적 원천으로 삼고 있다.

셋째는 월시(W. H. Walsh)의 경우이다. 그는 『형이상학』에서 예술비평이나 문학비평이 형이상학의 주요 원천이 됨을 지적한다.

넷째는 야스퍼스(K. Jaspers)의 경우이다. 그는 『비극론』에서 종교와 예술(특히 브로이겔과 보쉬의 그림세계), 문학 속에 배태된 철학적인 앎

---

1) 정대현 외, 『표현인문학』, 생각의 나무, 2000, 29쪽.

을 통하여 초월해가는 인간의 실존적 모습을 그려내고 있다.

다섯째는 롬바흐(H. Rombach)의 경우이다. 그는 그림과 철학과의 관련 여부를 면밀히 파악하고서, '그림철학'이라는 철학의 새로운 영역을 개척하고 있다. 이 영역에는 예술적인 그림뿐만 아니라 암벽화와 동굴벽화, 신화와 전설, 동화와 문학작품, 시(詩)와 의례에 현존하고 있는 내용들도 포함되어 있다. 그런데 롬바흐가 동물그림에서 암호와도 같은 내용을 읽어내는 것에 비해, 우리의 고분벽화는 명백한 철학적 메시지를 담고 있으며, 이를 읽고 해명하여 학문적 지평 위로 올리는 것은 긴급한 과제로 보인다.

이미 철학자 셸링에게서 예술이 철학과 별개의 것이 아니라 철학의 내용을 밖으로 드러내어주는 기관, 즉 계시된 철학(die geoffenbarte Philosophie)으로 파악되기에, 고분벽화를 이런 방식으로 예술작품의 지평에서 고찰한다면 철학의 혼이 담긴 표현인문학이 되는 것이다. 예술이 철학의 본질적인 것을 드러내는 유기체라면 이러한 예술은 지극히 고매한 의미를 지닌다고 하지 않을 수 없다. 그러므로 셸링에 의하면 예술은 철학이 자신의 과제를 충실히 수행할 수 있을 능력의 구체적 증거이자 기관인 것이다.[2]

이런 독특한 위상을 가진 셸링의 예술철학에 대해 철학사가인 슈퇴릭히는 다음과 같이 지적하고 있다: "그러므로 예술은 철학이 어떤 외적인 형식을 통하여 나타낼 수 없는 바로 그것을 늘 그리고 끊임없이 새롭게 드러내어주는, 즉 말하자면 철학의 본래적인 뜻을 밝혀주는 영원의 기관(Organon)인 것이다."[3]

---

2) F.W.J. Schelling, *Texte zur Philosophie der Kunst*, 1982, 112–121쪽 참조.

셸링에게서 예술은 세계와 자아, 실재적인 것과 관념적인 것, 무의식적이고 의식적인 자연의 활동이 완전한 조화를 이루며 현상하는 영역이다. 이 조화는 이론적인 방식으로 인식될 수는 없다. 자연과 정신이 하나되는 이 신비로움은 오직 '지성적인 통찰(intellektuelle Anschauung)'에 의한 예감이나 직관을 통해서만 포착될 수 있다.[4]

셸링에게서의 예술은 결코 어떤 사물에 대한 단순한 모방의 차원이 아니고, 또한 고전주의 미학(특히 바움가르텐)에서 볼 수 있는 '저급한 감성의 인식단계'도 아니며, 또한 헤겔에게서 드러나듯 감각이라는 태생적 한계 때문에 절대정신을 담기에 너무나 미미한, 그래서 곧장 '예술의 종말'로 치달을 수밖에 없는 그런 예술이 아니다. 셸링에게 예술은 진리의 한 상징 혹은 가교로서의 역할이 아니라, 진리를 인식하고 담보하는 기관인 것이다. '보편학'인 철학은 셸링의 예술철학에 잘 드러나듯이 의식적 활동과 무의식적 활동, 말하자면 정신과 자연의 무한한 대립의 상을 총체성의 이념으로 인식하는 것을 과제로 한다.

예술작품은 — 하이데거의 해석에도 분명히 드러나듯 — 어떤 특별한 미학적이고 철학적인 메시지를 담고 있다. 고구려의 고분벽화는 그러나 예술작품의 차원을 넘어 인간의 심층세계, 인간의 궁극적인 문제, 이승과 저승을 넘나드는 종교론과 형이상학 및 우주론 등등을 드러내고 있다. 마치 문학이나 신화, 시와 음악이 단순하게 자신들의 고유한 영역에만 머물러 있는 것이 아니듯이 고분벽화 또한 회화의 범주에만 갇혀 있는 것이 아니다. 이를테면 호메로스의 서사시나 괴테의 문학세계, 반 고

---

3) Hans Joachim Störig, *Kleine Weltgeschichte der Philosophie 2*, Fischer: Frankfurt a.M., 1981, 122-123쪽.
4) 앞의 책, 122쪽 참조.

흐나 베토벤의 예술세계는 제각기 그에 상응하는 심오한 철학적 내용을 함축하고 있는데, 이처럼 고구려의 고분벽화도 회화의 범주를 넘어 고도의 정신문화적이고 인문학적인 메시지를 포괄하고 있는 것이다.

일반적으로 예술적인 그림의 세계는 아무런 정신적 배경이 없이 탄생되지는 않는다. 화가의 그림이나 작곡가의 멜로디는 바로 이 예술가들의 정신적 표현임이 자명하고, 그러한 바탕 위에서 작품이 탄생되는 것이다. 반 고흐나 이중섭의 예술세계를 들춰보면, 이들 화가들의 예술철학과 형이상학이 도도하게 흐르고 있음을 감지할 수 있다. 만약 그러한 철학을 읽지 못한다면 진정으로 그들의 예술세계를 이해했다고 말할 수 없을 것이다. '정신(Geist)'은 철학자들의 머릿속이나 그들의 텍스트 속에만 나타나는 것이 아니라, 예술작품 속에도, 시와 신화에도, 고분벽화에도 드러나는 것이다.

그러므로 예술비평이나 문학비평은 그 자체로 철학과 형이상학의 원천이 될 수 있는 것이다. 최근에 월시는 그의 『형이상학』[5]에서 예술비평이나 문학비평이 형이상학의 주요 원천이 됨을 지적하고 있다.[6] 이러한 비평들에는 물론 과학이나 수학을 뼈대로 구축하는 형이상학과는 달리 가부간의 결정을 명확하게 내릴 수 있는 결정적인 척도와 절차는 존재하지 않는다. 그러나 그렇다고 그 비평적 논의나 이론들이 — 월시가 온당하게 지적하듯 — 결코 자의적으로 해석되거나[7] 아무런 근거없이 채택되는 것은 전혀 아니다.

---

5) W.H. 월시(이한우 옮김), 『형이상학』, 문예출판사, 1996.
6) 앞의 책, 254쪽 참조. 또 다른 곳에서 월시는 다음과 같이 확고히 한다: "나는 형이상학을 — 과거에 종종 그랬던 것처럼 — 과학이나 수학과 비교하기보다는 문학비평과 같은 활동에 주목함으로써 형이상학적 진리와 형이상학적 논증의 문제를 더욱 명확하게 해명할 수 있으리라 생각한다."(255쪽)
7) 앞의 책, 255쪽 참조.

삼라만상을 다 과학적으로 입증하겠다는 것은 무모한 짓이다. 그러므로 형이상학을 과학적으로만 구축하겠다는 시도 또한 어리석은 짓일 것이다. 소위 비과학이라고 낙인 찍힌 분야들도 그것이 미신이거나 터무니없는 말이 아니라면 철학적 영역으로 초대할 필요가 있으며, 그리하여 철학적 이해의 지평을 넓힐 수도 있다. 그런 필요성은 과학이 관여할 수 없는 영역이 있으며(바로 예술비평이나 문학비평, 문화비평, 시해석, 그림철학, 표현인문학 등등), 또한 무엇보다도 초과학적 영역이 존재하기 때문이다.

월시는 문학비평이나 예술비평과 같은 활동이 오히려 형이상학과 깊은 관련이 있음을 다음과 같이 밝힌다: "문학비평 작품을 평가함에 있어 우리는 작품 이해의 심도, 일관성, 통찰력 등과 같은 것을 고려해야 한다. 우리는 훌륭한 비평을 통해 일반적으로 간과하기 쉬운 측면들을 알 수 있고, 또한 전혀 새로운 시각에서 기존의 이해나 앎을 볼 수 있게 되기를 기대한다. 그것은 하나의 조명(照明)이며, 특별한 의미에서의 이해이다. 하지만 이런 것들은 이 책에서의 주장에 따르자면 형이상학과 깊은 관련을 갖는 특질이자 성과이다."[8]

형이상학이 자연과학과 수학의 틀에서 해방된다면, 소위 참과 거짓의 카테고리와 보편타당성의 강요에서 해방된다면(물론 이들을 배척할 필요는 없다!), 자기 생성적(sui generis) 활동이나 원리, 초자연적이고 창조적인 영역, 나아가 원초적인 비춤(Lichtung)과 엶(Eröffnung)이 오히려 형이상학의 지평을 풍성하게 하고 확대하는 것이다. 물론 이들이 형이상학을 가능하게 하는 요인이라고 해서 형이상학과 분리할 수도 있겠지만, 분류상 그 지평에서 논의할 수도 있다.

8) 앞의 책, 257쪽.

고대의 고구려인들은 그 어떤 학문적 체계에 바탕을 둔 이론적인 주장이나 규명보다는 오히려 벽화를 통하여 철학적 깊이를 드러내었다. 고분벽화 속에는 인간의 생활세계와 거주함(하이데거에게서 철학적 논의의 지평으로 승화됨), 불멸의 형이상학과 종교론, 나아가 우주론이 총천연색으로 담겨 있다. 해와 달과 별들과 하늘세계의 천문학적 의미와 그 형이상학적 우주론, 나아가 플라톤과 하이데거가 그들의 철학적 논의를 통하여 밝힌 코스모스의 '사방'적 의미를 총천연색의 고분벽화를 통해 더욱 실체감 있게 드러낸 것이다. 그렇다면 메시지가 담긴 벽화나 신화는 철학적인 논의나 이론적인 작업 이상으로 더욱 생동감 있게 **표현인문학**적인 역할을 수행하고 있는 것이다.

잘 알려졌듯 하이데거는 횔덜린과 트라클, 게오르게의 시작품과 시적 통찰을 그의 후기사유를 전개하는 데 있어서 주요 사상적 원천으로 삼고 있다. 그의 『예술작품의 근원』에서는 예술작품 속에 내재한 철학적 의미를 밝히는데, 예술작품과 사물과의 관계, 예술작품과 진리(비은폐성), 진리(비은폐성)와 예술의 관계를 해명하고 있다. 여기서 하이데거는 반 고흐(Vincent Van Gogh)의 잘 알려진 그림인 「농부의 신발」을 예로 들어가며 예술작품에 내재된 철학적 의미를 밝힌다.[9] '농부의 신발'이라는 도구에 담긴 도구–존재(Zeugsein)의 의미를 해명한 것이다.

하이데거에 의하면 도구의 도구–존재에 대한 의미는 그 기여성(Dienlichkeit)에 있다.[10] 그렇다면 반 고흐의 「농부의 신발」을 통해서 우리가 읽을 수 있는 것은 농부가 이러한 신발을 신고 농토 위에서 일을 할 때의 그 기여성이다. 바로 여기서 '농부의 신발'이 무엇인가가 드러난다.

---

9) M. Heidegger, *Der Ursprung des Kunstwerkes*, Reclam: Stuttgart, 1988, 26–30쪽 참조.
10) 앞의 책, 26쪽 참조.

어떤 도구가 쓸모있게 사용되는 과정에서 우리는 그 도구스러운 것(das Zeughafte)을 실제로 포착하게 된다. 이와는 달리 만약 우리가 예사롭고 일반적인 한 짝의 신발을 눈앞에 놓는다거나 그림 속에서 아무런 특성도 없는, 그리고 사용된 적도 없는 신발을 본다면, 우리는 도구의 도구-존재가 진실로 무엇인지 결코 경험할 수 없을 것이다.[11]

그러나 이와 대조적으로 고흐의 예술작품 속에 드러난 농부의 낡아빠진 신발에서는 노동의 역정에 대한 고단함이 버티고 있다. 적적한 농토 위에서, 또 수없이 밭이랑을 오가며, 때론 모진 풍파에도 견디어내면서, 딱딱한 대지와 무언의 싸움을 벌여왔던 것이다. 그러면서 대지의 부름에 응하기라도 하듯 익은 곡식이 선물로 주어진다. 이러한 '농부의 신발'이라는 도구 속에는 안정된 식량을 마련하기 위한 농부의 근심걱정이 배어 있고 궁핍을 극복하는 말없는 기쁨도 스며 있다.[12]

그리하여 반 고흐의 그림은 곧 도구로서의 한 짝의 농부의 신발이 진실로 무엇인지를 밝혀주는 것이다. 농부의 신발이라는 이 도구가 자기 존재의 비은폐성으로 드러난 것이다. 그러므로 예술작품 속에서 만약 어떤 존재자가 무엇이며 또 어떻게 존재하는지 드러난다면, 그것이야말로 예술작품에 진리(비은폐성)의 현현이 내재함을 밝히는 것이다.[13]

야스퍼스(K. Jaspers)도 그의 『비극론』에서 종교와 예술 및 문학 속에 배태된 '비극적인 앎'을 통하여 초월해가는 인간의 실존적 모습을 그려내고 있다.[14] 문학의 장르 중 서사시와 비극 속에 배태된 '비극적인 앎'은 '난파(Scheitern)'를 초극해가도록 길안내의 역할을 하며, 이를 통해 야

11) 앞의 책, 27쪽 참조.
12) 앞의 책, 27쪽 이하 참조.
13) 앞의 책, 30쪽 참조.
14) K. Jaspers, *Die Sprache/Über das Tragische*, Piper: München, 1990, 87쪽 이하 참조.

스퍼스는 인간의 실존적 위대함을 드러내고 있다.[15] 이런 맥락에서 야스퍼스는 잘 알려진 오이디푸스 신화와 셰익스피어의 햄릿을 재해석하며,[16] 특히 비극적인 분위기를 자아내는 화가 브로이겔(H. Breughel)과 보쉬(Hieronymus Bosch)의 그림세계 — 죄와 죽음, 지옥과 고통, 비참함과 같은 섬뜩한 세계를 그린 화가들 — 를 해명하면서[17] 인간존재의 근본에 있는 '비극적인 것(Das Tragische)'을 통한 초월의 위대함을 드러내었다.

최근에 독일의 철학자 롬바흐(H. Rombach)는 그림과 철학과의 관련 여부를 세심히 검토하고서, 이를 '그림철학'으로 승화시켜 철학의 새로운 지평을 개척하고 있다.[18] 그는 예술적인 그림을 위시하여 암벽화와 동굴벽화, 신화와 전설, 동화와 문학작품, 시(詩)와 의례에 현존하고 있는 내용에 대해 철학적 분석을 시도하고, 이를 통해 '그림철학'의 영역을 개척한 것이다.[19] 롬바흐에 의하면 그림이란 전통적으로 이해해온 단순한 모사(Abbild)의 차원이 아니라, "정신의 소인이 찍혀 있는 것", 총체적인 것의 생생한 임재(Realpräsenz des Ganzen), 혹은 총체적인 것의 직접적인 현현(Präsentation)이다.[20]

이를 좀 더 자세히 말하면, 그림에는 어떤 방식으로든 살아 있는 정신이 녹아 있는 것이다.[21] 더 나아가 롬바흐는 "흔적에도 정신은 완전히 현

<hr>

15) 앞의 책, 94쪽 이하 참조.
16) 앞의 책, 110쪽 이하, 113쪽 이하 참조.
17) 앞의 책, 102쪽 참조.
18) 전동진 교수가 지적하듯 롬바흐의 그림철학은 "하이데거의 '예술작품' 분석 또는 '사물(Ding)' 현상학과 깊은 관련을 맺고 있는 철학이다."(전동진, 「롬바흐의 그림철학」, 『하이데거의 예술철학』, 철학과현실사, 2002, 18쪽)
19) H. 롬바흐(전동진 옮김), 『아폴론적 세계와 헤르메스적 세계』, 서광사, 2001, 340쪽 이하 참조.
20) 전동진, 앞의 논문, 20–21쪽 참조.

존한다."고 덧붙이고 "손상된 텍스트에서도 그 정신을 '읽을 수 있다'."
고까지 한다. [22] 이러한 진술들을 해명하기라도 하듯이 롬바흐는 그의
『정신의 삶』에서 구석기 문화의 말기인 마들렌(magdalenian) 시기에 스
페인과 남프랑스의 수많은 동굴에 그려진 암벽화 읽기를 시도한다. 그런
데 이 암벽화들은 대부분 동물그림이다. 그는 아리에주의 르 포르텔 동
굴에 그려진 '움직이는 말'과 카스텔론의 가술라 협곡에 그려진 '멧돼지
사냥', 로트의 페쉬-메를르 동굴에 그려진 '매머드' 등을 해석하면서 이
와 같은 동굴벽화 시대의 문화를 '엑스타지스(Ekstase) 문화'로 규명한
다. [23]

　롬바흐의 시도는 우리의 고분벽화에 대한 고찰에도 고무적이지 않을
수 없다. 고분벽화와 신화는 지극히 당연하게 철학적으로 성찰할 가치가
있으며, 더욱이 이는 우리에게 긴요한 과제이다.

　롬바흐에 의하면 '근본철학'이란 '펜'과 '낱말'에 의한 것이라기보다는
오히려 삶에서, 생활방식과 행동양식의 회화적인 표현으로부터 유래한
다는 것이다. 즉 말하자면 인간의 '회화적인 자기해석들'이야말로 저 '근
본철학'의 심층으로 내려가기 위한 '유일한 계단들'이라는 것이다. [24] 이
에 비해 '개념적이고 텍스트적인 철학'은 롬바흐에 의하면 오히려 위와
같은 '근본철학'에 의존하고 있는 '이차적인 현상'에 불과한 것이다. [25]

　그러므로 롬바흐의 견해에 비춰봐도 고구려인들의 생활세계와 거주하

---

21) 롬바흐는 그의 철학적 그림책이라고 할 수 있는 『정신의 삶(*Leben des Geistes*)』(Herder,
　　Freiburg/Basel/Wien, 1977)에서 그림 속에 내재하는 정신의 생동하는 자취를 쫓고 있다.
22) 전동진, 앞의 논문, 41쪽 참조.
23) 앞의 논문, 28-33쪽 참조.
24) 앞의 논문, 26쪽 참조.
25) H. 롬바흐(전동진 옮김), 『철학의 현재』, 서광사, 2001, 12쪽 참조.

는 방식, 문화생활, 죽음과 불멸의 세계, 초인간적이고 천상적인 삶의 방식을 고분벽화에 표현한 것은 근본철학적인 심층세계를 드러낸 것이라고 할 수 있다. 더욱이 고구려의 고분벽화는 그 그림에 드러난 내용 자체가 이미 분명한 근본철학적 메시지를 갖고 있고, 정신·문화·예술의 심층세계를 드러내고 있다.

도대체 왜 어두컴컴한 무덤 속에 벽화를 그렸다는 것인가. 언젠가 무덤을 파헤쳐 사람들에게 전시하려고? 결코 그럴 것 같지는 않다. 그럼에도 온 정성과 온 역량을 쏟아부어 상상을 초월할 정도의 벽화를 그린 것은 도대체 무슨 의미를 내포하고 있단 말인가. 혼을 쏟아부은 벽화지만, 그야말로 마지막 문을 잠그고 밝은 세상과 완전한 결별을 하고 나면 아무도 이 벽화를 볼 수도 없을 텐데 말이다. "벽화가 완성되고 돌아가신 망자의 시신이 관대에 모셔진 뒤 문을 닫고 나가면 이제야말로 그믐밤만큼이나 어두울 것이다. 그런 어둠 속에 무엇 때문에 저런 그림을 그렸단 말인가. 한 획도 보이지 않을 터인데."[26]

정확한 이유를 우리는 알 수 없지만, 그래도 몇 가지 이유는 추론할 수 있다. 우선 지상 위의 사람들을 위해 전시하고 보이려고 벽화를 그린 의도는 결코 없었을 것이다. 또 중요한 것은 죽음이라는 것이 완전하고 궁극적인 종말이라고 판단했다면, 그래서 더 이상 아무것도 남지 않는 적나라한 무화(無化)라고 여겼다면, 저런 벽화를 그리지 않았을 것이다. 그렇다면 장식적인 의미도 끼어들 여지가 없다는 결론이 나온다. 죽음이 완전한 무화라면 더더욱 세계 내에 거주하면서 이승의 삶을 영위하는 인간과 현실의 모습을 결코 벽화로 그려낼 필요성을 갖지 않았을 것이다.

---

26) 신영훈, 『고구려』, 조선일보사, 2004, 12쪽.

그러나 이 모든 의혹들을 넘어 벽화를 그린 것 자체가 — 말하자면 벽화의 내용을 통해 뭔가를 드러내려는 것 이전에 — 이미 철학적이고 형이상학적인 의미를 갖는 것이다. 뭔가를 드러내려는, 그리고 결코 죽음이 허망한 무화(無化)가 아니라는 강력한 메시지가 이미 담겨 있는 것이다. 그것은 결코 죽지 않는 인간의 운명에 관한 표현이고 사후의 세계가 존재한다는 선언이며, 또 그런 측면에서 철학적·형이상학적·종교적 의미를 갖는 것이다. 그리고 이러한 심오한 의미들을 바로 벽화를 통해 드러낸 것이다.

땅 위에서의 삶에서 지하의 죽음으로 옮겨진 공간에 삶과 죽음에 대한 문제, 내세의 문제, 불멸의 문제, 절대자(神)와의 관계, 코스모스와 초월세계에 대한 문제를 고분벽화를 통해 표현했다는 것은 바로 그 자체로서 심오한 철학적 문제와 상통하고 있는 것이다. 엄밀하고 압축된, 그리고 긴장된 지하의 공간에, 그것도 시신이 안치된 곳에 표현된 고분벽화는 결코 단순한 예술행위에 그치지는 않는다. 총천연색의 생생한 동영상으로 펼쳐 보이는 듯한 고분벽화는 고구려인의 웅장하고 고매한 정신문화뿐만 아니라, 그 속에 숨쉬는 철학적 메시지마저 살아서 꿈틀거리게 한다.

고구려인의 적극적이고 활동적인 세계관은 벽화에도 그대로 드러나 있다. 이를테면 인간의 일상적 생활세계, 행차하는 모습, 부엌살림, 손님접대, 씨름경기, 수렵도, 춤추는 모습, 악기를 연주하는 모습과 합창단의 합창, 날아가는 용과 불사조인 세 발의 봉황을 타고 비상하는 신선들 등등 어느 하나도 정적이거나 침체되어 있는 분위기를 허락하지 않는다.[27]

---

27) 동양문화가 정적이라고 하지만, 고구려인의 문화적 형태는 오히려 이와 반대로 동적이라고 할 수 있다.

놀라운 일은 고구려인들이 이러한 적극적이고 활동적인 바탕 위에서 현세적 삶을 잇는 내세관과 우주관, 불멸사상과 하늘세계의 파노라마를 — 이것을 고대 그리스인들이 그랬던 것처럼 '형이상학적 세계관'이라고 하자 — 명확하고 생생하게 펼쳐 보이는 것이다.

이토록 엄밀하고 위축된 공간에 형이상학적인 것과 종교적인 것만 드러내지 않았다는 것은 그들이 결코 한쪽으로만 치우치지 않은 증거이다.[28] 인간의 일상적 생활세계를 넉넉하지 않은 공간에도 면밀히 드러낸 것은 물론 인간이 사후에도 영원히 신선으로 혹은 영혼의 형상으로 인간적 삶을 영위한다는 것이지만, 땅 위에서의 삶과 땅 위에서의 일이 천상의 것에 비해 결코 하찮은 것이 아니라는 뜻도 내포되어 있다. 이렇게 파악된 대지는 곧 '사방'으로서의 코스모스가 그 유기적인 '거울-놀이'를 함에 있어서 결코 손색이 없는 파트너가 됨을 천명하는 것이다.

---

28) 만약 현실적인 삶과 이승적인 것만 그렸다면, 그들은 현세주의에 치우쳤거나 초월적이지 못했다고 할 수 있고, 또 이와 반대로 종교적인 것과 내세적인 것만 그렸다면, 그들은 신비주의에 치우쳤다고 할 수 있다. 그러나 그들은 한쪽으로 치우치지 않았다. 이런 양상은 과오를 범한 철학사에도 시사점이 크다. 이를테면 헤겔이 정신(Geist)만을 강조하자 헤겔좌파들이 등장하여 이 '정신'을 폐기처분하고 그 빈 자리에 물질만을(유물론) 채우지 않았던가. 그리고 이러한 것이 인류에게 비극적인 이데올로기 대립의 시발점을 제공하지 않았던가.

2.
생활세계의 철학
— '거주함'의 철학적 지평

'거주함'을 사람들은 그저 일상생활의 기본적 형태로 보고 아무런 철학적 물음을 제기하지 않는다. 그러나 철학이란 이런 인간의 생생한 삶의 모습이 있는 곳에 더욱 가까이 거처한다. 인간의 삶과 생명을 등진 철학은 그야말로 고리타분한 개념놀이를 일삼는 것이거나 허공에 '사상의 누각'만 전개하는 관념놀이에 불과할 것이다. 그러나 '거주함'이야말로 인간의 삶과 생활이 생생하게 펼쳐지는 현상을 일컫는다. 하이데거에 의하면 거주함은 인간이 이 땅 위에서 존재하는 방식이다.[1]

고대 그리스인들은 이미 이러한 사실을 꿰뚫어보았는데, 이러한 거주함의 양식을 모든 생명체에 적용하고 있다. 말하자면 모든 생명체가 삶을 영위하고 거주하는 양식을 오이코스(Oikos)라고 칭한 것이다. 하늘을

---

[1] M. Heidegger, *Vorträge und Aufsätze*(『강연과 논문』), Neske: Pfullingen, 1990, 142쪽 참조.

날아다니는 새도 다양한 형태의 둥지를 틀고, 미미한 곤충에서부터 바닷가의 조개류에 이르기까지 실로 거처하지 않는 생명체가 없다. 천사도 집에 거주할 것이다. '집 없는 천사'는 진짜 천사가 아니기 때문이다.

우리는 거주함의 양식을 지상에서 천상으로까지 확대할 수 있다. 따라서 거주함의 양식이 초지상적·우주적 속성을 갖고 있음을 파악해보자. 이를테면 천당이나 극락, 지옥을 떠올리면 죽음 이후의 존재자도 거주하는 형태로 존재할 것이다. 천당이나 극락에는 거기에 거주할 만한 이들이 거주할 것이고, 또 지옥에도 거기에 거주할 만한 이들이 거주할 것이기 때문이다. 이런 거주양식은 그리스 신화의 하데스-주민이나 시인 단테(A. Dante)의 『신곡』에서 지옥·연옥·천국의 경우에도 해당될 것이다.

따라서 '거주함'을 철학적 지평 위로 올리는 것은 지극히 당연할 뿐만 아니라, 그 현사실적이고 형이상학적이며 존재론적인 속성이 하나로 만나는 테마이기도 하다.

가. 하이데거에게서 거주함의 철학

독일의 철학자 하이데거(M. Heidegger)는 여느 철학자와는 달리 바로 이러한 '거주함'을 철학의 지평 위로 올렸다.[2] 그가 생애의 전후기를 통해 존재사유를 밝히고 드러내는 데에 주력한 것은 주지의 사실이다. 그런데 이러한 존재사유를 전개하면서 전기에는 인간의 생생한 삶과 현사

---

2) 하이데거의 저서 『강연과 논문(Vorträge und Aufsätze)』 속에 있는 소논문 「건축함 거주함 사유함(Bauen Wohnen Denken)」은 바로 거주함과 건축함 및 사유함의 철학적 의미를 밝히고 있다.

실성(Faktizität)에 토대를 두었고, 후기에는 언어와 시적 통찰을 통해 존재에의 접근을 시도하고 있다. 이러한 사유전개에서 하이데거는 '거주함'이 인간의 본질적 요소를 이루고 있음을 간파하고 이를 철학의 주요 테마 중 하나로 삼았다. 인간적인 방식으로 존재한다는 것은 곧 하이데거에 의하면 거주하는 것이다.[3]

하이데거가 이미 전기의『존재와 시간』[4]에서 '거주함'을 중요한 테마로 삼은 것은 그의 후기사유에 속하는『휴머니즘에 관한 편지』에서도 언급하고 있다.[5] 여기서 그는 거주함을 '내-존재(In-Sein)'로 파악하고 이를 "현존재의 존재에 관한 형식적이고 실존적인 표현"[6]이라고 규명한다. 따라서 그는 '거주함'을 인간 현존재의 본질로 보고 있으며, 그런 본질을 '세계-내-존재'의 분석을 통해 밝히고 있다. 현존재는 세계를 드러내고 구성하며 혹은 이와 반대로 이러한 세계를 방치해둘 수도 있다. 그러므로『존재와 시간』에 드러난 거주함이 표명하는 것은 세계를 열어젖히는 실존의 의미로서 파악된다. 말하자면 인간 현존재의 거주함의 의미는 곧 실존을 통해 세계를 드러내는 데 있는 것이다. 그런데 후기에서 하이데거는 그의 소논문「건축함 거주함 사유함(Bauen Wohnen Denken)」을 통해 '거주함'을 본격적으로 철학적 논의의 지평 위로 올려놓는다. 아래에서 우리는 이 소논문을 통해 그의 '거주함'에 대한 사유를 파악해본다.

겔렌(A. Gehlen)도 지적하듯이 인간은 다른 동물에 비해 '결핍된 존재(Mängelwesen)'이고, 이 결핍된 부분을 그는 문화로서 보완하고 극복해

---

3) M. Heidegger, 앞의 책, 151쪽 참조.
4) M. Heidegger, *Sein und Zeit*, Max Niemeyer: Tübingen, 1984, 54쪽 참조.
5) M. Heidegger, "Brief über den Humanismus", in *Wegmarken*, Frankfurt a.M., 1978, 355쪽 참조.
6) 원문: "In-Sein ist … der formale existenziale Ausdruck des Seins des Daseins, …" (*Sein und Zeit*, 54쪽)

야 한다. 인간의 세계는 동물에 비해 자연적으로 혹은 선천적으로 주어져 있지 않다. 그의 세계는 저절로 혹은 자명하게 주어진 것이 아니라, 스스로 일구어나가고 또 성취해야 할 과제로서 주어져 있다.[7] 그러나 동물은 지음을 받은 그대로 살며 자신에게 주어진 세계를 유일하고 불변적인 것으로 받아들이기에, 세계를 일구어나가거나 변경 및 창조할 필요도 없고 또 필요성도 못 느끼고 살아간다.

인간의 세계는 동물에서와 같이 완성된 형태로 혹은 굳은 형태로 주어져 있지 않고 **미래적으로 성취되어야 할 과제**로 주어져 있다.[8] '거주함'도 이러한 과제의 중요한 일환이며, 이 과제는 인류의 시작과 더불어 — 그 거주형태가 아주 원시적이라고 하더라도 — 존재해왔다고 볼 수 있다. **하이데거와 고구려의 고분벽화는 '거주함'이 인간의 존재방식의 본질적 요소임을 적나라하게 드러내 보인다.**

그런데 고대 고구려인들은 바로 이 '거주함'을 고분벽화의 엄밀한 장소 속에 담아냄으로써 인간존재의 가장 기본적인 토대임을 드러내 보였다. 그 협소하고 엄숙한 장소에, 그것도 어떤 비장하고 심원하며 원대한 이상만을 그린 것이 아닐 뿐만 아니라, 어떤 절대적인 왕이나 지배자를 신격화하고 우상화한 것도 아니고(이를테면 고대 이집트의 피라미드나 중국 진시황릉의 병마총에서 볼 수 있듯), 바로 인간의 생생한 삶의 모습과 거주형태를 표현한 것이다. 고대 고구려인들은 바로 이러한 '거주함'을 인간의 본질적 요소로 삼음으로 말미암아 위대한 문화적이고 철학적

---

7) 최상욱 교수도 이러한 인간의 본질적 요소를 그의 논문 「거주하기의 의미에 대하여」(『하이데거와 근대성』, 철학과현실사, 1999, 273쪽)에서 지적하고 있다.
8) 그러므로 미래로 열려 있지 않은 그 어떠한 인간규명도 불충분한 규명이다. 전기의 하이데거는 인간의 실존범주(Existenzial)에서 미래로 열려 있는 과제인 '아직 아님(noch nicht)'을 강조했다.

인 의미를 부각시킨 것이다.

인간이 존재한다는 것은 도대체 무엇을 의미하는가? 인간이 이 세상에서 존재하고 있다는 것은 우선 이 지상에서 구체적으로 살아간다는 것을 전제로 하고 있다. 그러므로 인간이 거주한다는 것은 이 지상에서 구체적으로 존재하고 있다는 것과 또 어떤 형태로서 삶을 영위하고 있다는 것이다. 하이데거는 고대적인 의미로 존재하는 것과 거주하는 것은 서로 공속한다고 지적한다: "'내가 존재한다(ich bin)' 혹은 '네가 존재한다(du bist)'라는 것은 곧 '내가 거주한다(ich wohne)' 혹은 '네가 거주한다(du wohnst)'를 의미한다. 네가 존재하고 내가 존재하는 이 양상, 즉 우리 인간이 지상에 존재하는 이 방식이야말로 곧 거주함이다."[9]

인간은 거주하는 자로서 존재한다. 그러므로 이 거주함은 곧 인간의 본질을 규명해주는 한 요인이다. 인간은 지상에 존재하는 한 거주한다. 그러므로 하이데거도 거주함이야말로 "존재의 근본특성(der Grundzug des Seins)"이라고 했다.[10] '거주함'은 통상적으로 인간이 삶을 영위하면서 다양하게 관계맺는 여러 가지 다른 삶의 태도방식들과 더불어 수행해나가는 어떤 행위를 말한다. "우리는 여기에서 일하고 저기에선 거주한다. 우리는 단순히 거주하지는 않는다. 그런 단순한 거주라면 거의 무료함(Untätigkeit)일 것이다. 우리는 직업에 종사하고 사업을 펼치며, 때론 여기에서 때론 저기에서 여행을 하기도 하고 또 그 도중에 거주하기도 한다."[11]

하이데거에 의하면 '건축함'도 '거주함'과 공속적인 의미를 내포하고 있다:[12] "고대어에서 건축함(bauen, buan)이란 '인간은 그가 거주해나가

9) M. Heidegger, *Vorträge und Aufsätze*, 141쪽.
10) 앞의 책, 155쪽 참조.
11) 앞의 책, 141쪽.

2. 생활세계의 철학 · 39

는 한에서 존재한다'는 것을 말하는데, 이 단어 바우엔(bauen)은 그러나 동시에 '보호한다(hegen)'와 '돌본다(pflegen)', 즉 '토지를 경작한다(Acker bauen)' 혹은 '포도를 재배한다(Reben bauen)' 등을 뜻한다."[13]

그런데 '보호한다'와 '돌본다'의 의미로서의 건축함은 결코 어떤 제작함(Herstellen)이나 건립함(Errichten)을 나타내지 않는다. 하이데거에 의하면 이 후자엔 건축함의 본래적 의미인 거주함이 망각되어 있다.[14] '건축업', '건축개발', '부동산', '땅투기', '중개업', '떳다방', 그리고 이들과 한 통속인 건축행정 등으로 점철된 현대인에게서의 건축의 의미는 곧 이 후자의 태도와 일맥상통한다고 볼 수 있다.[15] 이러한 현상에는 그러나 개탄할 내용이 들어 있다. 하이데거에 의하면 여기엔 "뭔가 결정적인 것, 말하자면 거주함이 인간의 존재(das Sein des Menschen)로서 경험되지 않는다는 것, 즉 거주함이 전혀 인간존재의 근본특징으로서 사유되지 않는다는 것이 감춰져 있다."[16] 이러한 현상이야말로 하이데거에 의하면 거주함의 본래적인 곤경이고 '고향상실(Heimatlosigkeit)'이며

---

12) 하이데거는 세 가지 의미의 건축함을 지적한다(앞의 책, 142쪽). (1) 건축함이란 본래 거주함이다. (2) 거주함이란 죽을 자들(인간)이 지상에서 존재하는 방식이다. (3) 거주함으로써의 건축함은 말하자면 한편으로 성장을 돌본다는 의미로서의 건축함으로, 또 다른 한편으로는 건축물을 건립한다는 의미로서의 건축함으로 전개된다.

13) 앞의 책, 141쪽.

14) 앞의 책, 141-142쪽 참조.

15) 우리 사회에서 거주함의 존재론적 의미가 철저하게 망각된 현상을 최상욱 교수도 그의 논문 「거주하기의 의미에 대하여」(271-272쪽)에서 지적하고 있다: "어느 곳을 가든지 많은 건축물들이 헐리고, 보수되고, 혹은 새롭게 건축되는 것을 볼 수 있다. 또 사람들은 단지 생존을 위한 것을 넘어 더 많은 경제적 이익을 위해 건축을 하나의 상품으로 인식하기도 한다. 그런데 이러한 행위들 가운데 '도대체 무엇을 위한 건축인가? 거주함의 의미는 무엇인가?'라는 질문을 찾아보기는 매우 어려운 일로 보인다. 사유(질문)가 없는 맹목의 행동! 이로 인한 많은 건축물의 붕괴와 인명의 희생들. 바로 이런 점들은 우리가 처한 경제적 · 사회적 여러 문제들로 인해 무비판적으로 건축하기를 강조함으로써 우리가 얼마나 거주하기의 본래적 의미를 망각하고 있었는지를 잘 보여준다."(272쪽)

16) M. Heidegger, *Vorträge und Aufsätze*, 142쪽.

고향을 등지고 비참하게 유랑하는 것이다.[17]

　하이데거는 '거주함'의 옛 고트어 형식인 '부니안(wunian)'이 고대어 '바우엔(bauen)'과 마찬가지로 '머물러 있음(Bleiben)', 즉 '체류하고 있음(Sich-Aufhalten)'을 뜻함을 지적하면서 '거주함'의 본질을 해명한다: "부니안(wunian)이란 평화로이 있음, 평화롭게 됨, 평화 속에 머물러 있음을 의미한다. 평화라는 낱말은 자유로움(das Freie, das Frye)을 뜻하는데, 이때 프리이(fry)는 해악과 위협으로부터 보호함, 즉 무엇무엇으로부터 보호함을, 말하자면 보살핌을 의미한다. 자유롭게 함(freien)이란 본래 '소중히 보살핌(schonen)'을 뜻한다. 보살핌 자체는 단지 우리가 보살핌을 받고 있는 것에 대해 어떤 해악도 가하지 않는다는 데 있지 않다. 본래적인 보살핌(아끼고 사랑하며 소중히 돌봄)[18]이란 뭔가 적극적인 것이며, 우리가 그 무엇을 처음부터 자신의 본질 안에 그대로 놓아둘(belassen) 때, 즉 우리가 그 무엇을 오로지 자신의 본질 안으로 되돌려놓아 간수할(zurückbergen) 때, 말하자면 우리가 자유롭게 함이란 말에 걸맞게 그것을 보호막으로 감싸 안을 때 일어난다. 거주함, 즉 평화롭게 됨이란 각각을 자신의 본질 안으로, 자신을 소중히 보살피는 자유로운 영역 안으로 보호막을 친 채 머물러 있음을 의미한다. 거주함의 근본적 특징은 이러한 보살핌이다."[19]

17) 앞의 책, 156쪽 참조.
18) 하이데거의 철학에서 '보살핌'에 관한 연구는 강학순, 「하이데거의 보살핌에 관한 현상학적 존재사유」, 『보살핌의 현상학』('철학과 현상학 연구' 제18집), 철학과현실사, 2002, 145쪽 이하 참조. 강학순 교수는 하이데거의 존재사유에 등장하는 중요한 '근본어'들(이를테면 보살핌과 관련된 용어들[schonen, sorgen, hirten, verwahren, besorgen, bewahren, hötten, hören, empfangen, geleiten, bauen, dichten 등등])을 통해 하이데거의 존재사유에 함축된 보살핌의 현상학을 밝힌다.
19) M. Heidegger, *Vorträge und Aufsätze*, 143쪽.

보살핌이 곧 거주함의 본질인바, 이러한 보살핌은 사방(하늘과 땅, 신적인 것들과 죽을 자로서의 인간)으로서의 코스모스에까지 확장된다. 인간은 그가 거주하는 한 소중히 보살피는 방식으로 존재한다. 그의 거주함, 즉 보살피는 방식은 4중으로 일어난다.

　인간인 "죽을 자들은 땅을 구호하는 한에서 거주한다. … 구호는 그 무엇을 위험으로부터 벗어나게 하는 것뿐만 아니다. 그것은 본래적으로 그 무엇을 그것의 고유한 본질로 자유롭게 놓아둠(freilassen)을 의미한다. 땅을 구호한다는 것은 땅을 착취하거나 실로 혹사하는 것과는 차원을 달리한다. 땅을 구호함은 땅을 장악하지도 않고 또 땅을 종속시키지도 않는다. 여기서부터 단 한 걸음이라도 나아간다면, 그 걸음은 무제한적인 착취로 이어진다.

　죽을 자들은 하늘을 하늘로서 맞이하는 한에서 거주한다. 죽을 자들은 태양과 달에게 그들의 운행을, 그리고 별들에겐 그들의 궤도를, 또한 사계절에겐 그들의 축복과 매정함을 내맡기고, 밤을 낮으로 만들거나 낮을 쫓기는 분망함으로 만들지 않는다.

　죽을 자들은 신적인 것들을 신적인 것들로서 고대하는 한에서 거주한다. 그들은 소망하면서 한동안 기대하지 못했던 것을 신적인 것들을 향해 갈구한다. 그들은 신적인 것들이 도래하는 윙크를 기다리며 신적인 것들이 부재하는 징표를 오인하지 않는다. 그들은 그들의 신들을 만들어 내지 않으며 우상을 숭배하지도 않는다. 불행 가운데서도 그들은 여전히 멀리 있는 구원을 기다린다.

　죽을 자들은 말하자면 죽음을 죽음으로서 기꺼이 맞이할 능력이 있다는 그의 고유한 본질로 하여금 이러한 능력을 사용하도록 이끄는 한에서, 그리하여 그 결과 온전한 죽음이 되도록 이끄는 한에서 거주한다. 죽을 자들을 죽음의 본질로 이끈다는 것은 결코 공허한 무(無)로서의 죽음을 목표로 삼는 것이 아니다. 또한 종말에 대한 맹목적인 응시를 통해 거주함을 어둡고 침울하게 함을 의미하지도 않는다."[20]

이렇게 하여 거주함은 사방의 4중적인 보살피는 방식인데, 그것은 땅을 구호하는 가운데, 하늘을 받아들이는 가운데, 신적인 것들을 기다리는 가운데, 죽을 자들을 인도하는 가운데 스스로 생기하는 것이다(sich ereignen). 사방을 소중히 보살피는 형태의 거주함은 곧 사방을 그것의 본질 안에서 수호하는(hütten) 행위이다. 이토록 4중적으로 소중히 보살핌이 곧 거주함의 소박한 본질인 것이다.[21]

그러므로 거주함이란 결코 단순한 지상에서의 체류가 아니다. 만약 그렇다면 결코 소중히 보살피거나 수호하는 일이란 도대체 필요 없기 때문이다. **거주함은 친밀함을 갖고 사물들 옆에, 그래서 사물들과의 유기적 관계가 가능하도록 사물들의 가까이에 머무는 것이다.**[22] 보살핌으로서의 거주함은 따라서 인간이 사방을 잘 간수하는(verwahrt) 일이며, 이는 곧 인간이 사물들 가운데에 머물고 있는 곳이다. **거주함이란 하이데거에게서 인간적 방식으로 존재하는 것이고,** 나아가 사물들 곁에서 사방 안에 체류하고 있는 자를 하이데거는 '인간'이라고 명명한다.[23]

그런데 이들 코스모스의 사방에서 특이한 것은 땅과 죽을 자들(인간들)이 다른 두 방위보다 더 닮아 있으며, 또 역으로 하늘과 신적인 것들(초월자들) 또한 서로 닮아 있다. 즉 땅과 인간은 서로 가까이 있으며, 하늘과 신적인 것들 역시 서로 가까이에 있다. 전자는 서로 수평으로의 확장운동을 하고 후자는 수직으로의 상승운동을 한다. 이러한 차이는 고구려의

---

20) 앞의 책, 144-145쪽.
21) 앞의 책, 154쪽 참조.
22) 앞의 책, 145쪽 참조.
23) 앞의 책, 151쪽 참조.

고분벽화에도 확연히 드러난다.

　이를테면 고분의 벽에 있는 그림이 대체로 현실세계적이고 지상적인 것을 다루었다면, 천장의 그림은 초월적이고 천상적인 것을 담고 있다.[24] 벽면의 벽화는 인간이 거주하며 지상에서의 삶을 일구어가는 모습을 생생하게 드러내었다. 이에 비해 천장벽화는 각 계단의 층마다 천상적이고 초현세적인 세계를 나타내고 있는데, 봉황을 비롯한 세 발 공작, 세 발 까마귀, 인두조, 청룡과 황룡, 천마 등 신비로운 생명체들과 하늘을 나는 신선, 해와 달, 별들과 흘러가는 구름 등등이 드러난다. 분명 이들 초월자들과 하늘은 서로 가까이 거주하며 코스모스의 가족을 이루고 있다.

　이렇게 땅과 인간이 서로 가까이 하고, 또 하늘과 신적인 것들이 서로 이웃으로 한다면, 이와 대조적으로 땅과 하늘은 서로 멀리 떨어져 있으며 인간과 신적인 것들 또한 땅과 하늘이 서로 먼 만큼이나 멀리 떨어져 있을 것이다. 이들은 마치 서로 수직과 수평이 대립하고 있는 것만큼이나 대립하고 있는 것처럼 보인다. 그러나 서로 가깝고 먼 것들은 역설적이게도 서로 가까운 만큼 멀며, 또 서로 먼 만큼 가깝다. 이렇게 먼 거리는 그러나 서로의 유기적 관계와 교류를 통해, 하이데거적으로 말하면 서로의 '반영-놀이'를 통해 그 멀리 떨어져 있음이 극복되고 서로 친밀한 거리로 되는 것이다. 하이데거가 예로 든 것처럼 한 송이의 포도가 영글어가는 데에 있어 얼마나 하늘과 땅이 친밀하게 관여하는지를 음미하면, 당장 그 이웃한 관계가 파악되는 것이다(한쪽에선 햇빛과 비를 내리고 다른 쪽에선 포도나무의 뿌리를 움켜쥐고 기르는 모습 등등). 이들은 모두 영원하므로 신적인 것들 앞에 함께 머물러 있을 수 있다.

---

24) 「월드컵 특별기획 역사스페셜」, 제2편 고분벽화(KBS 2002년 6월 8일 방송)에서도 이러한 구별을 잘 지적했다. 그 실례로 무용총의 천장벽화는 마치 우주의 삼라만상을 담은 듯 각종 상징적이고 신비한 형태를 한 생명체들과 봉황과 천마와 신선 등등의 모습으로 가득 찼다.

서로 떨어진 하늘과 땅은 그러나 서로 맞닿아 있기도 하고 또 하늘이 높다는 것은 땅의 존재를 통해 드러난다. 또 고구려의 고분벽화에서 드러나듯 죽은 육체는 땅으로 돌아가고 그의 영혼은 신선이 되어 하늘세계로 나아감에 따라 이 두 세계는 인간에 의해 매개되는 것이다. 이러한 매개를 통해 하늘과 땅이 하나의 코스모스로 연결되는 것이다. 인간과 신적인 것의 떨어짐 또한 마찬가지다. '죽을 자'로서의 인간은(하이데거는 '죽을 자'로서의 인간을 강조한다) 영원한 신 앞에서 머물러 있을 수 없다. 그러나 신적인 것은 인간을 통하여 드러난다. 그의 신성과 영원함과 성스러움 또한 다른 존재자가 아닌 인간에게 드러난다. 신의 진노와 사랑도 인간에게 나타나며 그에게 드리는 예배 또한 오직 인간에 의해서이다.

나. 엘리아데에게서 성화(聖化)된 거주

인간을 '종교적 존재(Homo religiosus)'라고 규명한 엘리아데에 의하면 인간이 어떤 공간에 거주하려고 할 때엔 어떤 방식으로든 사전에 그 공간이 성화되어야 한다는 것이다.[25] 즉 말하자면 인간이 거주하는 공간은 미리 이 공간이 성스러움의 존재질서 속으로 들어갔을 때 가능하다는 것이다. 엘리아데에 의하면 현대의 상업경제적인 주택건립과는 달리 전래의 건축은 주택이든 교회든 사원이든 항상 이 점이 고려되었다는 것이다. 초월자 및 절대자와의 접촉에 의해서만 진정한 삶을 영위할 수 있다는 '종교적 존재'로서의 인간에게 지상적 거주함의 진정한 의미는 속된 굴레에서 벗어나 성스러운 존재질서 속으로 들어가는 것이다.

'종교적 존재'에서 인간은 자신의 존재와 삶이 결코 우연적이거나 무

---

25) M. 엘리아데(이동하 옮김), 『聖과 俗』, 학민사, 1996, 제1장(거룩한 공간과 세계의 성화) 참조.

의미한 것이 아닐 뿐만 아니라, 이 세상에서 일회용의 삶으로 끝나는 것도 아님을 확신할 수 있다. 그는 코스모스의 외부나 변방에 거처하는 것이 아니라, 코스모스의 중심에 자신의 존재기반을 확보하고[26] 또 여기서 자신의 주거공간을 성화시켜나가는 것이다. 그의 거주공간은 신적인 것과 인간적인 것이 연결되는 공간이고 또 초월이 가능한 공간이다. 엘리아데는 전통사회의 인간이 늘 그러했음을 지적한다: "전통사회의 인간은 오로지 위를 향하여 열린 공간, 지평의 돌파가 상징적으로 보증되고, 따라서 다른 세계, 즉 초월적 세계와의 교섭이 제의적으로 가능해지는 공간에서만 살 수가 있다는 것이다."[27]

엘리아데의 '종교적 인간'은 성스러운 것으로 가득 찬 분위기 속에서 살려는 욕망으로 가득 차 있고 또 그러한 분위기 속에서가 아니면 아예 살 수가 없다.[28] 물론 이때의 성스러운 것이란 우리가 통념으로 생각하는 것, 즉 어떤 현실과 거리를 두는 것과는 달리, 오히려 "탁월하게 현실적인 것(das Reale schlechthin)"이며, "권능이요 효율성이며, 생명과 풍요의 원천이기도 하다." 그는 "객관적인 실재 속에 거주지를 잡고, 환상이 아닌 현실적이고 유효한 세계 속에 살려는 욕망을" 갖고 있다.[29] '종교적 인간'은 성스러운 세계 속에서만 "진정한 실존을 가질 수 있으며" 또 그러한 세계 속에서만 살 수 있다.[30]

---

26) 앞의 책, 38쪽 이하 참조. 특히 39쪽: "종교적 인간은 가능한 한 세계의 중심에 가까이 살기를 추구한다는 것이 불가피한 결론으로 보인다." 엘리아데에 의하면 '종교적 인간'에게 존재하는 저 중심의 상징은 자신과 자신의 거주공간뿐만 아니라, 국가, 도시, 사원, 궁전의 건축원리로 나타나고, 또 떠돌이 사냥꾼의 천막이나 목동들의 유르트, 원시 농경민의 집과 가장 비천한 인간의 주거지에도 같은 건축원리로 작용한다(앞의 책, 58쪽 참조).
27) 앞의 책, 39쪽.
28) 앞의 책, 26쪽 참조.
29) 앞의 책, 26쪽 참조.
30) 앞의 책, 58쪽 참조.

'종교적 인간'은 성화(聖化)되지 않고 코스모스화되지 않은 공간에서 — 엘리아데에게서 성화되지 않은 공간은 코스모스화되지 않은 공간이다 — 살 수가 없다. 그곳은 여전히 카오스와 무(無)가 지배하는 곳이고 미지의 공간이며 비존재가 위협하는 공간이다. 그러나 '종교적 존재'는 이러한 비존재의 위협이나 카오스의 지배가 아닌 존재와 코스모스의 영역에 거주하기를 원한다.

인간의 주거(Wohnung)에 대하여 엘리아데는 두 가지의 서로 다른 유형을 지적한다. 하나는 종교성이 전제된 전통적인 유형이고, 다른 하나는 종교성이 배제된 현대의 세속적인 유형이다.[31] 현대의 산업사회에서 등장하는 세속적인 유형의 특징을 엘리아데는 건축가인 르 코르뷔지에(Le Corbusier)의 말을 빌려 간단하게 규명한다: "유명한 현대 건축가인 르 코르뷔지에의 공식에 따르면 집이란 '그 속에 들어가 사는 기계'이다. 따라서 그것은 산업사회에서 대량으로 생산되는 무수한 기계들 가운데 한 자리를 차지한다."[32]

그런데 이런 규명은 실제로 물질문명을 추구하는 현대의 산업사회엔 — 아시아의 여러 나라들도 전통적인 건축양식을 거의 포기하고 주거기계와도 같은 아파트나 빌라와 같은 양식을 선호한다 — 대부분 일반화된 추세이다. 산업사회의 현대인은 무엇보다도 기능적인 가옥을 원한다. 안락과 편리가 우선시되고, 일손이 적게 들며 관리가 단순해야 한다. 또한 '들어가 사는 기계'인 가옥은 다른 물품들, 이를테면 자전거나 냉장고, 자동차와도 같이 간단하게 바꿀 수 있어야 한다.[33]

그러나 엘리아데가 우려하는 것은 이러한 주거형태의 변화에서 두드

---

31) 앞의 책, 45쪽 이하 참조.
32) 앞의 책, 46쪽.
33) 앞의 곳 참조.

러진 '탈신성화(Entsakralisierung)'인 것이다. 이러한 탈신성화는 주거형태에서 뿐만 아니라, 과학지상주의가 대두되고 과학적 사고가 세상을 지배하면서부터 이미 예고된 것이었다. 세계는 탈신성화로 가속되어 가고 또 '종교적 인간'은 비종교적 인간으로 변질되어 가며, 그에 따라 급기야는 비종교적 인간이 세계 속에 있는 존재의 거룩한 차원을 재발견할 가능성은 점점 희박해져 가는 것이다. 탈신성화에 대한 경고야말로 엘리아데가 현대 산업사회의 인류에게 던지는 메시지이다.

계몽이라는 미명 아래, 인류를 유토피아로 이끌겠다고 소위 진보신앙이니 발전신앙이라는 슬로건을 내건 계몽주의는 그러나 인간해방은커녕 인간소외와 구속, 과학기술문명의 아류 내지는 노예로 이끌고 말았다. 세계사의 흐름을 과학기술문명으로 획일화시키고, 인간이든 자연이든 사물화시켜 이 과학기술문명의 지배를 받게 하였다. 이에 물질문명과 산업문명이 가세하여 자연을 단순한 자본과 재료로서 취급하고는 무차별의 착취와 파괴를 일삼고 있는 것이다.

이러한 세계사적 흐름은 마치 정신문화에 대한 물질문명의 궁극적 정복으로 특징지어진다고 보이며, 그에 따라 정신적인 것과 초월적인 것, 성스러운 것조차 실증적이고 현실주의적인 것에 밀려나는 실정이다. 호르크하이머(Max Horkheimer)와 아도르노(Theodor Adorno)의 『계몽의 변증법』은 인간의 이성과 과학에 바탕을 둔 계몽이 신화나 미신을 몰아내었지만 결국 자신이 이 자리에 올라 앉았음을 밝혀주고 있다. 신화는 그때부터 극복의 대상으로, 또 타도와 배척의 대상으로 되었다. 과학은 한 걸음 더 나아가 신화를 몰아내는 데에 선봉으로 나섰던 것이다. 이러한 과학과 계몽은 스스로 재판관이 되어 제우스처럼 징벌을 일삼고 있는 것이다. 그리하여 과학은 오늘날 과학최고주의와 과학만능주의 및 과학제국주의를 구축하여 스스로 신화가 되었다.

48

아도르노에 의하면 과거의 애니미즘은 사물들을 정령화시킨 반면, 현대는 이에 비해 영혼을 물화시킨다고 지적한다. 그러므로 현대는 탈신성화와 탈신비화 및 세속화의 시대이며 이러한 현상을 생산해내는 과학기술과 산업경제, 물질문명과 육체문화만이 가치를 부여받는 시대이다. 이제 현대인에게서 거주함의 의미도 더 이상 성스러운 것의 현현이나 그러한 바탕 위에서 건축되게 하는 것이 아니라, 세속화된 삶과 활동을 위할 따름이다. 엘리아데는 그러나 우리의 거주함에 대한 잃어버린 성스러운 문화를 되살려준다.

엘리아데에 의하면 인류는 오늘날의 산업사회를 제외하고는 어떤 형태로든 그들이 거주하기 위해 가옥이나 도시를 건축할 때에 종교적 행위인 성화(聖化)의 과정을 — 즉 말하자면 카오스에서 코스모스로의 우주창조를 재현하고 신들의 창조작업을 모방하는 작업을 — 거친다고 한다.[34] 엘리아데에 의하면 태평양 연안의 원시부족들에게서도 또 원시농경문화를 일군 부족들에게서도, 북아메리카와 북아시아의 종족들, 또한 중앙아시아의 유목민에게서도 가옥은 성화(聖化)의 과정을 거쳐 세계의 모형(imago mundi)으로 건축되었다.[35]

'종교적 인간'에게서 거주지는 결코 가볍게 변경될 수 없다. 그에게서 가옥은 하나의 예사로운 사물과 같은 대상도 아니고 또 '들어가서 사는 기계'도 아니다. 그것은 "인간이 신들의 모범적 창조,[36] 즉 우주창조를 모방함으로써 그 자신을 위해 건설한 우주인 것이다."[37] 가옥은 도시나 성전과 마찬가지로 우주론적 상징이나 제식에 의해 성화되어야 한다.

---

34) 앞의 책, 46-47쪽 참조.
35) 앞의 책, 48쪽 참조.

다. 고분과 고분벽화 및 거주함

대지 아래에서 절대적 침묵 속에 거처하는 고분은 그러나 결코 죽은 자의 기하학적 공간만은 아니다. 그곳은 지하에 갇힌 세계가 아니며 폐쇄되거나 버림받은 공간도 아니다. 그곳은 하나의 독특한 우주[38]를 형성하고 있는 장소[39]로서 오히려 공간들을 마련해주고 있는 것이다. 공간들은 하이데거에 의하면 "인간의 거주함 속으로 들어오게 됨으로써 스스로 연다. 죽을 자들이 존재하고 있다는 말은 곧 죽을 자들이 거주하면서 사물들과 장소들 곁에서의 자신들의 체류를 바탕으로 삼아 공간들을 이겨내고 있다(durchstehen)는 것을 의미한다."[40] 이처럼 인간이 공간을 이겨내고 초월할 수 있기 때문에 고구려인들은 고분을 마련하고 거기에 벽화로서 독특한 세계를 펼쳐 보인 것이다.

고분벽화가 있는 고분은 하나의 독특한 세계를 형성하고 있는 '장소'

---

36) 건축학적 모델이 천상에 있는 경우는 고대의 신화나 설화에도, 또 『구약성서』에도 등장한다. 이를테면 야훼께서는 모세에게 건축할 성소의 설계도를 보여주며 이 도판대로 건축하라고 명하신다(「출애굽기」, 25장 8-9절, 40절). 또 솔로몬의 예루살렘 성전 건축도 마찬가지이고(「역대상」, 28장 19절), 심지어 '노아의 방주'도 야훼의 설계도, 즉 천상의 모델에 의해 건축된다. 또 엘리아데가 지적하듯이(M. 엘리아데, 앞의 책, 54쪽 참조) 바빌론의 왕 구데아는 꿈을 꾸는데, 곧 니다바 여신이 사원설계의 도판을 보여주는 것이었다. 니네베의 건설도 '천상의 성좌에 적혀진 플랜'에 따라 이루어졌다고 한다(앞의 책, 54쪽 참조).

37) 앞의 책, 51쪽.

38) 전호태 교수도 무덤 안이 "죽은 자를 위한 또 하나의 우주로 인식하게 한다."고 지적한다(『특별기획전 고구려!』, 민족화해협력범국민협의회 · 중앙일보 · SBS 주최, '특별기획전 고구려! 행사추진위원회' 편집 및 발행, 2002, 117쪽).

39) 하이데거의 독특한 '장소(Ort)'의 개념을 참고할 필요가 있다(M. Heidegger, *Vorträge und Aufsätze*, 153쪽 참조). 장소는 이중적 의미로 사방에게 자리를 마련하고(einräumen), 사방을 맞아들이며(zulassen: 자신의 영역 안으로 사방이 들어오도록 허락하며), 또한 사방을 설립한다(einrichten). 장소는 따라서 사방을 파수하고(Hut) 사방을 수호하는 하나의 우주이고 집(Haus)이다.

40) 앞의 책, 152쪽.

이다. 이러한 장소로서의 고분은 땅 아래와 땅 위, 죽은 자와 불멸하는 자가 그 안으로 들어오도록 허용된 하나의 처소를 허락한다(verstatten). 이 압축된 장소는 사방을 결집하고 있으며, 땅과 하늘, 육체적으로 죽은 자와 영적으로 불멸하는 신선 및 천상의 거주자를 불러 모으고 있다(versammeln). 고분벽화는 이러한 정황들을 소상히 밝히고 있으며, 사방 즉 땅과 하늘, 인간과 초월자의 단일성(Einfalt)을 하나의 처소 안으로 들여보내는데(einlassen),[41] 이는 곧 사방의 유기체적이고 조화된 코스모스가 **한누리**임을 펼쳐 보이는 것이다.

고분 속에 마련된 장소는 자신의 방식대로 땅과 하늘 그리고 죽은 자와 초월자를 자신의 곁에 결집하며 모아들인다. 바로 이러한 정황을 고분벽화는 적나라하게 드러내고 있다. 땅과 땅에서의 거주 및 하늘과 하늘에서의 거주를 고분벽화는 개시하며 또한 이들 사방이 서로 반영하고 있음을 밝히고 있다. 그러므로 고분은 사방에게 하나의 처소(Stätte)를 허락하는(verstatten) 그런 방식으로 사방을 결집하는데, 이때의 '처소'란 사방세계가 사물 안에 결집되어 펼쳐지는 존재의 열린 자리를 말한다. 사방이 결집된 이러한 장소는 초자연적인 역사가 시작됨을 고지한다.

여기서 인간은 죽은 자의 모습으로 땅 아래에 있고, 또 불멸하는 신선의 모습으로 하늘로 나아가(신비로운 세 발 공작이나 용을 타고서) 북두칠성이나 남두육성, 수많은 신비로운 별들의 세계를 방문하고 교류한다. 인간은 땅 아래에서 구속당하고 버림받은 것이 아니라, 모든 공간들을 이겨내고(durchstehen) 자유의 영역으로 나아간다.

캡슐화된 육체만으로는 모든 공간을 이겨낼 수 없다는 사실을 고구려인들은 알았다. 인간은 그러나 이미 육체를 입고 있을 때 초월적인 사유

---

41) 앞의 책, 152-153쪽 참조.

를 체험한다. 사유는 이미 초월적인 것이다. 사유한다는 것에 이미 초월한다는 의미가 내포되어 있다(Denken heisst Transzendieren). 이 신비로운 사유(일종의 영혼의 활동)의 능력을 인간은 일상성에 매몰되어, 혹은 눈 앞에 나타나지 않는다고 혹은 미스터리하고 형이상학적이라고 그 위력과 가치를 깨닫지 못한 것이다. 사유는 갇힌 육체를 벗어나 나비처럼 바람처럼 공간을 이겨내고 날아다닌 것이다. 하이데거의 철학에서 인간의 존재자적인 요소, 즉 신체가 무화하면서 오히려 존재의미가 드러나는 것처럼, 이 신체의 무화하는 과정에 이제 더 이상 아무런 옷도 육체도 걸치지 않는 영적 실체로서의 넋이 온갖 공간을 이겨내며 천상의 세계로 비상하는 것을 고분과 고분벽화는 그려내고 있다.

덕흥리 고분벽화: 하늘세계의 가족들은 모두 어디론가 비천하고 있다.

절대적 침묵이 흐르고 지상과는 단절된 곳에 마련된 고분의 세계는 도대체 무슨 의미를 갖는 것인가. 어찌하여 이토록 엄밀하고 위축된 공간에 하나의 세계가 건축되어 있는 것인가. 인간이 죽으면 썩어 흙으로 돌아갈 뿐이고, 혹은 시인들이 읊듯[42] '어머니 대지(Terra Mater)'로 돌아갈 뿐인데 왜 지하에 신비로운 고분이 건축되어 있는 것인가. 만약 죽음으로서 인생의 모든 것이 끝장이라고 생각했다면, 결코 고분과 고분벽화는 건축되지 않았을 것이다. 그것은 사자(死者)에게 아무런 도움이 되지 않는 허황된 것이기 때문이며, 또 살아 있는 자들에게 전시를 하려는 의도는 애초에 없었기에 고분도 고분의 벽화도 아무런 의미가 없다는 결론이 나오기 때문이다. 따라서 고분과 고분벽화는 건축되고 제작될 분명한 철학과 종교를 전제로 하고 있는 것이다.

하이데거에 의하면 "건축함의 본질은 거주하게 하는 것이다."[43] 그러므로 "거주할 능력이 있을 때에 한해서 우리는 건축할 수 있다."[44] 다시 말하면 "우리가 건축을 해왔기 때문에 거주하는 것이 아니라, 오히려 우리가 거주하는 한에서만 즉 **거주하는 자로 존재하는 한에서만**[필자에 의한 강조] 건축을 하며 또한 건축을 해왔던 것이다."[45] 죽음으로 말미암아 인간이 썩어버리고 한 줌의 흙으로 변하는 것으로 종말을 고한다면 특별한 경각심으로 고분과 고분벽화의 세계를 건축하지 않았을 것이다. 그것은 결단코 인간을 밀폐된 무덤에 버리거나 방치하는 것이 아님을 밝게 드러내는 것이다.

그러므로 산 사람이 거처할 곳이 아님에도 불구하고 고분이 건축되었다는 것은 ─ 고분벽화의 파노라마가 펼쳐 보이듯 ─ 위에서 언급한 건축함의 본질을 심층적으로 꿰뚫고 있었음을 시사한다. 건축함이란 하이

---

42) 호메로스는 그의 「대지에 대한 찬가」에서 "모든 것의 어머니인 대지에 관하여 나는 노래하리라. … 죽어야 하는 인간에게 생명을 부여하고 또 돌려받는 것이 그대의 일이다."라고 읊고, 또 아이스킬로스는 그의 「코에포리」에서 대지를 "모든 것을 낳고, 기르고, 다시 그 자궁 속에 받아들이는 자"로 읊었다. 또한 『구약성서』의 「시편」 90편 3절 참조: "주님께서는 사람을 / 티끌로 돌아가게 하시고 / '죽을 인생들아, 돌아가거라' / 하고 말씀하십니다."
43) M. Heidegger, *Vorträge und Aufsätze*, 154쪽.
44) 앞의 책, 155쪽.
45) 앞의 책, 143쪽.

데거에게서 거주할 수 있는 장소들을 산출하고(hervorbringen) 건립하며(einrichten) 공간들을 수립하고(stiften) 접합하는(fügen: 이어나가는) 활동이다.[46] 그러므로 건축함은 사방 즉 땅과 하늘 그리고 신적인 것들과 죽을 자들(인간들)이 서로에게 공속해 있는 소박한 단일성으로부터 장소들을 건립하기 위한 지침(Weisung)을 받아들인다. 이때의 지침이란 다름 아닌 구체적으로 건축해가기 위한 지침이며, 각 공간들을 철저하게 측정하고 측량하며 사물을 참답게 보존하기 위한 방안들이다.[47]

라. 고구려인들의 거주함에 관한 성찰

앞에서 언급했던 하이데거의 논지를 다시 한번 떠올려보자. 하이데거에 의하면 "건축함의 본질은 거주하게 함이다."[48] 즉 건축함의 본질수행은 공간들을 접합하고 장소들을 건립하여 거주할 수 있도록 하는 탁월한 활동이다. 그런데 여기서 하이데거는 "우리가 거주할 능력이 있을 때에만, 우리는 건축할 수 있다."[49]고 하여 거주함이 건축함에 앞서 있는 목적이라고 밝힌다. 다시 말하면 건축함이 거주함에 속하며 거주함으로부터 자신의 본질을 받아들인다는 것이다. 이러한 거주함에 상응한 건축형태를 하이데거는 자신의 시대보다 200년 앞선 어떤 슈바르츠발트의 농가를 예로 들어 설명한다:

---

46) 앞의 책, 153쪽 참조.
47) 고구려의 고분과 고분벽화가 얼마나 치밀하게 설계되고 측정 · 측량되었는지는 『특별기획전 고구려!』를 참조 바람. 이 특별기획전에서는 고분의 배치도와 실측도, 평면도, 단면도, 투시도 등으로 건축의 치밀함을 설명하고 있다.
48) M. Heidegger, *Vorträge und Aufsätze*, 154쪽.
49) 앞의 책, 155쪽.

"200년 전에 농부의 거주함이 건축해놓았던 슈바르츠발트의 한 농가를 잠시 생각해보자. 여기에서는 땅과 하늘, 신적인 것들과 죽을 자들을 사물들 안으로 단일하게 들여보내는 그런 절실한 능력이 집을 건립하였다. 그것은 샘에서 가깝고, 목초지들 사이에서 남향을 바라보며, 바람을 막아주는 산비탈에 농가를 세워놓은 것이다. 그것은 넓게 돌출한 죽더끼 지붕을 얹어놓았는데, 이 지붕은 적절한 경사면을 따라 쌓이는 눈을 흘러내리게 하는데다 깊숙이 아래쪽으로 드리워져 있어 기나긴 겨울밤의 폭풍으로부터 집을 보호한다. 그것은 공동식탁 뒤의 성상을 안치한 구석진 자리를 잊지 않았고, 또한 집 안에는 분만과 임종을 위한 관대(棺臺)를 ― 거기선 관(棺)을 의미하는 ― 위한 성스러운 장소들을 마련해놓았으며, 그리하여 한 지붕 아래 거처한 각각의 세대들에게 그들의 인생역정이 담긴 특성을 예시해놓았다. 그 자신이 거주함으로부터 비롯된, 그리고 자신의 도구와 건축발판을 아직도 사물로서 사용하는 그런 수공작업이 이 농가를 건축하였던 것이다."[50]

하이데거가 예시한 이 농가가 거주함에 상응한 건축물임이 잘 밝혀져 있다. 무엇보다도 이 농가는 사방에 대한 응답의 양식으로 구축되어 있다. 사방의 '거울―놀이'가 하나로 결집되어 있고 그 역학적 관계가 결코 소외되지 않은 것이다. 물론 농가의 삶의 양식이 주변세계와 상응하고, 외부의 재해로부터 보호되며 인간이 거주할 만한 안온함이 보장되어 있다. 사방의 부름에 응답하고 또 외부로부터의 보호와 거주할 만한 안온함이 고려된 건축양식은 벽화가 그려진 고분과 고구려의 가옥들에도 드러난다. 물론 위에서 하이데거가 예시한 가옥과 전적으로 합치되는 것은 아니나, 그 본질적 요소를 갖추고 있음은 명확하게 드러나는 것이다.

---

50) 앞의 책, 155쪽.

고구려인들은 그들의 손으로 체계적인 역사기록을 남기지는 않았다. 그러나 고분벽화에서 고구려가 어떤 사회였는지, 어떻게 거주하고 또 어떤 건축을 했는지, 심지어 어떤 의복을 입고[51] 어떤 음식을 먹었는지, 어떤 일상생활을 했는지 등등 그들의 생활상에 대해 역사문헌보다 더 생생한 기록을 남겨놓은 것이다.[52] 고구려에 비해 중국의 여러 나라들은 그들의 역사서를 통해 고구려를 비롯한 동이(東夷)의 여러 나라들을 기록했다. 그러나 고구려에 이러한 고도의 문화적·정신적·철학적·예술적 의미를 간직하고 있는 고분벽화가 그려진 사실은 몰랐다.[53] [54]

51) 고구려인들의 의복생활에 관해서는 『특별기획전 고구려!』(161-167쪽)를 참조 바람. 그들은 다양한 차림새의 옷을 입었으며 고급스러운 예복을 비롯하여 색동의 주름치마, 통이 넓은 저고리와 바지, 점박이 무늬가 있는 옷, 평상복과 일복, 나아가 화려하게 차려입고 멋을 부리는 모습도 보인다.
52) 고분벽화에 그려진 총천연색의 기록은 방대하며 그 메시지 또한 기록 못지않게 분명하다. 고구려의 초기 수도인 집안 지역엔 알려진 고분만도 1만 2천 기에 달하고 후기 수도인 평양 지역과 합하여 2만여 기에 이르며, 이들 중 95기의 고분에 벽화가 그려져 있고(「월드컵 특별기획 역사스페셜」, 제2편 고분벽화, KBS 2002년 6월 8일 방송 참조), 평양 지역만도 벽화가 그려진 미확인 고분이 어림잡아 300기 이상으로 추정된다(『중앙일보』, 2005년 3월 9일자, 39면 참조).
53) 이를테면 사마천의 사기(史記)를 비롯한 한서, 후한서, 삼국지(특히 위지 동이전), 진서, 송서, 남제서, 양서, 위서(魏書) 등등 구당서와 신당서에 이르기까지 수없이 많다(김재선·엄애경·이경, 『한글 동이전』, 서문문화사, 1999 참조). 그러나 주로 지리적인 것이나 정치제도, 관례나 풍습 등을 기록하고 인류의 문화유산이 되는 고분벽화에 대해선 몰랐던 것이다. 삼국지의 위지엔 고구려인의 용맹스러움에 대해 "걷기를 달음박질치듯 하고, 성질이 사납고 급하며 활력이 넘치고, 싸움을 잘한다."고 기록하고 있다. 그러나 역사서를 기록한 자들은 고구려인들이 음악과 미술을 사랑했고, 이를 통해 고도의 정신적이고 문화적인 것을 추구했으며 하늘을 두려워한 것에 대해서는 별도의 관찰을 하지 못했다.
54) 무덤형식에서도 고대 한국과 중국은 차이를 드러낸다. 고구려의 고분에서 고조선으로 이어지는 고대 한국의 무덤형식은 다른 세계에서도 보기 드문 적석묘로서, 땅을 파고 땅 아래에 시신을 안치한 중국의 토광묘와는 차이를 드러낸다(2005년 6월 10일 방송된 KBS, 「역사스페셜」 참조). 적석묘를 가진 전통은 많은 시사점을 제공하는데, 그것은 무엇보다도 세계 고인돌의 50% 이상을 갖고 있는 고대 한국이 신석기와 청동기 시대로부터 내려오는 태양거석문화(Megaliterkultur)의 흔적을 간직하고 있는 것으로도 추리해볼 수 있는 것이다. 돌 위에 놓인 시신은 마치 제단 위에 놓인 제물로서 신에게 드리는 제사형식으로도 추측해볼 수 있다.

거주함의 구체적이고 세밀한 모습도 벽화를 통해 다 드러내고 있다(특히 안악 1, 3호분과 덕흥리 고분). 하이데거가 밝히듯 거주함에 맞춰진 건축, 가옥의 안채와 바깥채(일꾼들이 사용한 행랑채 등), 집무를 보는 사랑채와 정원, 연꽃이 피어 있는 연못과 잘 가꾸어진 정원, 부엌과 부엌 살림의 모습, 식생활,[55] 고깃간, 창고, 디딜방아와 방앗간, 차고(수레를 넣는 차고), 외양간, 샘과 샘물 퍼 올리기, 손님접대(무용총의 접객도) 등 등의 생활양상이 천연색의 파노라마로 펼쳐진다.

안악 3호분의 벽화: 부엌과 푸줏간

그들의 독특한 붉은 기와는 웅장함이나 열정적인 모습을 돋보이게 한다. 이러한 기와는 각종 꽃무늬를 새겨 장식미를 높이고 있다. 특히 그들의 건축양식에서 온돌은 후세에까지 이어지는데, 한편으론 거주의 안온함을 증폭시켜줌을 알 수 있고, 다른 한편으론 건축함이 거주함에 속한

---

55) 안악 3호분의 고분벽화는 고구려인들의 부엌살림과 식생활도 보여준다. 마치 실제의 부엌을 옮겨놓은 듯 그 묘사가 정밀하다. 한 여인은 아궁이에 불을 지피고, 다른 여인은 큰 시루 앞에 서 있다.

다는 것과 거주함으로부터 자신의 본질을 받아들인다는 것을 — 바로 하이데거의 논지와도 상응한다 — 엿볼 수 있게 한다. 인간의 안온한 거주함을 위하지 않고서는 결코 온돌은 건축되지 않았을 것이다. 온돌의 따뜻하고 안온한 구들방에서 만족스럽게 체류할 수 있을 것이다.

　거주함을 위한 건축양식에서 수막새는 독특한 역할을 수행한다. 이것은 기와의 형태로 혹은 귀신얼굴을 한 판와(板瓦)의 모습으로 나타난다.[56] 이것이 있는 곳은 거주하는 특별한 장소임을 선포하는 것이다. 그것은 이 특별한 장소가 모든 악귀를 물리치는 보살핌을 받는 거주지임을 밝히는 것이다. 이러한 수막새는 하이데거가 언급한 — 200년 전의 슈바르츠발트의 한 농가 — 옛날 거주지에서의 십자가와도 비슷한 역할을 수행한다. 물론 십자가상은 인간의 신적인 것으로의 귀의를 시사하지만, 수막새는 반대로 초월적인 것의 인간에 대한 보살핌이다.

고구려인들의 귀면판와(지붕마루나 처마 끝에 달았던 귀신을 형상화한 기와.
나쁜 악귀를 물리치고 거주하는 사람을 보호하는 판와)

56) 『특별기획전 고구려!』, 173쪽 참조.

바깥세상에서의 생활양상도 면밀하게 드러난다. 고분벽화엔 행렬도(화려하게 치장된 수레를 타고 행차하는 모습)가 자주 등장한다. 여러 다양한 행차들이 빈번히 나타나는데, 이는 중요한 의식행위일 수도 있고 또 어떤 예술행위일 수도 있으며, 나아가 축제의 일환일 수도 있을 것이다. 안악 3호분의 행렬도는 규모가 대단히 크다. 높이가 2m 가량 되고 길이는 무려 10m나 되는 대형 벽화이다. 그리고 이 행렬에 참여한 인원은 무려 500명 정도가 된다. 행렬의 맨 앞쪽엔 크고 작은 북과 뿔피리, 나팔 등의 악기를 든 악대들이 나타나 흥겨운 음악을 연주하고 있다. 또 경마기병을 비롯한 각종 병사들도 다양한 무기들을 들고 행사에 참가하고 있다. 이러한 행렬도 외에도 사신들의 접견이나 예를 갖춘 모임, 나들이,[57] 수레를 타고 가는 모습,[58] 각종 스포츠 행사[59](수박희, 씨름,[60] 무술, 활쏘기, 오늘날의 서커스에 해당하는 교예 등), 경기에 구경꾼으로 나타나 흥미로운 모습을 한 사람들, 사냥(수렵도), 각종 놀이, 악기연주, 가무(무용총)[61] 등등 그들이 거주하면서 삶을 영위하는 구체적인 모습들을 그려놓았다.

심지어 인조목발을 만들어 키다리 걸음을 하는 교예놀이를 하는 광경

57) 고분벽화엔 나들이 장면이 자주 나타난다. 덕흥리 고분벽화엔 아름다운 색동치마에 긴 저고리를 입고 허리띠를 맨 두 여인의 모습이 그려졌는데, 마치 인사라도 건네는 듯 바라보고 있다.
58) 고분벽화엔 거의 집집마다 수레가 묘사되어 있다. 당시의 고구려인들에게서 수레는(짐수레를 포함하여) 오늘날의 자동차와도 비슷한 필수품이었을 것이다. 이를 통해 고구려인들이 상당히 문명생활을 한 것으로 추정된다.
59) 각저총에 잘 드러나 있다.
60) 오늘날까지 전해지는 이 씨름경기는 우리 민족 고유의 스포츠 행사이고, 이는 또한 일본 스모 경기의 원형으로 알려져 있다.
61) 무용총의 벽화는 고구려인들이 춤을 즐긴 것을 볼 수 있다. 안무를 지휘하는 영무와 춤꾼, 가수가 무대 위에 나타나 있다. 말할 것도 없이 오늘날의 서구화된 춤들, 이를테면 관능만을 부추기고 욕망을 자극시키는 것들과는 다른, 소박한 예술혼이 들어 있는 춤이다. 이애주 교수에 의하면 여기에 "우리 춤의 원형이 잘 나타나 있다."고 한다(「월드컵 특별기획 역사스페셜」, 제2편 고분벽화, KBS 2002년 6월 8일 방송대담에서).

도 보인다. 그런데 이 놀이는 오늘날도 전 세계적으로 하고 있는 놀이가 아닌가! 지금으로부터 약 2천 년 전에 고구려인들이 이런 놀이를 하였다니, 그들은 참 별난 놀이를 다한 것으로 보인다. 그런데 더욱 놀라운 것은 그토록 침묵과 엄숙이 흐르는 사자(死者)의 공간에 어찌 이런 우스꽝스러운 놀이를 그려놓았단 말인가. 아니, 세상에 무덤에다 이런 그림을 그려놓았으니, 어쩌면 경망스러운 웃음이 터져 나올 듯하다. 그들은 사자(死者)가 있는 엄숙한 공간에 포스트모던적 '해체'와 반란을 일삼았단 말인가? 물론 그런 게 전혀 아닐 것이다. 그들은 인간의 살아가는 진솔한 모습, 즉 거주함의 본래적 모습을 담아놓은 것이다.

수산리 고분: 교예놀이를 하는 고구려인들

장천 1호 고분은 인간의 다양한 주거모습과 생활세계 등 풍부한 내용을 담은 벽화고분이다. 고분의 앞칸에는 인물풍속도와 사신도가 그려져 있다. 또 실내와 야외에서 거행하는 각종 음악과 무용, 씨름, 교예, 사냥 등의 여러 가지 장면들과 여기에 등장하는 다양한 인물들이 그려져 있다. 앞칸 왼쪽 벽엔 마부와 말, 개까지 거느린 인물이 나무 아래에 서 있다. 그 주위엔 교예를 하거나 씨름을 하고, 북을 치거나 현금을 타면서 춤을 추는 등 여러 가지 다채로운 행사들이 펼쳐지고 있다.

무용총(춤무덤) 벽화의 손님접대

대지와 조화한 생활공간, 자연의 생리를 고려한 가옥들, 부지런하고 아기자기하게 삶을 일구어가는 모습들, 또 아름다운 정원을 가꾸고 맛있는 음식을 요리하며, 손님을 접대하고 나들이를 하며, 음악을 연주하고 춤을 추며, 각종 스포츠 행사(또 이를 즐기는 구경꾼)와 축제를 즐기는 등 그들의 삶의 양식에서 평화로움과 자유로움, 보호함과 보살핌이, 즉 거주함으로 살아가는 모습이 확연히 드러난다. 위의 모습에서 뿐만 아니라, 그들의 거주함에 응한 건축양식에서 우리는 하이데거가 말한[62] "부니안(wunian), 즉 평화로이 있음, 평화롭게 됨, 평화 속에 머물러 있음"

---

62) M. Heidegger, *Vorträge und Aufsätze*, 143쪽 참조.

을 읽을 수 있고, 또 자유로움(das Freie, das Frye)과 이 말과 동근원어인 프리이(fry), 즉 "해악과 위협으로부터 보호함, 말하자면 무엇무엇으로부터 보호함"을, 다시 말하자면 보살핌을 파악할 수 있다.

이미 그들의 건축양식에서 고구려인들이 거주함의 본질을 꿰뚫어보고 있었음을 우리는 파악할 수 있다. 오늘날과는 달리 그들은 거주함을 전제로 하여 건축했던 것이다. 그들의 거주형태가 하늘과 땅, 초월자와 신적인 것에 귀속하는, 말하자면 사방의 부름에 응답하는 방식으로 이루어졌음이 도처에 나타나 있다.

춤 공연을 펼치고 있는 고구려인들

3.
고향과 귀향의 철학

가. 고향을 찾아가는 인간의 본래성

고향은 신비의 영역이고 동시에 자연적 영역이다. 고향이 없이 지상으로 들어온 자는 아무도 없다. 그러나 그런 자연적 고향(내가 태어나고 자란 곳)은 역설적이게도 나의 자율적 선택에 의해서가 아니라, 타자에 의해서 혹은 신적인 섭리에 의해서 일종의 운명으로 주어진 것이다. 어떤 경로와 섭리를 통해서 주어졌든 그것은 합리적 해명의 범주를 뛰어넘는 신비의 영역이다. 그렇게 형성된 고향은 내 존재와 삶의 뿌리일 뿐만 아니라 결코 자의적으로나 타의적으로 변경할 수 없는, 어떠한 시간과 공간의 변화에도 변화되지 않는, 절대적인 영역이다. 그래서 이런 고향은 인간의 '제자리'이고 또 '원초적 갈망의 대상'이 되는 것이다:

"진정한 의미에서의 고향에서의 정주(定住)는 우주적 및 사회적 질서에서의 조화이다. 그래서 고향은 단순히 지리적인 공간이 아니라 인간의

'제자리'이고, 따라서 고향에의 동경과 회귀는 인간의 '원초적 갈망'인 것이다. 그리고 고향에로의 이런 갈망은 그의 의식이 건강하고 정상적임을 보여준다."[1] 그런데 "고향은 떠나온 곳만 아니라 돌아가는 곳이다. 그리고 인간도 귀향적 존재이다. 인간이 행하는 모든 고상한 것은 자기의 귀향과 결부된 것이다."[2] 철학 자체를 아예 '고향에 머물고자 하는 향수병'과 충동으로 본 노발리스의 규명은 지극히 온당하지만, 플라톤과 하이데거에게서, 또 횔덜린과 혜초에게서, 나아가 고구려의 고분벽화에서 고향에로의 '원초적 갈망'은 더욱 두드러지게 드러난다.

세계의 어느 민족보다도 한국인은 고향의식(故鄕意識)이 강하다.[3] "호랑이도 자기 굴에 가서 죽는다."는 말은 인간의 삶을 마감하는 순간이야말로 고향에서만 가능하다는 것(그것이 본래적이라는 것)을 강조한 말이다. 자기 존재와 삶의 뿌리로 터잡은 고향개념[4]은 그러나 산업사회 이후 급격한 변화를 몰고 왔다. 일터 때문만이 아니라, 물질적 풍요를 위해 혹은 교육적·문화적 혜택을 위해 대거 도시로의 이동현상이 일어나 이젠 옛날과 같은 고향개념을 찾기 어려운 상태이다. 어쩌면 이처럼 여러 가지 이유로 고향을 등지고 나온 것에 대한 미안함 때문에 명절과 같은 특별한 날을 택하여 고향 나들이를 하는지도 모른다.

근대화와 산업화 이후 기계문명의 쇄도와 상업자본주의의 확산은 향토적 친화성으로 형성된 끈끈한 정(情)을 폐기처분하고, 그 대신 상업문화, 대중문화, 물질문명, 오늘날의 정보문화 등을 양산해내었다. 그 과정

1) 전광식, 『고향』, 문학과지성사, 1999, 47쪽.
2) 앞의 책, 127쪽.
3) 한국인의 시와 음악에는 유달리 '고향'이나 '향수'와 같은 제목이 붙은 것이 많다. 『조선지광』 65호(1927년 3월)에 실린 정지용의 「향수(鄕愁)」는 광기에 가까울 정도의 애간장을 태우는 정을 불러일으킨다.
4) 고향개념에 관한 폭넓은 해석은 전광식, 앞의 책, 23–31쪽 참조.

에서 인간은 비인간화와 물화(物化)현상에 시달리게 되었으며, 거대한 유령도시의 수많은 군중들 속에서 인간은 자기의 실존을 상실하고서 고독하고 소외된 존재로, '익명의 타자'[5]로, 정체성을 상실한 떠돌이로 전락하였다. 그래서 오늘날 수많은 사람들은 직·간접적으로 고향을 상실했을 뿐만 아니라 심지어 돌아갈 고향도 없는 실향민의 처지로 내몰리고 말았다.

현대인에게서 고향파괴와 고향상실, 그리고 고향을 등지는 현상은 이제 일반화되었으며, 그런 실향민들과 고향을 등진 사람들이 대도시 사회의 대부분을 이루면서 삭막한 도시문화를 일구고 있다. 이런 삭막한 도시문화에서 삭막한 인간이 양산되는 것은 당연한 현상이다. 현대인에겐 고향이 없다. 그는 고향에서 태어나 고향에서 삶을 마감하는 것이 아니라, 삭막한 도시의 병원에서 태어나 도시에서 유리하다가 병원에서 죽어간다.

그러나 이토록 처참한 실향현상 속에서도 고향의식은 완전히 말소된 것이 아니라, 어떤 특수한 경우에 되살아난다. ― 마치 고향의식이 유전자에 쓰여 있기라도 하듯. 고유한 명절이 다가오면 '민족 대이동'이라는 용어가 말해주듯 고향을 향한 대이동이 시작되는 것이다. '민족 대이동'으로 말미암아 '고향길이 고행길'로 변해버린 상황도 개의치 않고 기어코 고향으로 향하는 한국인의 심성은 이성적으로는 설명하기 어려운 광기에 가깝고 또 세계에서 흔하게 찾아볼 수 없는 현상이다.

우리가 앞 장에서 인간의 생생한 삶의 모습, 즉 인간이 이 땅 위에서 존재하는 방식인 '거주함'을 철학적 지평 위에서 해석한 것과 같이 '고향' 또한 저러한 지평 위로 초대해야 할 것이다. 철학이란 ― 앞에서도 강조

---

5) '익명의 타자'는 하이데거가 말하는 '세인(世人, das man)'과 같은 개념이다.

했듯이 — 인간의 생생한 삶의 모습이 펼쳐지는 곳에 더욱 가까이 거처하기 때문이다. '고향'은 실향이나 귀향과 함께 인간의 본질적 존재양식이다. 인생의 전 여정이 고향상실과 고향회귀로 엮어져 있다. "철학은 본질적으로 귀향이다."라고 한 시인 노발리스의 지적은 예리하고 온당하다. 철학적인 고군분투는 결국 고향찾기이고(그 고향이 지상이건 혹은 천상이건 혹은 알려지지 않은 미지의 어떤 나라이건) 고향회복이며 본래성 획득이다. 고향은 말하자면 인간 실존의 근저(根底)이기 때문이다. 플라톤과 하이데거에게서 고향은 존재론적 범주로 받아들여지고 있으며, 인간의 본래성, 삶의 본질과 근원(Ursprung)으로 해독되기도 한다.

얼마나 많은 시인들이 고향과 실향과 귀향에 관해 시를 읊었는지는 누구나 다 알고 있다. 정지용의 「고향」은 우리로 하여금 눈시울을 뜨겁게 하고 천상병의 「귀천」은 소름이 끼치도록 한다. 호메로스, 횔덜린, 트라클, 노발리스, 릴케도 인간의 근원적 본래성을 고향개념에서 찾고 있다. 호메로스의 『오디세이아』는 그야말로 귀향이 인간의 최종목표이고 정점이며, 고군분투하고 온갖 역경을 감수하면서 고향에 도착하는 것이야말로 구원이고 동시에 본래성의 회복임을 보여준다. 릴케는 인간을 이 세상 어느 곳에서도 정착할 수 없는 '방랑자'로 보면서 인간 존재의 근원상실을 시적으로 표현하고 있다.

또 고향을 종교적 개념과 연결시킨 시인으로는 17세기 독일의 기독교 시인 파울 게르하르트(Paul Gerhardt)와 『천로역정』으로 잘 알려진 영국의 존 번연(John Bunyan)을 들 수 있다. 게르하르트는 지상에서의 인간의 삶을 일시적 체류로 여겼으며, 그리하여 인간을 영원한 고향인 천상으로 향해 나아가는 순례자로 보았다. 또 고향의 개념을 신학적·종교적 차원으로 받아들인 교부 아우구스티누스(Augustinus)는 그의 대작(大作)인 『하나님의 나라(Civitas Dei)』를 통해서 우리가 흔히 얘기하는 천국 내지는 '하나님의 나라'를 그리스도인들의 본래적인 고향으로 파악하고 있다.

노발리스는 — 나중에 좀 더 논의하겠지만 — "철학은 본질적으로 하나의 향수병이고, 그것은 전적으로 고향에 머물고자 하는 충동이다."라고 하여 인간의 궁극적 염원이 고향과 관련되었음을 잘 드러내고 있다. 철학자 하이데거에게도 인간은 존재(본래성)로부터 벗어난 실향인이고 따라서 인간은 '고향상실증(Heimatlosigkeit)'을 앓고 있으며, 본래성으로 귀향해야 할 귀향자이다.

인생이 '나그네길'이라는 것은 흔히 듣는 말이고 또 인생은 어디론가 먼 바다를 건너 항해를 하는 것이라고 비유되기도 한다.[6][7] 그가 나그네라면 도대체 어디로부터 와서 어디로 귀향해야 하는 것인가? 인간은 어떤 경로를 통해서인지 알 수 없으나 어느 우연적이고 특정한 순간에 지상으로 들어와 또 어느 특정하기도 하고 우연적이기도 한 순간에 이 지상으로부터 작별을 고한다. 그가 이 지상으로 오기 전에 영적인 인간으로 존재했다는 피타고라스와 플라톤의 학설을 받아들이든 받아들이지 않든 인간은 여전히 어디로부터 와서 어디로 가는지, 혹은 그의 고향은 어딘지 알려지지 않았다. 그러나 그는 하이데거의 진술처럼 일단 '던져진 존재(Geworfensein)'이다.

'나그네'로서의 인간은 고향을 떠나 유리하는 자이고 언젠가는 고향으로 돌아가야 할 자이다. 또 인간을 종교적 색채를 띤 순례자로 볼 때에도 그는 자신의 순례를 끝내고 귀향해야 하며, 그렇게 고향에 도착하는 것이야말로 자기 인생의 목표라고 할 수 있다. 이처럼 인생을 나그네나 순

---

6) A. 테니슨의 시(詩) 「사주를 건너며(Crossing the bar)」는 인생이 가이없는 바다를 건너 고향으로 귀향하는 것을 읊고 있다.
7) 불교에서는 인생을 '고해'에 비유하기도 한다.

례자로 볼 때에 모든 인간은 고향에서 나와서 고향으로 귀향하는 — 지상의 고향이든 천상의 고향이든 혹은 어떤 미지의 나라로서의 고향이든 — 존재이다. 따라서 고향은 인생여로의 출발지이며 동시에 귀착지인 것이다.

인간이 지상의 고향이든 천상의 고향이든 혹은 제3의 어떤 미지의 고향이든 그런 고향으로 귀향한다면, 그는 더 이상 고향을 찾아 유리하는 떠돌이가 아닐 것이며, 자기이화(自己異化)나 자기소외를 극복한, 말하자면 본래적인 자기정체성을 획득한 승리자가 될 것이다. 그러므로 귀향은 인간실존의 본래적 목표이다. 이런 목표에 도달하지 못했다는 것은 곧 고향에 도착하지 못하여 여전히 서성이고 있다는 말이다. 만약 인생을 플라톤이나 하이데거처럼 '실향민(Heimatlosigkeit)'으로 볼 때 고향으로의 귀향은 일종의 구원과도 같아서 그의 존재가 성취되는 것으로 보아야 할 것이다.

지혜로운 인간은 지상에서의 나그네 길(삶 전체)이 영원하지 않고 극히 짧은 줄 안다. 인생의 황혼기에 들어선 사람들의 한결같은 고백은 "인생은 일장춘몽(一場春夢)"이고 "반짝 빛났다가 사라지는 아침이슬"이며, "날아가는 창살과 같다."는 것이다. 말하자면 눈 깜빡할 사이에 인생의 삶 전체가 세상 밖으로 밀려난다는 것이다. 그렇다면 지상에 영원의 집을 건립하려는 일이나 영원으로 이어질 육체를 꿈꾸는 욕망은 허망을 가중시킬 따름이다.

인생의 평생이 이처럼 찰나에 불과하다면 그 나그네길을 현명하게 걸어가야 할 것이다. 순간을 영원으로 착각하지 말아야 하며, 그 순간을 전부라고 생각하고서 온갖 욕심을 쏟아붓지 말아야 한다. 무엇보다도 여행의 짐을 가볍게 할 필요가 있다. 만약 3-4일의 등산을 위해 일주일치 식량을 갖고 간다거나 텐트를 두 벌이나 준비한다면 그는 어리석은 사람일

68

것이다. 짐이 무거우면 여행이 고생길이 되고 만다.

나. 플라톤의 귀향의 철학

플라톤에게 인간은 본질적으로 육체가 아니라 영혼이고, 따라서 인간의 본래적인 고향은 이 세상이 아니라 저 세상에 있다는 결론이다. 인간은 낯선 지상에서 나그네로 존재하고 — 혹은 피타고라스적이고 플라톤적으로 좀 더 엄밀하게 말하면 천상에서 징계를 받아 지상으로 추방되어 육체에 감금된 상태로 존재하고 — 그의 본래적이고 영원한 본향인 천상에 다다르면서 드디어 안식을 얻을 수 있는 것이다.

피타고라스와 플라톤으로 이어지는 인간론에 의하면 이 세상에서의 인간은 자신의 본래적인 모습인 영혼에서 탈선되어 이 세상에 정착하게 되었다는 것이고, 여러 가지 정화의 과정을 거쳐서 본래적인 영혼의 본향인 저 세상으로 돌아가야 한다는 것이다. 따라서 인간의 고향을 자기 정체성의 고유한 장소로 볼 때 플라톤에게 인간의 고향은 곧 영혼의 고향이고, 이는 신적이고 천상적이며 불멸하는 실재의 세계이다.

인간의 본래적인 고향이 지상이 아니라 천상이라는 것은 — 비록 세부적인 부분에서 일치하지 않더라도 — 기독교의 견해와도 일치한다.[8] 아리스토텔레스는 비록 그의 '목적론적 세계관'에서 플라톤에게로 접근하지만, 그는 그러나 궁극적인 행복(복락)을 지상에서 찾고 있기에 그의 스승과는 상당한 차이를 드러낸다. 플라톤은 그의 종말론적인 신화들과 『소크라테스의 변명』에서 밝힌 법정에서의 증언 및 『파이돈』에서 피력한

---

8) 이런 맥락에서 아우구스티누스는 그의 『하나님의 나라』(8권 5장)에서 "아무도 플라톤주의자들만큼 우리들에게 가까운 자는 없다."고 하였다.

사후세계에 대한 견해를 통해 우리 인간들이 죽은 후에야 비로소 궁극적이고 완전한 진리를 직관할 수 있고, 나아가 우리가 세상에서 의롭게 살아서 (즉 의로운 영혼이 된 상태에서) 한 치의 오류도 범하지 않는 저승에서의 정의로운 재판관들(미노스, 라다만티스, 아이아코스, 트립톨레모스)에 의한 심판[9]을 통과한 후에야 완전히 행복해질 수 있다는 신념을 천명한다.

완전한 진리와 아름다움 자체 및 선 자체가 펼쳐진 천상이 인간의 실재적 고향이고, 이곳에서 진리를 비롯한 원형으로서의 이데아의 세계를 보았던 만큼 인간은 지상에서 회상을 통하여 그 희미한 상(像)을 일깨우는 것이다.[10] 만약 천상에서 참된(영원한) 실재를 가장 많이 목격한 영혼은 지상에서 진리와 아름다움을 목격할 경우 그 감응이 대단하여서 거의 미치게 된다. 그러나 반면에 천상에서 진리와 아름다움 및 참된 실재를 제대로 보지 못했거나 혹은 구경조차 하지 못했다면 지상에서도 아름다움에 별로 관심이 없으며 경외심도 못 가질 뿐만 아니라 동물처럼 쾌락과 생식에만 탐닉한다.

플라톤의 인간론에 의하면 인간은 철저하게 영혼이고, 육체는 이 영혼이 바로 거기에(이 육체와 더불어) 존재한다는 것을 밝혀주는 푯말(sōma sēma)에 불과하다. 말하자면 육체는 영혼의 그림자에 불과하고 영혼을 위한 수레일 따름이다. 플라톤에게서는 아리스토텔레스의 견해와는 정반대로 세계 속에 이데아가 있는 것이 아니라 이데아 속에 세계가 있고, 또 육체 속에 영혼이 있는 것이 아니라 오히려 영혼 속에 육체가 있다. 영혼은 그러나 비가시적이고 비물질적이며 정신적이고 불멸하는 것이어서

---

9) 심판을 받는 것과 못된 영혼에 대한 처벌에 관해선 플라톤, 『파이돈』, 107e, 108b 이하 참조. 특히 아주 못된 영혼들이 가는 타르타로스에서의 처벌에 관해선 112a-114b 참조.
10) 플라톤, 『파이드로스』, 249c-249e 참조.

이 세상을 넘어서 있는 실체이다.[11] 그러나 육체는 영혼의 무거운 짐이며 영양섭취와 욕구충족(애욕, 물욕 등등), 불안, 공포, 공상, 전쟁, 폭동, 싸움 등등으로 영혼을 부자유스럽게 한다.

이 세상에서의 인간은 플라톤에 의하면 영혼과 육체의 복합체이다. 영혼과 육체는 지상적 삶에 있어서는 서로 불편한 동거로 결합되어 있지만 — 피타고라스적 전통 — 인간이 죽으면서 상호 분리되는 이질적인 요소들이다. 따라서 인간존재는 서로 이질적인 것들, 즉 한쪽은 영적이며 이념적이고 다른 한쪽은 질료적이고 감각적인 것의 결합으로서, 이러한 결합과 내부적 관계는 원만한 조화를 이룬 것도 아니며 또한 영구적인 것도 아니다. 영혼은 신적이고 영적이며 단일체이고 소멸되지 않으며 항상 자기동일성을 유지하는 반면, 육체는 질료적이고 다형적(多形的)이면서 자기동일성으로 머물지 못하고 소멸하는 속성을 갖고 있다.[12]

자기동일성을 갖고 신적이고 불멸하는 속성을 갖는 플라톤의 '영혼'은 그러나 정적인 존재가 아니라 동적인 존재이다. 말하자면 영혼은 어떤 정체된 체류자가 아니라 동적인 실재인 것이다. 그리스 철학에서 '영혼'이라는 개념을 말하면, 이는 살아 있는 실재로, 나아가 자발적인 운동을 일으키는 핵심적 요인으로 보고 있다. **영혼이 영원히 생동하는 실재이기에 세상으로의 진입과 천상적 본향으로의 귀향이 가능한 것이다.** 육체와 더불어 거주하기 이전의 순수한 영혼은 저 세상에서 거주했으나 — 이때 그는 불멸하는 실재로서의 이데아의 세계를 목격했다 — 거기서 범한 죄로 인해 지상으로 추방되었으며, 육체에 갇히게 되었고 또 순환적 윤회에 던져졌다는 것이다.

---

11) 플라톤, 『파이돈』, 79a-79b 참조.
12) 플라톤, 『파이드로스』, 80a-80b 참조.

지상의 인간은 영혼과 육체라는 서로 이질적인 요소로 결합되었지만, 그러나 서로 영향을 주고받는 상호작용을 한다. 불멸하는 실재로서의 영혼은 육체를 지배하고 유지시키며 언젠가 죽어야 하는 육체 또한 영혼에게 영향을 주는데, 육체는 영혼을 육욕적이고 지상적인 삶으로 끌어내린다. 플라톤의 대화록 『파이돈』에서 소크라테스는 그의 대화 파트너인 케베스의 질문, 즉 영혼이 육체에 의해 가장 심하게 구속되어 있는 상태에 관하여 다음과 같이 해명하고 있다: "그야 모든 쾌락과 고통이 마치 못과 같아서 영혼을 육체에다가 못 박아 고착시켜 마침내 영혼을 육체와 닮게 하고서는 육체가 옳다고 하는 것을 따라하도록 하기 때문이지."[13]

　그러므로 육체가 영혼에게 영향을 주는 것은 대체로 부정적인 것으로서 결국 영혼이 천상으로 상승하지 못하도록 하고 영혼의 신적인 기원과 본향을 망각하도록 유도하는 것이다. 영혼은 비록 고상한 기원을 지녔지만 육체와 지상적인 삶 속에서, 그리고 감각과 욕망이 베푸는 일상성에 몰입하면서 점차 자신의 본래성을 상실해가며 부자유와 타율적인 것에 사로잡힌다.[14]

　영혼이 이처럼 육체와 육체의 욕망에 사로잡힐수록 자신의 고향인 이데아의 세계를 망각하게 되는데, 이 망각의 늪에서 벗어나게 하는 것이 '회상(Anamnesis)'이다. 이 회상이 영혼을 망각의 늪에서 건져 올리는

---

13) 플라톤, 『파이돈』, 83d.
14) 플라톤의 대화록 『파이돈』에서 소크라테스는 그의 대화 파트너인 케베스에게 육체에 의해 더럽혀진 영혼을 다음과 같이 밝히고 있다: "그러나 더럽혀진 영혼, 육체를 떠날 때에 깨끗하지 못한 영혼, 늘 육체와 짝하고 육체의 노예 노릇을 하며 육체를 가지고 야단스럽게 굴며 또 육체의 여러 가지 욕망과 쾌락에 정신이 팔린 영혼, 그리하여 진리는 오직 만져볼 수 있고 눈으로 볼 수 있고 입으로 맛볼 수 있고 또 여러 가지 욕정에 이용할 수 있는 육체적인 것에만 있다고 믿는 영혼, 즉 육체의 눈에는 보이지 않고 오직 철학에 의해서만 도달할 수 있는 무형의 예지적인 것을 미워하고 두려워하고 회피하고 하는 영혼이 제대로 깨끗하게 되고 순수하게 되리라고 생각할 수 있을까?"(『파이돈』, 81b, 최명관 옮김, 『플라톤의 대화』, 종로서적, 1984)

힘은 선하고 신적인 기원을 가진 이성의 혼(Logistikon)이 본래적으로 지니고 있는 무의식적 기억의 잔재이다. 말하자면 희미한 상(像)과 잔재로나마 남아 있는 그 기억은 곧 이성의 혼이 이 세상에 오기 전에 이데아의 세계에서 맛보고 목격했던 '아름다움에 대한 천상적 경험'인 것이다. 영혼은 천상에서 본래적이고 선천적인, 원형적이고 불멸하는 '아름다움 자체', 즉 '미의 이데아'에 대한 경험을 했다. 그 경험에서 비롯된 희미한 상(像)과 기억의 잔재는 지상에서의 아름다운 것에 대한 경험에서 그 미의 원형(이데아)이 환기되고, 이러한 경험의 훈련을 통해 인간의 영혼은 이데아의 세계에 대한 고향의식을 활성화시켜 점차 동질성을 회복해가는 것이다.

인간의 영혼이 천상에서 추방되어 육체에 감금되고, 또 육체와 욕망의 영향력에서 자신의 본래성을 망각하고서 허우적거린다면, 본향으로의 회귀, 즉 귀향은 무엇보다도 영혼의 자유에 대한 의미가 강력하게 부각된다. 인식론적으로는 통념(doxa)으로부터의 자유이고, 존재론적으로는 육체의 갖가지 욕망과 충동으로부터의 자유이며, 또 형이상학적으로는 신들로부터의 징벌과 추방으로부터의 해방이다. 그래서 **귀향은 영혼의 해방과 자유를 의미하며 인간의 본래성의 획득이기도 하다.**

이러한 자유는 본래적이고 근원적인 자유이고, 이러한 자유 가운데에 거하는 자기 자신만이 본래적인 자기 자신인 것이다. '본래적인 자기 자신과 자기의 고유한 위상으로의 회귀'가 플라톤 철학에서 고향회복의 의미인 것이다. 이런 궁극적인 자유의 획득은 종교에서의 구원과 해탈과도 유사한 의미를 갖는다. 특별히 경건한 생활을 한 사람들은 이 세상으로부터 '해방되고 자유롭게 되어', 청정한 천상에 올라가 살게 된다고 소크라테스는 말한다.[15] 플라톤의 대화록 『파이돈』에서 소크라테스는 선량한 영혼이 하데스에 다다르면 과오와 우매, 공포와 야욕 및 그 밖의 온갖 악

에서 해방되어 큰 행복을 얻고 영원토록 신들과 함께 거주하게 된다고 피력한다.[16)]

이리하여 플라톤의 철학에서 인간의 영원한 고향은 결코 이 세상이 아니라 불멸하는 실재로서의 신적인 천상임이 천명되어 있다. 육체와 함께 거주하는 영혼은 비록 천상으로부터 추방되었으나 그의 본래적 고향은 거기이며, 결국엔 거기로 귀향해야 하는 존재로 지상에서 살고 있는 것이다. 그의 영혼은 여전히 신적인 속성을 갖고 있으며, 특히 영혼의 부분 중에서 이성의 혼(Logistikon)은 그때 천상에서 목격한 이데아의 세계에 대한 상(像)을 간직하고 있어 회상(Anamnesis)에 의해 올바른 인식을 하게 되는 것이다. 회상은 플라톤의 철학에서 인간의 고향회귀를 불러일으키는 전령인 것이다.

인간은 그가 이 세상으로 오기 전에 거하던 천상의 고향을 그리워하면서 나그네로 지상에서 살고 있다. 만약 그의 이성의 혼이 강하고 순수하다면 그만큼 강한 귀향의식을 갖게 되며, 또 그런 만큼 이데아의 세계를 향하게 된다. 이성의 혼은 인간을 천상으로 향하게 하는 인도력을 가지며 인간으로 하여금 육체적이고 지상적인 것을 버리고 천상을 바라볼 것을, 그리고 천상의 본향으로 상승할 것을 충동질한다.

그러나 만약 육체적이고 지상적인 욕망에 사로잡힌 욕망의 혼(Epithymetikon)이 너무 강하다면, 그래서 이성의 혼(Logistikon)이 이 욕망의 혼이 갖는 힘을 꺾지 못한다면 인간은 위와 같은 본향으로의 귀향을 이루어내지 못하는 것이다. 플라톤의 『파이드로스』에 등장하는 '영혼마차(Seelenwagen)'의 비유는 이성의 혼에 해당하는 마부가 날개를

---

15) 플라톤, 『파이돈』, 1144c 참조.
16) 플라톤, 『파이돈』, 81a 참조.

단 두 말(기개의 혼과 욕망의 혼)을 잘 조종하고 인도하여 천상의 세계로 나아가는 것이다.

가시적인 것과 사멸하는 것, 순간적인 것과 일상적인 것에서 벗어나 불멸하는 실재의 세계로, 비가시적인 것과 영원한 세계, 즉 이데아의 세계로 방향을 돌리는 영혼의 지향성과 상승의지를 플라톤은 '에로스(Erōs)'라고 한다. 이것이 소위 '플라토닉 러브'이고 '아카데믹 러브'인 것이다. 에로스는 우리의 영혼으로 하여금 고향으로의 회귀를 충동질하는 마력을 갖고 있다. 그러므로 에로스는 결코 어떤 소유욕이나 감정이 아니라 존재론적 역동성으로서 원초적이고 신적인 세계, 즉 영원한 본향으로 회귀하게 하는 존재론적 상승운동인 것이다. 에로스는 고통스러울 정도로 향수병을 갖고 있으며 신적인 본향으로, 천상으로 귀향하고자 하는 마력을 갖고 있다. 그러므로 플라톤에게서 철학, 즉 필로조피아(Philosophia)는 곧 에로조피아(Erosophia)이다.

다. 횔덜린의 고향과 '미지의 나라'

횔덜린의 '고향'은 파토스적인 의미를 잘 부각시켜준다: "고향은 하나의 힘이며 신비이다. 우리는 간단히 고향으로부터 비틀거리며 뛰어 나오지도 않으며 또 그렇게 고향으로 돌아가지도 않는다. 고향으로부터의 이탈은 한 막의 신화적 고별이다. 귀향은 걷잡을 수 없는 환희를 방랑자에게 퍼붓는 축제이기도 하다."[17] 이러한 귀향은 귀향자에게 하나의 거대한 존재론적 사건이 아닐 수 없다.

그런데 이와 반대로, 즉 환희와 축제를 맛볼 수 없는, 다시 말하면 귀향

---

17) 울리히 호이서만(장영태 옮김), 『횔덜린』, 행림출판사, 1980, 17쪽.

에 이를 수 없어 떠돌이로 종말을 고해야 하는 비참한 경우는 어떤가? 그것은 위에서 지적한 대로 하나의 '신화적 고별'인 것이다. 횔덜린은 육체적으로든 정신적으로든 떠돌이로 살았다. 그래서 그는 늘 '신화적 고별'을 한 실향민으로 살았고, 환희를 퍼부어주는 그런 귀향을 맛보지 못했다. 그러나 죽어서라도, 무덤의 벽을 부수고라도 돌아가고 싶은 그의 고향은 묘비에 쓰여 있다: "폭풍우의 / 가장 성스런 회오리 속에서 / 나의 무덤 벽은 / 붕괴되고 말 것이다.// 그리고선 / 지극히 자유롭고 영광스럽게 / 나의 영(Geist)은 / 아직 알려지지 않은 미지의 나라로 / 나아가리라."

그토록 불운하게 살았던[18] 시인 횔덜린은 그러나 철학자 하이데거에 의해 전적으로 새롭게 조명되었다. 하이데거는 스스로 고백한다: "시(詩)의 본질을 규명하는 데에 있어서 나는 왜 횔덜린을 택했는가. 어찌 나는 호메로스나 소포클레스, 버질이나 단테, 나아가 셰익스피어나 괴테를 택하지 않았는가. … 그것은 횔덜린이 '시인 중의 시인'[19]이기 때문이다."[20] 그것은 하이데거에 의하면 횔덜린이 시의 본질에 입각하여 시작(詩作)을 했기 때문이다.

횔덜린은 하이데거의 후기사유에 있어서 결정적인 역할을 하게 된다. 하이데거는 서양의 합리주의나 관념론, 형이상학과 근대의 이성으로서는 불가능한 '존재사유'로의 접근을 시적 통찰로서 시도했던 것이다. 횔덜린은 하이데거의 고백대로 예사로운 시인이 아니었다. 그는 '시인 중

---

18) 필자의 생각으로는 횔덜린이 하이데거의 『예술작품의 근원』에 등장하는 반 고흐나 또 우리의 이중섭과 같이 당대에는 철저하게 고독과 불운과 외면 속에 살았던 것으로 여겨진다.
19) M. Heidegger, *Erläuterungen zu Hölderlins Dichtung*(『횔덜린의 시작(詩作) 해석』), Klostermann: Frankfurt a. M., 1951, 32쪽, 44쪽. 하이데거는 이 저작 속에서 횔덜린이 신들과 인간들 사이의 중간지대에 거주하는 사이-존재의 위치에 서 있었기에 '시인 중의 시인'이라고 한다(44쪽).
20) 앞의 책, 31–32쪽.

의 시인'으로 혹은 존재의 음성을 전달해주는 '디오니소스의 사제'와 같은 시인으로 발견되었다.

횔덜린에게서 고향으로부터의 이탈과 실향은 하나의 존재론적이고 우주적인 사건이다. 그런데 인생길이 '나그네의 길'이라면 귀향 또한 존재론적이고 우주적인 사건이라고 하지 않을 수 없다. 고향으로부터의 이탈과 실향이 피눈물 나는 '신화적 고별'이라면, 이와 반대되는 경우는 무엇일까? 그것은 아마도 신화적 환희일 것이다. 그것은 본래성으로의 귀환일 것이고 또 그런 귀환은 귀향자에게 방랑을 멈추게 하는 하나의 역사적인 사건일 것이다. 그런 귀향자는 축제를 벌이지 않을 수 없을 것이고 신명나는 기분(Stimmung)에 휩싸이지 않을 수 없을 것이다.

철학자 하이데거는 횔덜린의 시를 해석하면서 '고향'의 의미를 철학적 '근원'과 '본래성'의 의미로 승화시켰다. 물론 이러한 해석의 가능성은 횔덜린의 시작(詩作)의 깊이에 놓여 있었던 것이다. 시인과 철학자는 여기서 오묘한 고향의 개념을 사용하고 있다. 사실 철학적 성찰의 노력은 본래성과 근원(그러니까 '고향')을 찾아가는 몸부림인 것이다. 따라서 철학이 본질적으로 고향에 머물고자 하는 충동이고 향수병이라는 노발리스의 통찰은 곧 철학의 본질을 꿰뚫어보고 있는 것이다. 물론 이러한 고향은 어떤 일정한 장소처럼 고정되어 있지는 않다. 그래서 고향은 '근원'으로 혹은 '본래성'으로 혹은 비밀스러운 장소로 불린다.

하이데거는 횔덜린의 시를 해명하면서 고향을 "근원에 가까운 곳"이라고 한다.[21] 따라서 '귀향'이라고 하는 것은 하이데거에게 "근원의 가까이로 돌아감"이다.[22] 하이데거에 의하면 시인은 "근원으로 가까이 옴으로

---

21) 앞의 책, 21쪽 이하 참조.
22) 앞의 책, 23쪽.

말미암아 고향으로 다가온다.”[23] 이렇게 하이데거가 여러 가지 표현으로 고향과 근원을 연결짓는 것은 고향이 곧 근원과 유사어임을 밝히는 것이다. 그렇다면 하이데거에게서 인간의 ‘고향상실(Heimatlosigkeit)’이라는 용어는 곧 그가 자주 개탄하는 ‘존재망각’, ‘본래성 상실’과 유사어이고, 존재를 망각한 시대는 다름 아닌 ‘신(神)이 떠나가버린 시대’, 즉 신(神) 상실의 시대와도 같다.

시대의 변화에 따라 고향에 대한 의미도 달라지겠지만 그래도 여전히 “고향은 하나의 마법적 영역이다.”[24] 그것은 ‘어머니 대지’에서 세상 밖으로 나온 곳이기도 하여 뿌리와 본래성에 대한 특별한 의미를 갖고 있기 때문이다. 고향은 결코 퇴색되지 않는다. 고향은 한 인간을 지상으로 보낸 운명적 사건을 일으켰기에, 그 신비적 마력은 변함이 없다. 단지 현대와 같은 산업사회에서 사람들이 그 의미를 잃고 유랑할 따름이다.

라. 하이데거의 귀향의 철학

1) 고향에 거주하는 인간의 본래성

앞의 제2장에서 우리는 하이데거가 건축함을 다름 아닌 고향을 건축함을, 그리고 이 고향 안에서 인간은 본래적으로 거주할 수 있다고 하는 것을 파악했다. 그런 고향은 그러나 아무렇게나 건립될 수 없으며 또한 예사롭고 일상적인 거주함으로 성취되는 것도 아니다. 하이데거에 의하면 인간이 그의 실존과 본래성에 걸맞게 혹은 ‘존재의 이웃’으로 거주할 때

---

23) 앞의 책, 24쪽.
24) 앞의 책, 18쪽.

인간은 고향에 거주한다고 할 수 있다.

하이데거에 의하면 인간은 대체로 '비본래성'과 무실존으로 살아가고 일상성 속에서 '퇴락존재(Verfallensein)'로 삶을 영위하기에, '존재의 이웃'으로 살지 못하며, 따라서 고향에 거주하지 못한 채 떠돌이로 살고 있는 것이다. 더욱이 하이데거에 의하면 현대는 고향상실의 시대인데, 그것은 현대에 이르러 인간의 '본래성 상실'과 '존재망각'이 절정에 이르렀기 때문이다. 그러므로 고향을 건축한다는 것은 곧 본래성의 회복이나 망각된 존재의미를 '다시 길어내는(Wieder-holen)' 일이다.[25] 그리하여 '존재의 가까이'에 혹은 '존재의 이웃'으로 살게 될 때 인간은 고향에 거주하게 되는 것이다.

하이데거나 횔덜린에게서 인간의 모든 사유와 행위는 ―그 삶의 유형이 어떠한 것이든 ― 고향에 거주하고자 하는 내적인 충동을 그 근원에서 갖는다. 그리고 이런 고향에 거주하고자 하는 내적인 충동을 갖는다는 것은 우리에게도 보편적으로 받아들여지는 사실이다. 삶이 힘들거나 멀리 떨어진 외진 곳이면 고향은 더더욱 그리워진다. 그것은 고향이 어머니의 품과 같은 역할을 수행하기 때문이다. 그것은 어떤 한 인간이 만약 타향에서 나그네로 살면서 승리에 가득 찬 삶을 살았다면 그 환희를 전하고 감사해야 하는 장소로서, 또 이와 반대로 실패와 파멸의 삶을 살았다고 해도 이 고달픈 삶을 치유하고 위로하는 의미로서, 또 최후로 돌아가야 할 본향으로서 존재하기 때문이다. 고향은 뿌리와 근원의 개념을 상징적으로 자세히 보여주기 때문이다.

그런데 이 세상에 존재하는 모든 사람들은 고향 없이 태어난 이는 없으므로 고향은 이미 모든 이들에게 개명되어 있고 증여되어 있다. 그러나

---

25) M. Heidegger, *Wegmarken*, Klostermann: Frankfurt a. M., 1978, 334쪽 참조.

삶이 진행되는 과정에서 고향에서 유리되고 소외되어 고향상실의 현상에 처하게 된 것이 실향민의 처지이다. 그러므로 고향은 인간이 거기로 되돌아가 머물러야 할 곳이고, 또 고향은 인간이 거기에 머물기 위해 존재하는 것이다. 어떠한 유형의 삶을 영위하든 인간의 현존은 고향과 귀향을 평생 동안 등질 수 없기에, 인간의 삶은 시적이면서 또한 철학적이기도 하다. 철학은 결국 고향에의 향수이며 거기로 돌아가는 귀향이기 때문이다. "귀향은 자기의 근원으로의 복귀이고 자기동일성으로의 환원이다."[26]

하이데거는 시인 노발리스의 통찰, 즉 "철학은 본질적 의미에서 하나의 향수병이다. 그것은 전적으로 고향에 머물고자 하는 충동이다."를 진지하게 받아들인다.[27] 철학의 본래적 과제도 바로 이와 같이 존재의 의미를 밝혀 '존재의 진리(Wahrheit des Seins)'가 훤히 드러나는 곳으로 귀향시키는 노력일 것이다. 말하자면 철학의 과제는 인간 현존재가 일상성이나 형이상학 및 여타의 '비본래적인(uneigentlich)' 삶을 통해 상실해버리고 망각해버린 고향의식을 되살리고 회복하며 이 고향에서 거주하는 것이다.[28]

그러므로 하이데거에게서 고향은 단순한 회귀적 공간을 의미하는 것은 아니다. 고향의 개념엔 시간적인 존재의미가 포함되며, 그 안에서 은폐되고 망각되어 버린 인간의 역사적 존재의미가 탈은폐되는 사건이 일어나는 시간-공간-놀이-마당인 것이다. 따라서 고향으로의 귀환은 하

---

26) 전광식, 앞의 책, 158쪽.

27) M. Heidegger, *Die Grundbegriffe der Metaphysik*(GA. 29/30), Frankfurt a.M., 1983, S. 7.

28) 오늘날의 '고향상실'과 귀향의 문제를 하이데거의 철학에서 그 중요성을 지적한 저서로 박찬국, 『들길의 사상가 하이데거』, 동녘, 2004, 제1장(지금 왜 하이데거인가?), 13-39쪽 참조; 전광식, 앞의 책, 160-176쪽 참조; O.F. Bollnow, *Neue Geborgenheit*, Kohlhammer: Stuttgart, 1979, 169-172쪽, 174-176쪽 참조.

이데거에 있어서 비본래성과 비진리(lethe)를 탈은폐시키는 투쟁으로서의 진리사건이다. 그러므로 고향에 거주한다는 것은 일상성과 비본래성, 비진리를 뛰어넘는, 말하자면 본래적으로 거주함을, 존재의 이웃으로 거주함을 의미한다.

철학이 "본질적 의미에서 하나의 향수병"이라고 한 노발리스의 말을 하이데거는 횔덜린의 시 「귀향(Heimkunft)」을 통해 구체적으로 제시한다. 이 시를 해석하면서 하이데거는 고향을 "존재 자체의 근저(Nähe)",[29] 또 "근원에 가까운 곳"이라고 하였다.[30] 그렇다면 '귀향'이라고 하는 것은 하이데거에게 "근원의 가까이로 돌아감"인 것이다.[31] 하이데거에 의하면 시인은 "근원으로 가까이 옴으로 말미암아 고향으로 다가온다."[32]

하이데거의 후기사유에는 각별히 고향회복 내지는 귀향을 종용하는 메시지들이 자주 우리를 환기시킨다. 우선 하이데거는 전회(Kehre) 이후 후기사유로 이르면서 인간실존의 해명을 존재일반의 해명으로 전개시켜 나간다. 인간이 존재를 쫓는 것이 아니라, 존재가 스스로 인간에게 드러나고 인간은 이 존재의 빛 속에 들어섬으로써 비로소 인간존재의 근거를 마련할 수 있는 '존재론적 전회'인 것이다. 이제 존재는 존재자와 대립되는 성격을 가진 것이 아니라, 빛과 같은 생기사건(Ereignis)으로 다가오는 것이다. 존재는 인간에게 말을 걸어오고 인간은 여기에 응답하는 것이 과제로 주어진다.

이 존재론적 전회에서 두드러진 것은 인간이 주도적 역할을 수행하는 것이 아니라, 오히려 존재가 주도적이며 인간은 부차적이라는 것이다.[33]

---

29) M. Heidegger, *Über den Humanismus*, Klostermann: Frankfurt a. M., 1949, 25쪽 참조.
30) M. Heidegger, *Erläuterungen zu Hölderlins Dichtung*, 21쪽 이하 참조.
31) 앞의 책, 23쪽.
32) 앞의 책, 24쪽.

인간주체 중심주의에서 벗어나려는 시도가 이 '존재론적 전회'에 담겨 있다. 하이데거는 근세의 주관주의와 또 후설의 현상학에 남아 있는 주관주의가 획득한 주도적인 지위를 박탈해버린다.

그렇다면 주도적인 역할을 수행하면서 모든 존재자의 지평이 되는 존재란 무엇인가? 긍정적인 관점에서 존재는 드러나 있음, 감추어져 있지 않음(비은폐성)을 의미한다. 우리는 어떤 사실에 대해 그 사실과 그 사실이 놓여 있는 관계가 우리에게 드러나고 은폐됨이 없을 때, 그것이 '있다'고, 이렇게 혹은 저렇게 '있다'고 말한다. 따라서 '존재한다(있다)'는 것은 은폐되어 있지 않고 드러나 있는 것, 밝음 속에 있는 것, 빛 속에 나타난 것을 의미한다. '존재'는 바로 이러한 '밝힘(Lichtung)'의 과정이다.

그러므로 존재는 하나의 생기사건(Ereignis)이며 모든 존재하는 존재자들을 드러낸 '근본적인 사건(Grundgeschehen)'이다. 그것은 존재 안에서 존재자와 인간이 드러나게 되는 모든 것을 포괄하는 생기사건이기 때문이다. 존재는 생기하는 비은폐성이다. 존재가 생기한다는 의미는 존재가 존재자들을 다양한 방식으로 밝힌다는 것이다. 중요한 것은 이러한 '밝힘'으로서의 존재가 역사적 인간에게 그리고 모든 존재자에게 스스로를 선사해 보내고 있다는 것이다.

2) 고향상실의 징후들

하이데거는 우리가 살고 있는 이 시대가 '고향상실(Heimatlosigkeit)'

---

33) M. Heidegger, *Über den Humanismus*, 19쪽 이하, 213쪽 이하 참조.

의 시대라고 한다. 인간이 거주해야 할 고향에서 떠나 밤의 심연에서 유리하고 있다는 것이다. 하이데거는 인간의 고향상실에 대해 거의 극단적인 첨예함으로 천착했다. 인간이 만약 아무런 보호도 없이 그리고 정처 없이 그에게 낯설고 위협적이며 섬뜩한 세계에 내던져져 있다면, 그는 고향을 상실한 자이다. 실존철학적 인간상은 인간을 호모 비아토(Homo viator)라고 규명하는데, 이는 인간이 고향을 상실하고 정처 없이 떠도는 방랑자이고, 이를 좀 더 날카롭게 표현하면, 영원한 실향민인 것이다.[34]

이런 규명은 그러나 외부적이거나 내부적인 고향상실로 인해 (혹은 이들이 겹쳐져) 인간의 거처가 뿌리째 뽑혀버린다거나 혹은 실존에 이르지 못한 인간의 안타까운 상황을 참작하면 무리한 표현이 아니다. 여기서 인간의 고향상실에 대한 근원적인 극복은 단순한 외부적 방편만으로는 이룩될 수 없음이 드러난다. 그렇다면 이토록 깊이 파고드는 고향상실을 극복하는 것은 오늘날과 같이 무실존의 시대에 긴급한 과제가 아닐 수 없다.

한편에선 오늘날과 같이 과학기술문명이 고도로 발달하고 경제가 발전일로에 있는데, 그게 무슨 소리냐고 반문할지 모른다. 그러나 그런 반문은 이런 사회에서 인간이 소외되고 가치관의 주객전도 현상에 놓여 있으며 과학기술문명에 아류로 전락되어 결국 자신의 고유한 본래성에서 이탈되어 있다는 사실을 모르는 불감증에서 나온 처사이다. 하이데거는 이처럼 과학기술문명 일변도로 변질된 사회 속에서 펼쳐지는 저속한 일상성의 생활공간은 우리가 거주해야 할 고향이 아니라고 한다.

---

34) O.F. Bollnow, 앞의 책, 170쪽 참조.

하이데거는 우리 시대를 고향상실의 시대로 규명했다. 우리가 살고 있는 시대는 사람들이 고향을 잃고 방황하는 시대라는 것이다. 20세기 이래로 현대인에게 지배적인 이데올로기로 군림하고 있는 것에 대한 폐해가 어떠한지는 깊이 생각해보지 않아도 자명하게 드러난다. 정치 이데올로기나 과학기술문명, 상업자본주의 등에서 인류의 삶의 거처가 오히려 황폐하게 된 흔적은 자명하게 드러나 보인다.

인류는 과학기술문명이 행복을 가져다주리라고 기대했지만, 주객전도 현상이나 기계 메커니즘의 지배, 기술에 대한 공포 등은 인류에게 위협으로 다가오고 있다. 인간은 과학기술의 주인이라고 자처했지만, 이제 기술은 인간의 통제에서 벗어난 상태이며 오히려 인간이 기술의 노예로 전락한 처지로 변하고 말았다. 인간복제기술과 유전자 조작, 핵무기를 비롯한 각종 대량살상무기, 생태계의 파괴 앞에서 오늘날 인류는 갈피를 못 잡고 있다.

인류가 과학기술문명에만 탐닉하는 것은 궁극적으로 이미 존재망각과 고향상실에서 비롯된 것일 뿐만 아니라, 그러한 고향상실을 가속화시킬 따름이다. 인류는 존재를 망각하고 고향을 상실한 데서 비롯되는 공허감과 불안감에서 벗어나기 위해 끊임없이 기술을 개발하고 기술문명에 탐닉하며 물질적인 소비와 향락을 추구하지만,[35] 그러나 이러한 탐닉과 추구 또한 탈선을 가중시키며 고향상실 현상을 심화시킬 따름이다.

고향상실 현상을 심화시키는 것으로 상업자본주의와 물신숭배사상을 들 수 있다. 이들은 경제제일주의를 낳았으며 돈만이 인간에게 최고의 가치를 부여한다는 이데올로기를 강요하는 실정인바, 이는 오늘날 전 인류를 지배하고 있는 구도이다. 돈은 신(神)보다 숭배를 받고 있으며, 돈

---

35) 박찬국, 앞의 책, 23쪽 참조.

없는 자는 오갈 데도 없는 처지에 몰린다. 제대로 정신이 있는 자라고 해도 돈 없어 발 붙일 곳이 아무 데도 없는 빈자는 시대의 한가운데서 "이 암흑의 밤에 어디로 갈 것인가?"[36] 하고 번민하지 않을 수 없다.

이러한 의미에서 하이데거는 현대를 고향상실의 시대라고 규명하였다. 말하자면 현대에는 인간이 마음놓고 발 붙일 수 있는 고향이 없다는 것이다. 하이데거는 자신의 당대인 20세기를 이렇게 규명하고 있다: "지구의 정신적 몰락이 너무나 심화되어 사람들은 그러한 몰락을 최소한 목격하고 추측하여 그것을 몰락이라고 파악할 수 있는 마지막 정신력마저도 상실할 위험에 처해 있다. 이러한 시대규명은 문화에 대한 비관주의나 낙관주의와는 전적으로 무관하다. 왜냐하면 세계의 황폐화, 신들의 도피, 지구의 파괴, 인간의 대중화, 모든 창조적이고 자유로운 것에 대한 증오와 의심이 이미 전 지상에 만연되어 비관주의라든지 낙관주의와 같은 유치한 범주들은 일찍이 우스꽝스러운 것이 되고 말았기 때문이다."[37] 세계는 황폐해졌고 신들은 도피해버렸으며, 대지는 파괴되어 가고 인간들은 정체성과 실존을 상실한 채 대중의 일원으로 전락해버린 시대가 곧 과학기술문명이 지배하는 현대라고 하이데거는 말하고 있다.

3) 퇴락존재

하이데거에 의하면 인간 현존재는 자기의 의지나 선택과는 상관없이 이 세상에 던져졌다. 이미 '던져진 존재(Geworfensein)'로서의 인간 현

---

36) 앞의 책, 18쪽에서 재인용.
37) M. Heidegger, *Einführung in die Metaphysik*, Klostermann: Frankfurt a. M., 1983, 41쪽.

존재는 그러나 세계의 지평 속에서 자신의 유한한 삶을 영위하는 가운데 진정한(본래의) 자기 자신으로 존재하든지 혹은 그렇지 않든지의 방식을 취하고 있다. 자신의 '존재이해'를 통해서 특징지어지는 인간 현존재는 그러나 이 존재이해를 어떤 추상적이고 관념적인 인식행위를 통해서가 아니라, 세계 내에서의 현사실적이고 구체적인 삶을 통해 획득하는 것이다.

이같이 인간 현존재가 자신의 의지와는 상관없이 이 세상에 던져져 있지만, 그러나 그는 자신의 기투(Entwerfen)와 존재가능성(Seinkönnen)을 통해 앞으로 끊임없이 되어 갈 수 있는 존재이다. 말하자면 그가 어쩔 수 없이 이 세상에 던져졌다고 하더라도, 그는 세계를 변형시키고 거기에 대한 관심과 교류를 통해 자기 자신을 재규정해나갈 자유와 과제를 떠안고 살아가는 것이다. 따라서 '던져진 존재'로서의 현존재의 실재성이 과거의 지평을 형성하고 있다면, 실존성은 미래의 지평을 구축하고 있다.

하이데거에 의해 독특하게 규명된 '세계-내-존재(In-der-Welt-sein)'는 비실존적 삶의 형태인 '퇴락존재(Verfallensein)'로서의 현존재가 비본래성의 늪을 빠져나가 자기의 본래성에 이르게 되는 도정으로서, 자신의 존재가능을 실현해가는 현존재의 세계인 것이다. 인간 현존재는 이미 '세계-내-존재'이기에, 그는 세계 내에서 부단히 다른 존재자와 세계 및 자기 자신과도 교섭하면서 살아간다.

그는 이런 부단한 교류를 통해 실존할 가능성을 갖고 있지만, 그러나 그렇지 못할 가능성도 갖고 있다. 그래서 인간 현존재의 본질은 그가 자신을 어떻게 만들어가느냐에 달려 있다. 물론 미리 주어져 있거나 굳어져 있는 현존재의 본질은 없다. 말하자면 현존재의 본질은 바로 자신의 실존에 놓여 있는 것이다.[38] 전기 하이데거의 '기초존재론(Fundamentalontologie)'은 우리로 하여금 마치 정언명법처럼 "너는 실존해야 한다."고 한다.[39] 어떻게 구체적으로 실존해야 하는지는 각자에게 맡겨져 있다.

하이데거는 그의 전기사유에서 인간 현존재의 모습, 즉 '염려(Sorge)'의 본래적 의미를 분석하면서 인간 현존재의 현재적 존재방식을 '무엇보다도 그리고 대체로' 부정적인 '퇴락존재'라고 밝힌다. 물론 이때의 '퇴락존재'는 윤리적으로 부정적인 의미를 띤 것이 아니라, 아직 실존에 거주하지 못하는 현존재의 일상적인 모습을 가리킨다. 말하자면 '퇴락존재'야말로 인간의 일상적 삶의 **'드러난'** 모습인 것이다.

이처럼 인간의 밖으로 드러난 일상적인 모습, 즉 '퇴락존재'를 하이데거는 인간의 '비본래적인 것(Uneigentlichkeit)'으로 규명하고서, 이 일상에 의해 은폐되어 버린 존재방식을 탈은폐시켜야 한다고 본다. 그렇지만 이처럼 은폐된 것을 드러내기란 여간 어려운 일이 아니며, 경우에 따라선 이때까지의 익숙한 존재방식을 위협하는 것일 수도 있다. 그러나 하이데거에 의하면 불안이나 죽음과 같은 한계상황, 양심의 부름과 같은 것은 인간의 탈은폐된 모습, 즉 본래성(Eigentlichkeit)을 들여다볼 수 있는 계기를 마련한다고 본다.

퇴락존재의 양식에서 현존재는 일상적 삶을 영위해가며 의식적으로든 무의식적으로든 현재적 편견과 관심 속에서 진정한 자기 자신을 상실해 있는 경향을 갖고 있다. 그가 퇴락존재임은 잡담과 호기심, 그리고 애매성과 같은 태도에서 잘 드러나고 있다.[40] 현존재가 우선 퇴락존재의 형태

---

38) 이런 하이데거의 인간규명을 받아들여 사르트르는 "실존은 본질에 앞선다."고 했다.
39) 이런 강조 포인트는 하이데거뿐만 아니라 다른 실존철학자들도 대체로 견해를 공유한다.
40) M. Heidegger, *Sein und Zeit*, §35–§38 참조.

로 살아간다는 것은 비본래적인 삶을 영위하고 '혹자의 지배(Herrschaft des Man)'를 받고 있다는 것이다. 말하자면 '혹자의 지배'를 받고 있는 현존재는 존재망각(Seinsvergessebheit) 속에 묻혀 살다가 염려와 불안, 무의 체험이나 죽음과 같은 한계상황 같은 데서 순수한 자기 자신과 맞설 수 있게 되는 것이다.

퇴락존재로서의 '혹자'(das Man: 무책임한 제3자, '세인')는 비본래적인 자기로서 모든 존재가능성을 평준화해버리며 책임을 회피하는 특성을 갖고 있다. 이는 무책임한 대중생활의 소용돌이에 휩쓸릴 때 일어나는 존재망각의 증세라고 할 수 있다. 현존재는 일상성 속에 빠져 자신의 근원적인 본향인 존재를 망각하고, 또 그 망각한 것을 의식조차 하지 못하는 '혹자'로서 살아간다.

그렇다면 인간 현존재가 일상을 통해 망각하고 잃어버린 것은 무엇일까? 그것은 본래성에 다다르지 못하고 존재에 거주하지 못하는 상태로서, 이는 하이데거의 용어로 '고향상실(Heimatlosigkeit)'인 것이다. 인간 현존재가 망각하고 상실한 것, 그러나 탈은폐의 가능성을 통해 본래적으로 거주할 수 있는 것은 다름 아닌 고향이다. 하이데거가 보는 인간의 일상성의 현실은 이처럼 퇴락존재이고, 이런 퇴락존재는 또한 인간이 아직 자신의 고유한 실존에 거주하지 못하는 '고향상실'이다.

따라서 고향상실의 극복은 무엇보다도 '퇴락존재'에서 벗어나는 길이다. 이 퇴락존재에서 벗어난다는 것은 곧 귀향하는 도정이며 무실존에서 실존으로의 이주라고 할 수 있다. 그렇다면 이러한 이주는 '존재의 빛 가운데 서는 것'인 탈존(Ek-sistenz)에 의해 가능하기에, 탈존이야말로 인간의 본질을 형성하는 근본요인이라고 할 수 있다. 인간 현존재는 탈존하면서 존재와 가장 가까이 있는 이웃으로(존재의 이웃[Nachbar des Seins])[41] 자기의 본래적 실존을 회복한다. "너는 실존해야 한다."는 하이데거를 비롯한 실존철학자들의 정언명법이다. 그렇다면 실존한다는 것은 인간이 '본래적(eigentlich)'으로 거주하는 것이고 그것은 곧 고향에 거주한다는 것과 같은 말이다.

4) 형이상학과 과학기술문명의 숭배에 의한 니힐리즘과 고향상실

하이데거에 의하면 고향상실의 현상을 야기한 것은 무엇보다도 서구의 형이상학[42]이다. 특히 근세철학은 '인간 주체성의 형이상학'을 전개하여 코스모스 내에서의 주체중심주의를 구축하고서 인간으로 하여금 자연적 전체와의 조화와 합일을 통해 그가 거주할 공간을 마련하지 않고, 오히려 자연을 정복하고 착취하여 결국 인간이 거처할 수 있는 자연으로부터 소외된 공간을 만들고 말았다. 인간중심주의가 자연 위에 군림하여 인간의 참된 고향을 상실해버린 것이 현대 과학기술문명의 진정한 모습이라고 하이데거는 지적한다.

인간이 코스모스에서 인간중심주의를 형성하여 자연과 동료인간들을 지배하는 맹목적이고 인위적인 의지로 만든 세계 속에서, 인간은 결국 고향에 거주하는 자로서가 아니라 실향민으로 떠돌이로 살아가는 것이 우리 시대의 실상이다. 이런 비정상적인 세계에서 인간은 하나의 기계적 기능이나 부품 내지는 노동력으로 환원되어 버리기에 그는 진정한 자유

---

41) M. Heidegger, *Über den Humanismus*, 29쪽.
42) 하이데거가 규명하는 형이상학의 개념은 우리가 고분벽화를 해석하고 논의하는 과정에서 말하는 형이상학과는 다른 개념이다. 그는 서구의 철학에서 존재자 중심의 세계관을, 존재를 망각한 존재자의 철학을, 존재와 존재자의 차이를 망각한 철학을 부정적인 의미로 형이상학이라고 했다. 특히 과학기술을 '완성된 형이상학'이라고 규명하기에, 우리가 말하는 형이상학 개념과는 차이를 드러낸다.

나 고향의 안온함이 보장된 존재의 이웃으로 살아가지 못한다. 하이데거에 의하면 인간이 돌아가고 거주할 고향은 "과학기술과 지배욕을 통해 인위적으로 만들어지지 않는다."[43]

하이데거는 기술공학과 실증학문으로 만개된 서구의 형이상학이 사물과 존재자의 세계에 그의 절대적 지배를 감행함으로써 인류정신사를 극단적인 '존재망각'의 세계로 굴러 떨어뜨리고 말았다[44]고 자주 경고했다. 실제로 근세 이후 인류는 과학기술문명이 인류를 해방시킬 것이라고, 인류를 유토피아로 이끌 것이라고 호언장담을 해왔지만, 그것은 그러나 일종의 사기극과 유사한 망상으로 결론났다. 인간의 과학기술에 의한 자연점령은 비본래적이고 반자연적인, 노자가 표명한 작위(作爲)스러운 행위와도 같은 것이다. 오늘날 세계의 일반적인 문명으로 되어 버린 기술공학문명의 둥지에 인류가 안주하고 있지만, 이것은 그러나 하이데거에 의하면 인간의 자기소외이고 '고향상실'인 것이다.

인류는 동서양을 막론하고 마법에 홀린 상태로 기술문명을 절대화하고 또 보편화하고 있으며 더 나아가 신격화하고 있지만, 여기에 비례하여, 아니 여기에 못지않게, 인간의 불안정한 삶은 가속되고 인간은 자기 실존에서 유리된 소외의 삶을 살고 있다. 이런 비정상적인 현상은 근세에서부터의 과학숭배 내지는 과학제일주의 및 기술과 기술문명 숭배에서 파생됨을 우리는 알 수 있다.[45] 인류는 이런 암적인 부작용을 읽지 못하고 과학기술문명에 갈채만 보내다가, 또 맹신하고 숭배만 하다가 이

---

43) 전광식, 앞의 책, 175쪽.
44) M. Heidegger, *Vorträge und Aufsätze*, 71쪽 참조.
45) 기술의 세계정복 내지는 '기술의 지배'와 그 위기에 대해서 하이데거는 『기술과 전향(*Die Technik und die Kehre*)』에서 집중적으로 논의한다. 또한 후설(E. Husserl)도 그의 『위기 (*Krisis*)』에서 기술의 세계정복에 대해 심각한 우려를 지적한다.

과학기술이 경우에 따라서는 인류를 파멸로 끌고 가는 위태로운 요소가 될 수 있음을 깨닫지 못했다.

기술이 지배하는 시대엔 "모든 것이 기능화된다. 모든 것이 기능하고, 이 기능은 더 확장된 기능을 쫓는다. 그리하여 기술이 인간을 (삶의 거처인) 대지로부터 내쫓고 뜨내기로 만든다. … 우리는 이제 단순한 기술적 관계망 속에 있다."[46] 하이데거는 『슈피겔』지와의 대담에서 이제 전 지구를 규정하는 '기술'과 근세의 인간상[47]이야말로 우리가 극복하기 어려운 지경으로 되어 버렸다고 개탄한다.[48] 기술문명과 기술의 보편화로 말미암아, 기술의 절대적인 지배로 말미암아 각 문화가 갖고 있는 고유성은 상실되어 가고 의미의 원천들은 고갈되어 가며 고향의 친숙성은 예측 불허의 무시무시한 미래로 미끄러져 가게 되어 결국 우리의 삶의 토대는 붕괴될 위기에 처하고 말았다.

니힐리즘으로 이어지는 이러한 현상들은 결국 우리의 삶에 의미를 부여하였던 고유한 존재이해의 해체를 뜻한다. 따라서 우리는 기술과 기술문명이 존재망각과 내면적으로 밀접한 관계에 있는 것과 또 이것이 결국 인간의 고향상실로 이어지는 것임을 직시해야 한다. 그것은 기술이 '완성된 형이상학(die vollendete Metaphysik)'[49]이기 때문이다. 그러므로 우리가 앞에서 언급했던 기술공학과 실증과학, 기술문명과 물질문명의 세계지배를 하이데거적 용어로 바꾸어보면 그것은 '존재망각을 통한 존재자 지배의 완성'이라고 볼 수 있다. 하이데거는 서양철학사를 존재론

46) M. Heidegger, "Nur noch ein Gott kann uns retten"(하이데거의 『슈피겔』지와의 대담), 206쪽.
47) 근세에서부터 자연과학의 절대화와 인간주체성의 극대화가 일어난 것을 말함.
48) M. Heidegger, "Nur noch ein Gott kann uns retten"(하이데거의 『슈피겔』지와의 대담), 204-206쪽 참조.
49) M. Heidegger, *Vorträge und Aufsätze*, 76쪽.

의 역사 또는 형이상학의 역사로 규명하고, 이 역사의 주류는 '존재망각 (Seinsvergessenheit)'과 '존재상실(Seinsverlorenheit)'로 특징지어진다고 파악한다.

하이데거에 의하면 이 '존재망각' 내지는 '존재상실'의 존재론, 즉 형이상학의 본질은 니힐리즘이며, 또 이 니힐리즘은 현대의 과학기술에서 그 절정을 이룬다는 것이다. 존재상실과 니힐리즘은 세계사의 운명과 내적 공속성을 갖는다: "지구 위와 그 주변에서 세계의 암흑화가 일어나고 있다. 이 암흑화의 본질적 사건들은 신들의 도피, 지구의 약탈, 인간의 대중화, 평균화(몰개성화)[50]의 우월이다. 우리가 세계의 암흑화를 말할 때의 세계란 무엇을 일컫는가? 세계란 항상 '정신적인(geistige)' 세계이다. … 세계의 암흑화는 가이스트의 무장해제를 내포하고 있고, 이 가이스트의 해체, 고갈, 곡해와 억압을 포함하고 있다."[51]

하이데거에 의하면 지구의 정신적 쇠망은 이제 인류가 최소한 이 쇠망을 들여다본다거나 어림잡을 수 있는 마지막 정신적 힘마저 상실해버릴 위기에 처했다는 것이다.[52] 그렇다면 이러한 암흑화와 황폐화, 정신의 고갈과 상실에는 이미 니힐리즘이 깊숙이 들어와 있는 것이다. 그러므로 일방적인 과학기술문명의 숭배와 형이상학 및 니힐리즘은 한통속이고 같은 연결고리에 꿰어 있다. 형이상학은 과학기술문명의 꽃이고 니힐리즘은 그 열매인 것이다.

---

50) 특히 키에르케고르를 비롯한 실존철학자들이 현대인의 질병으로 보는 것으로서 이러한 '평균화(das Mittelmaessige)'와 '수평화(Nivellierung)'가 있다. 이 평균화와 수평화로 말미암아 인간의 고유성과 개성, 특수성이 침몰되어 몰개성과 무실존의 증상을 드러낸다는 것이다. 이러한 인간의 비본래성에 처한 현존재를 하이데거는 '세인' 또는 '혹자(das Man)'라고 칭한다.
51) M. Heidegger, *Einführung in die Metaphysik*, 34쪽.
52) 앞의 책, 29쪽 참조.

형이상학은 애초부터 잘못된 사유의 길로 — 이를테면 존재사유가 아닌 존재자 사유의 길로 — 들어섰기에, 원래 인간에게 가까이 있는 존재를 왜곡하고 망각하여 고향상실의 현상을 야기한 것이다. 말하자면 인류 정신사의 특정한 지점에서 잘못된 길로 들어선 형이상학이 존재를 망각한 결과로 인간은 고향인 존재를 상실했다는 것이다. 이런 맥락에서 고향상실의 현상은 '세계의 운명(Weltschicksal)'[53]이 되어 있다. 그러므로 철학의 과제가 존재의미를 회복하고 밝히는 일이라면, 그것은 곧 '형이상학의 근원으로의 회귀'를 이루어 그 시원성(Anfänglichkeit)을 획득하는 것이다. 실제로 하이데거의 철학적 노력은 전·후기를 막론하고 시원적 사유를 획득하는 것이다.

하이데거가 전 생애에 걸쳐 자신의 철학적 과제로 삼은 '시원적 사유 (Anfängliches Denken)'란 '존재자의 진리(Wahrheit des Seienden)'가 아닌 '존재의 진리(Wahrheit des Seins)', 즉 존재의 '비은폐성 (Unverborgenheit)'이 왜곡되지 않은 채 드러나고 생동하는 것이다.[54] 이 '시원적 사유'는 존재가 존재자로 대체되거나 왜곡되어서는 안 되는, 존재의 진리에 의해 존재자가 확연히 드러나는, 즉 '존재론의 차이 (Ontologische Differenz)'가 적나라하게 드러나는 사유이다.

'시원적 사유'는 철저하게 존재자 – 중심의 사유에서 벗어난, 형이상학과 또 이 형이상학에 의해 꽃피워진 기술로 말미암아 망가지지 않은 사유를 말한다.[55] 따라서 '다른 시원'의 필연성은 저러한 '첫째 시원'을 상실해버리고서 형이상학과 기술의 지배로부터 니힐리즘으로 추락한 '가장 큰 위험(hoechste Gefahr)'에서 주어진 것이다. 온 지구를 휩쓰는 형

---

53) M. Heidegger, *Über den Humanismus*, 27쪽.
54) 하이데거는 '시원적인 것(das Anfaengliche)'을 '가장 큰 것(das Groesste)'이라고 한다 (*Einführung in die Metaphysik*, 12쪽 참조).

이상학과 기술의 지배는 '존재망각'과 '존재상실'로 특징지어진 니힐리즘으로 만개되는데, 이는 곧 하이데거가 말하는 '궁핍의 시대'이다.

하이데거에 의하면 형이상학은 존재와 존재자 사이의 '존재론적 차이'를 읽지 못했다. 이러한 차이의 망각은 존재자에게만 의미를 두는 '존재망각'으로 이어졌고, 이는 곧 인간으로 하여금 눈앞에 전개되고 윤곽이 잡히는 사물에만 의미를 부여하는 존재자 중심의 세계관을 형성하게 하였다. 형이상학은 존재자 중심의 세계관을 증폭시키고 또 첨예화시켰으며, 철학을 형이상학으로 거의 일원화시킨 근세의 사상에는 존재자만이 큰 의미를 지녔기에, 존재망각과 고향상실증은 당연한 귀결로 주어진다.

존재자와 전혀 달리하는 존재의 존재방식을 서구의 전통 형이상학은 이해하지 못했다. 존재와 존재하는 것, 현존(Anwesen)과 현존하는 것(Anwesende) 사이에는 엄연한 차이가 있다. 존재자를 존재하게 하는 (sein-lassen) 존재는 존재자와는 전혀 다른 존재방식을 취하고 있다. 존재 자체는 결코 존재하는 것(존재자)이 아니다. 어떠한 탐구든 존재자를 찾아나선 곳에서는 존재를 발견하지 못한다. 이들 탐구는 미리부터 의도 속에 존재자를 고집하기 때문에 늘 존재자만 만날 뿐이다. 존재는 결코 존재자에 속해 있는 어떤 내재하는 성질이 아니다. 그러므로 "존재사유는 결코 존재자 속에서 어떠한 거처도 찾을 수 없다."[56]

하이데거에 의하면 형이상학은 존재자로서의 존재자를 문제삼기 때문에 존재자의 차원에 머물러 있게 되고 존재로 방향전환을 하지 못했다.[57]

---

55) 기술이 지배하는 세계는 인간을 시원적이지 못하게, 본래적이지 못하게 그리고 형이상학적이게 다그친다. 기술의 본질은 '몰아세움(Ge-stell)'으로서 세계지배와 자연착취를 위해 도발하는, 또 어떤 지점에서 종결되는 목표도 없는 역학인 것이다. 그러므로 기술의 본질에서 세계몰락의 위협이 도사리고 있다.

56) M. Heidegger, Was ist Metaphysik?, Klostermann: Frankfurt a. M., 1949, 45쪽.

전래의 형이상학은 결코 존재의 '비은폐성'을 알지 못하기 때문에 '존재의 진리'에 대해 묻지 않는다. 이처럼 형이상학은 존재자를 존재자로서 표상하기 때문에, 비록 '존재'란 말을 하지만 그것은 대상화되고 개념화된 존재자일 따름이고 경우에 따라선 '존재자 전체(Seiende im Ganzen)'를 나타내기도 한다.[58]

다시 말하면 형이상학은 존재를 묻는다고 말을 하지만,[59] 사실은 존재가 아니라 존재자의 존재성 또는 대상성과 현상만을 , 또는 존재자로서의 존재자를, 존재자 그 자체를, 존재자 전체를, 전체로서의 존재자를 묻고, 존재자에 은폐되어 있는 존재 자체 또는 존재의 개시성을 묻지 않는다. 그런데 여기서 '은폐된' 존재는 존재자와 무관하게 숨어 있다는 뜻이 아니라, 바로 이 존재자가 존재자로서 드러나는 데에 이미 전제되었고, 이 존재자가 존재하는 데에 함께 현존하고 있는 것이다. 이러한 존재 자체, 즉 개시하고 밝히며 드러내는 존재를 형이상학이 못 본다는 것이다. 따라서 형이상학은 존재 자체를 사유하지 않는다. 그러므로 하이데거에 의하면, "세계사의 전 기원이 '존재'와 존재자를 혼동한 오류의 기원인 것이다."[60]

존재는 존재자가 존재자로서 드러나게 하고(따라서 존재자가 존재자로 드러난 곳엔 이미 존재의 생기[Ereignis]가 활동하고 있는 것이다), 우리가 이 존재자를 존재자로 바라볼 수 있도록 열어주고(oeffnen), 밝혀주는(lichten) 개방성이다. 존재자는 존재의 빛 속에서 존재자로서 비은폐되고 드러난다. 그러므로 존재자가 비은폐되기 위해서는 존재에 의

---

57) 앞의 책, 8쪽 참조.
58) 앞의 책, 11쪽 참조.
59) 이를테면 아리스토텔레스의 "ti to on?".
60) M. Heidegger, *Holzwege*, Klostermann: Frankfurt a. M., 1980, 311쪽.

존한다. 아니, "존재 없는 존재자는 있을 수 없다."[61] 또한 "존재의 현현은 드디어 존재자의 개시성을 가능하게 한다."[62] 존재자가 무엇인지의 여부와 그리고 어떠한지의 여부는 존재로부터 그 가능성이 열린다.[63] 존재는 따라서 모든 사건과 사물, 사태와 실재, 존재자의 현존에 항상 전제되어 있다.

그런데 전통 형이상학이 찾는 진리는 존재자와 그러한 것의 전체에 관한 진리인 것이고[64] 존재의 진리는 은폐되고 말았다. 세상의 학문들도 오로지 존재자를 둘러싼 싸움이라고 해도 과언이 아닐 것이다. 탐구되어야 할 것은 오직 존재자이고 그 이외는 전혀 없다. 아니, 투쟁적으로 존재자에 우위를 설정하고서 존재를 '아무것도 아닌 것'으로 치부하여 의식적·무의식적으로 배척해버린다. 더구나 형이상학은 존재와 존재자 사이의 차이('존재론적 차이')를 이해하지 못하기 때문에 존재자를 마치 존재인 양 혼동하고 있다. 그러므로 형이상학은 결코 존재 자체를 언어로 가져오지 못한다.[65] 형이상학은 그렇다면 '존재망각'에 놓이게 되고 존재의 진리에 대한 물음을 오히려 허물어뜨린 셈이다. 이처럼 서구의 형이상학은 '존재하는 것', 즉 존재자만을 고찰의 대상으로 여겨왔고 존재 자체를 물음의 과제로 삼지 못했기에 "서구 사유의 역사엔 '존재의 진리'는 사유되지 않은 채 남아 있고 그 경험 가능성은 거절되었다."[66]

존재자와 근본적으로 다른 존재방식을 취하는 존재 자체를 존재자처럼 다루는 데에서 존재는 더욱 가려지고 만다. 물론 우리가 존재의 빛으

---

61) M. Heidegger, *Was ist Metaphysik?*, 41쪽.
62) M. Heidegger, *Vom Wesen des Grundes*, 13쪽.
63) M. Heidegger, *Holzwege*, 245쪽 참조.
64) M. Heidegger, *Nietzsche II*, Günther Neske: Pfullingen, 1961, 93쪽 참조.
65) M. Heidegger, *Was ist Metaphysik?*, 7–10쪽 참조.
66) M. Heidegger, *Holzwege*, 195쪽 이하 참조.

로 말미암아 존재자를 연구할 수 있지만, 이 연구의 업적이 성공적이면 성공적일수록 존재 자체는 사유에서 더욱 미궁의 심연으로 가라앉아 버린다. 인간은 그러나 숙명적이게도 학문적으로 연구할 수 있는 것과 기술적으로 만들 수 있는 존재자를 알 뿐이다. 존재자의 저편에서 이 존재자를 존재자로 일으켜 세우고 의미를 부여하는 그 어떤 것도 상실되고 만다. 이 존재상실에서 바로 니힐리즘이 꽃피는 것이다. 존재상실에서, 존재 자체와 무관한 형이상학적 사유에서 니힐리즘이 꽃피었음을 하이데거는 밝힌다. 따라서 하이데거가 그토록 강조한 '존재론적 차이'나 '형이상학의 극복'이 심각한 의미를 갖는다는 사실이 여기에서 잘 드러난다.

그런데 하이데거에 의하면 니힐리즘의 극복은 이 형이상학의 시원으로 되돌아가서 이를 '감내하며 이겨내야(verwinden)' 하는 것이다.[67] 이는 형이상학의 근거로 되돌아가서, 존재를 오로지 '존재하는 것'으로 잘못 파악한 스캔들이 탄생된 장소로, 즉 형이상학 자신이 존재자의 지배와 기술·학문·논리의 미로로 끌려 들어간 지점을 찾아내어 이를 극복하고('형이상학의 종말') '다른 시원으로의 변환(Uebergang zu einem anderen Anfang)'[68]을 성취하며 새로운 미래를 열어야 하는 것을 의미한다.

'궁핍한 시대'가 지배하는 오늘날의 역사적 현재는 존재자를 중심으로 하는 과학기술문명과 사물존재론(Dingontologie)만이 세계사의 무대를

---

67) M. Heidegger, *Wegmarken*, 408-411 참조.
68) M. Heidegger, *Vorträge und Aufsätze*, 79쪽. 또 다른 곳에서 하이데거는 "우리의 역사적이고 정신적인 현존재의 시원을 다시-불러들여(wieder-holen) 이 시원을 다른 시원으로 변화시켜야 한다."(*Einführung in die Metaphysik*, 29쪽)고 역설한다. '시원적 사유'에 관한 포괄적 논의는 *Beitraege zur Philosophie*(GA.65), §20–§31 참조.

장식하고 있기에, 현대인은 니힐리즘 가운데 침잠해 있으며 존재의 빛 안에서 삶을 경험하거나 계승하지 못하고 있다. 존재가 우리에게 걸어오는 말을 듣지 못할 뿐만 아니라 들으려 하지도 않고, 그 부름에 응답하지 못하는 처지에 놓여 있는 것이다. 존재에 응답하는 것이 철학의 과제라고 한다면, 형이상학은 그러나 이런 본질적인 과제에 응하지 못하고 오히려 이 과제를 외면해왔다.

그러므로 우리는 또 다른 중요한 물음을 떠올리지 않을 수 없다. 과연 인류는 '존재의 이웃'이 되는 그런 귀향을 시도하고 고향회복을 이루어낼까? 그건 결코 쉽지 않을 것이고 오히려 더 나빠질 수도 있을 것이다. 그것은 사람들이 '존재의 이웃'으로 거주하기보다는, 또한 '신(神)의 가까이에' 거주하기보다는 더욱더 형이상학에 몰입하고 과학기술만을 숭배할 것이기 때문이다. 하이데거도 사람들이 자연의 소리에 귀를 기울이지 않고 "지구를 하나의 질서에 구속시키려고 헛되게 시도한다."[69]고 지적하고 "현대인들에겐 오직 기계의 소음만이 들릴 뿐이며 그들은 이 기계의 소음을 거의 신의 목소리로 여긴다."[70]고 한탄한다. 하이데거는 그러나 이런 시대적 상황을 잘 알고서 분명한 희망과 대안의 길을 제시했던 것이다. 그 길을 선택할 것인지 혹은 외면할 것인지는 우리의 선택에 달려 있다.

5) 신의 결여

하이데거는 1946년 12월 릴케의 서거 20주기 기념강연[71]에서 횔덜린

---

69) M. Heidegger, *Der Feldweg*, Vittorio Klostermann: Frankfurt a.M., 1953, 4쪽.
70) 앞의 책, 4-5쪽.

의 비가(悲歌) 「빵과 포도주」에 실린 "… 그리고 궁핍한 시대에 무엇을 위한 시인인가?"를 해명하고 있다. 그는 휠덜린의 시대는 물론 오늘날도 '궁핍한 시대(dürftige Zeit)'라고 규명하였는데, 이는 옛날의 신들은 떠나버렸고 새로운 신들은 도래하지 않은 밤의 심연이 드리워진 시대라고 하였다.[72] 이런 신의 결여(Fehl Gottes)를 결여로서 심각하게 깨닫지 못하는 것이야말로 '가장 심각한 궁핍함'인 것이다.[73]

'궁핍한 시대'는 하이데거의 해명에서 신들이 도피해버리고 난 뒤의 시간과 아직 도래해야 할 신이 오지 않은, 즉 이들 사이에 있는 시대이다. 말하자면 '궁핍한 시대'는 신들이 도피해버린 과거와 아직 도래하지 않은 신의 미래 사이에 위치하고 있는 역사적 현재로서 어둠과 니힐리즘이 지배하고 있는 시대이다. 따라서 두 겹의 결여와 부재(不在)가 지배하는 시대인 것이다: "도피한 신들이 더 이상 현존하지 않는다(Nichtmehr)는 것과 도래해야 할 신의 아직 없음(Nochnicht)이다."[74] 도피해버린 과거의 신들은 현재에 대해서 거부(Verweigerung)의 형태를 취하고 있고, 또 도래해야 할 미래의 신은 현재와는 먼발치에서 거리를 두고 있는 상황이 존재의 빛이 사라져버린 길고 긴 역사적 현재인 것이다.

그러나 문제의 심각성은 여기서 그치지 않는다. 그것은 신들이 아무런 흔적도 없이 자취를 감춰버린 것뿐만 아니라, 신성의 빛마저도 세계사에서 꺼져버렸다는 것이다. '세계의 밤'이 깊어지듯이 '궁핍한 시대' 또한 더욱 궁핍해져, 이제는 '신의 결여(Fehl Gottes)'를 결여로 알아차리지

71) 릴케의 서거(1926년 12월 29일) 20주기에 행한 하이데거의 기념강연은 1950년에 출간된 Holzwege에 「무엇을 위한 시인가?(Wozu Dichter?)」란 제목으로 수록되어 있다.
72) M. Heidegger, Holzwege, 265쪽 이하 참조.
73) 앞의 책, 266쪽 참조.
74) M. Heidegger, Erläuterungen zu Hölderlins Dichtung, 44쪽.

못하는 상태로 굳어져버렸다.[75] 그러므로 이런 가혹하게 궁핍한 시대에 비범한 변화가 없고서는 희망이 없는 것이다.

존재해야 할 신들이 떠나가버린 것은 그들이 거주할 수 있는 공간인 성스러움을 인간들이 박탈해버렸기 때문이고 그들을 기피하고 쫓아냈기 때문이다.[76] 성스러움이 없는 곳에 신들은 거주하지 않는다. 바로 이 성스러운 것이야말로 '신성의 본질적 공간(Wesensraum der Gottheit)'[77]이기 때문이다.[78] 신성의 빛이 세계의 역사로부터 사라져버렸기에, 인간의 세상엔 '세계의 밤(Weltnacht)'과 '궁핍한 시대'가 지배하고 있는 것이다. "세계의 밤이 지배하는 궁핍한 시대는 오래 지속되고"[79] 있으며 "이런 밤의 자정엔 시대의 궁핍함이 최고조에 이른다."[80]고 하이데거는 밝힌다. 만약 우리 인간이 이처럼 '궁핍한 시대'로 전락하고 '세계의 밤'에 침몰되어 있다면, 그것은 인간이 본래적으로 거주해야 할 고향을 상실하고서 궁핍과 어둠이 지배하는 곳에서 유리하고 있다는 것이다.

시인은 그러나 '세계의 밤'이 지배하는 공허 가운데서도 굳게 서 있다. 하이데거에게서 시인이라고 하면 도피해버린 신들이 남긴 흔적을 뒤밟아 나서는 인간을 말한다. 시인은 공허 가운데서도 신들의 윙크를 붙잡아 이를 노래하면서 백성들에게 전한다. 그리하여 시인은 백성들을 '궁핍한 시대'로부터, 어두운 '세계의 밤'으로부터, 우매와 맹종과 방황으로부터 구출해야 하는 소명을 갖고 있다. 우리는 저들의 메시지를 전해 듣고서 신들이 존재하는 곳으로 '귀향'해야 하며, 신들이 우리 곁에 거할

75) M. Heidegger, *Holzwege*, 265쪽 참조.
76) 앞의 책, 268쪽 참조.
77) M. Heidegger, *Über den Humanismus*, 26쪽.
78) M. Heidegger, *Erläuterungen zu Hölderlins Dichtung*, 73쪽 이하 참조.
79) M. Heidegger, *Holzwege*, 266쪽.
80) 앞의 책, 266쪽.

수 있도록 성스러운 공간을 마련해야 한다.

그래서 횔덜린의 「귀향(Heimkunft)」을 하이데거는 "존재의 근원으로의 근접"이라고 해명했다. 하이데거에게서 횔덜린은 도피해버린 신들과 도래해야 할 신을 노래하고, 현재 이들이 부재하고 없음을 부재로 알고 또 이들의 낌새를 알아차려서 이를 언어로 가져온 시인이다.

시인은 신성을 붙잡는 자이고 떠나버린 신들의 낌새(성스러움)를 알아차리고서 그 흔적을 뒤쫓는 자이고 이를 백성에게 전하는 자이다. 시인은 궁핍한 시대에 디오니소스의 성스러운 사제(司祭)와 같다는 것이다. '궁핍한 시대에서의 시인'은 그러므로 그의 사명과 소명에 따라 진지한 태도로 주신(酒神)을 노래하면서 떠나가버린 신들의 낌새를 알아차리고 그 낌새를 언어로 담아 자신과 동류인 인간에게 전하여, 인간으로 하여금 발걸음을 돌리도록(귀향하도록) 하는 것이다.

시인이 신들의 현재에 거처하는 데에 곧 그의 중간자 혹은 중매자로서의 사역(使役)과 존재방식이 드러난다. 하이데거도 철두철미하게 '시인 중의 시인'인 횔덜린을 중간자로, 신과 인간의 중간지대에 거주하는 시인으로 파악했다.[81] 신들의 언어인 윙크를 붙잡아서 이를 자신의 언어로 담아내어 백성에게 전하는 시인은 바로 중간자이고 중매자이다. 횔덜린을 "성스러운 불의 파수꾼"(F. 군돌프)[82]이라든지 "신의 사제와 같은 시인", 혹은 신들의 윙크를 붙잡아 백성에게 전하는 중매자와 같은 시인이라고 칭할 수 있는 것은 그의 시작(詩作) 곳곳에서 그 흔적을 찾을 수 있다.

'영원히 머무는 것(Bleibendes)'과 신적인 것을 언어로 붙잡고 이를 작품으로 담아내는 것이 곧 시인의 사명이고 존재방식이다.[83] 시인이 전하

---

81) M. Heidegger, *Erläuterungen zu Hölderlins Dichtung*, 43쪽 이하 참조.
82) Friedrich Gundolf, *Hölderlins Archipelagus*, 16쪽.

는 메시지는 인간들을 일깨워 망각하고 있던 존재의 부름을 듣게 한다. 그는 '존재망각'과 '존재로부터의 소외' 속에서 살아가는 사람들에게 존재의 빛이 비치는 고향에의 의식을 불러일으키고 귀향하게 하는 사명을 갖고 있다.[84] 횔덜린과 같은 시인의 시는 하이데거에게 '하늘의 메아리(Echo des Himmels)'이고, 그와 같은 시인은 인간과 신 사이의 중매자이며, 나아가 '궁핍한 시대'의 백성을 일깨우는 예언자이고 전령인 것이다.

말하자면 시인은 '궁핍한 시대'인 고향상실의 시대에 인간의 본래적 고향을 감지하고서 그 흔적을 이끌어내고 귀향의 길을 가르쳐주는 전령이다. 시인의 이런 '신의 사제'와 같은 비범한 노력과, 또 이런 예언자적인 시인의 목소리를 듣고서 귀향으로의 발걸음을 옮길 때 우리 인간에게 암울한 운명이 되어 버린 '세계의 밤'은 '성스러운 밤'으로 변하며 망각된 존재의 도래를 기대하게 된다.

전 지구가 황폐화되고 인간의 거처인 고향이 상실되어 간 역사적 현재가 '세계의 운명(Weltschicksal)'[85]이 되어 버린 이 '가장 큰 위험'을 극복하는 존재회복과 귀향이야말로 하이데거에 의하면 바로 '구제(das Rettende)'가 아닐 수 없다.[86] 어떻게 이 '구제'로 다가갈까? 이 구제는 하이데거에 의하면 횔덜린이 말한 "시적으로 거주함" 속에 놓여 있다.[87] 하이데거는 이 '시적으로 거주함' 속에서 인간의 지상에서의 본래적이

---

83) M. Heidegger, *Erläuterungen zu Hölderlins Dichtung*, 38쪽 참조. 또한 횔덜린의 시 「회상(Andenken)」에서 마지막 시구, 즉 "그러나 영원히 머무는 것은 시인이 건립한다." 참조.
84) 앞의 책, 27쪽 참조.
85) M. Heidegger, *Über den Humanismus*, 27쪽.
86) 이러한 '위험'에 대한 '구제'는 횔덜린의 시구와 병치된다: "위험이 있는 곳에 구제도 싹트나니(Wo aber Gefahr ist, waechst das Rettende auch)"("Patmos"에서)
87) 하이데거는 횔덜린의 '시적으로 거주함'을 그의 「횔덜린과 시작(詩作)의 본질」의 논의에서 서두에 다섯 가지 주제 중 하나로 선별했다(M. Heidegger, *Erläuterungen zu Hölderlins Dichtung*, 31, 39쪽 이하 참조).

고 온전한 거주의 가능성을 본다.[88] "시적으로 대지 위에 거주한다."는 것은 대지의 축복을 맞이하고, 또 그렇게 맞이하는 가운데 인간이 고향에 거주하는 정서에 젖게 되는 것을 의미한다.[89]

또한 '시적으로 거주함'이란 신들이 생동하는 현재 가운데에 선다는 것이고, 나아가 사물의 본질 가까이에 다가간다는 것이다.[90] 신들이 생동하는 현재 가운데에 선다는 것은 '세계의 밤(Weltnacht)'[91]이 극복되고서 인간의 본래적 고향으로의 귀향이 성취됨을 의미하며, 그리하여 환한 존재의 빛이 만방을 비춘다는 것이다. 하이데거에 의하면 횔덜린의 '사유하는 시작(詩作)'이 도달하고자 하는 곳은 존재의 빛이 환하게 트이는 곳, 즉 '존재의 개시성(Offenbarkeit des Seins)'이다.[92]

시인은 신들의 윙크를 붙잡아 이를 자신의 언어로 옮기고서 백성에게 전하고, 이에 비해 철인은 은폐하고 있는 '존재의 진리'를 경험하고서 이를 인간적인 언어로 풀어낸다. 그리하여 시인과 철인에게서 언어가 창조되는 것이다. 말하자면 시인의 시작(詩作)과 철인의 사유의 샘에서 '존재의 집(das Haus des Seins)'을 쌓는 언어가 창조되는 것이다. 그러므로 시인과 철인은 이 '존재의 집'을 지키는 파수꾼이다.[93] 시인과 철인은 그들만이 가진 특이한 고향의 개념을 갖고 있다. 철학적 성찰의 노력은 본래성과 근원을 찾아가 '존재 자체의 근저(Nähe)'[94]에서 '존재의 이웃'[95]

---

88) 하이데거는 그의 강연 「… 인간은 시적으로 거주한다」(*Vorträge und Aufsätze*, 181쪽 이하 참조)에서 '시적으로 거주하는 것'을 인간존재의 하늘과 대지 사이에서의 본질적인 성취로 보고 있다.
89) M. Heidegger, *Vorträge und Aufsätze*, 187쪽 이하, 145쪽 이하 참조.
90) M. Heidegger, *Erläuterungen zu Hölderlins Dichtung*, 39쪽 참조.
91) M. Heidegger, Holzwege, 265–266쪽 참조.
92) 앞의 책, 269쪽 참조; *Einführung in die Metaphysik*, 119쪽 이하, 130쪽 이하 참조.
93) M. Heidegger, *Über den Humanismus*, 5쪽, 29쪽, 45쪽 참조.
94) 앞의 책, 25쪽 참조.

으로 거주하기 위한 분투인 것이다.

하이데거의 「사물(Das Ding)」이란 소논문에서는 그의 고향개념이 다소 친숙하게 들린다. '사방의 세계'가 친밀하게 어우러져 각자가 자신의 고유성과 본래성을 드러내면서 친밀하고도 성스러운 고향을 이루는 하이데거의 고향개념은 다음과 같이 파악된다: "그에게 고향이란 모든 존재자가 자신의 존재를 드러내는 근원적인 세계로서 하늘과 대지, 죽을 자인 인간과 신이 어우러진 사방의 세계(das Gevierte)이며, 그리고 모든 사물들이 각자의 고유성과 본래성을 드러내며 친밀하게 어우러진 성스러운 근원적 자연의 세계이다. 이것은 인간과 세계와의 관계가 기술적인 주체와 대상으로 이루어진 계산적이고 기능적인 관계가 아니라 서로의 존재를 보호하고 사랑하는 친밀한 이웃관계를 드러낸다."[96]

이와 같은 '사방의 세계'가 친밀하게 어우러져 각자가 자신의 고유성과 본래성을 드러내면서 친밀하고도 성스러운 고향을 이루는 세계를 하이데거는 고대 그리스인들의 폴리스적 공동체에서 그려보았다: "하이데거가 말하는 고향의 세계란 향토적이면서도 종교적인 공동체이다. 아테네인들이 아테네 신의 비호 안에서 자신들의 산하와 대지와 하나가 되고 이윽고 서로가 하나가 되었던 세계가 바로 하이데거가 그리는 세계이다. 그것은 하나의 공동체가 동일한 신 앞에서 함께 춤추고 노래하면서 축제를 벌일 수 있는 세계이다. 이런 의미에서 페겔러는 하이데거가 민족의 전 구성원이 동일한 신을 함께 숭배하는 폴리스적 공동체를 꿈꾸었다고 말하고 있다."[97]

---

95) 앞의 책, 29쪽.
96) 강학순, 「하이데거 사유의 종교철학적 지평」, 『기독교철학』 창간호, 한국기독교철학회, 2005, 95쪽.
97) 박찬국, 『하이데거와 나치즘』, 문예출판사, 2001, 232쪽 이하.

그리스의 폴리스적 공동체에 못지않은 — 비록 하이데거에겐 알려지지 않았겠지만 — 고향의 세계는 고구려인들에게 더욱 선명하게 드러난다. 그들은 천손사상을 가졌고, 이러한 바탕에서 고산(高山)에서와 대지 위의 삶터에서 하늘에 제사 지내며 동시에 온 공동체가 동일한 신 앞에서 함께 춤추고 노래하면서 축제의 마당을 펼쳤던 것이다. 고구려인들뿐만 아니라 고대의 한국인들은 하늘에 제사 지내는 제천의식(고구려의 동맹, 예의 무천, 부여의 영고 등)과 축제를 겸하였다. 신에게 제사와 추수감사를 드리는 성스러움과 (그로 인한) 인간의 축제가 어우러져서는 '사방의 세계'가 친밀한 이웃관계와 성스러운 고향을 이룩한 것이다. 이러한 고향개념은 고구려인들에게서 천상의 세계로까지 확대된다. 고분벽화에는 인간의 고향이 천상에 펼쳐져 있는 것을, 그리고 여기서도 '사방의 세계'가 친밀한 동화의 마을로 엮어져 있는 것을 목격하게 한다.

마. 성서에서의 귀향과 영원한 고향

성서와 기독교는 물론 고구려인들의 종교관과도 또 고분벽화에서 표명된 내세관과도 거리감이 있는 것임에 틀림없다. 그러나 고향과 귀향에 관한 세계관은 여러 각도에서 유사한 측면을 드러낸다. 그 어떤 종교보다도 기독교에는 고향과 귀향의 의미가 많이 부각되어 있다. 유교는 이 세상 내에서의 삶에 대한 교리나 가르침(이를테면 인의예지)을 강조하고, 불교는 삶 자체가 고행이고 그 가운데서 열반을 주목적으로 삼고 있다. 물론 불교도 인생의 삶이 정처없는 것이어서 한갓 덧없는 나그네길임을 밝히지만, 돌아갈 '영원한 고향' 같은 것은 전제로 하지 않는다. 그러나 기독교는 이 세상이 영원한 삶의 터가 아니고 그 과정이며, 영원한 고향이 따로 있다고 한다.

성경은 인생의 이 세상에서의 삶을 나그네에 자주 비유한다. 나그네란 떠돌이고 여행자이어서 언젠가 고향으로 돌아가야 하는 것을 전제로 한다. 그래서 성서에서의 인간상은 지상의 순례자이다.[98] 파울루스는 빌립보 교회에 보낸 편지에서 다음과 같이 쓰고 있다: "그러나 우리의 시민권은 하늘에 있습니다. 그곳으로부터 우리는 구주로 오실 주 예수 그리스도를 기다리고 있습니다."[99] 영원한 본향을 찾는 인간의 모습은 성서의 여러 곳에서 드러난다.

　파울루스는 『신약성서』 「히브리서」에서 아브라함과 그의 무리들이 유랑한 것과 그들의 진정한 목표인 하늘의 고향에 대해 언급한다: "이 사람들은 모두 믿음을 따라 살다가 죽었습니다. 그들은 약속하신 것을 받지는 못했지만, 그것을 멀리서 바라보고 반겼으며, 땅에서는 길손과 나그네 신세임을 고백하였습니다. 이런 말을 하는 사람들은 자기네가 고향을 찾고 있다는 것을 나타내는 것입니다. 그들이 만일 떠나온 곳을 생각하고 있었더라면, 돌아갈 기회가 있었을 것입니다. 그러나 사실은 그들은 더 좋은 곳을 동경하고 있었던 것입니다. 그것은 곧 하늘의 고향입니다."[100]

　나그네는 돌아갈 고향이 있어야 한다. 만약 돌아갈 곳이 없다거나 나를 반기고 기다리는 이가 없다면, 그는 불쌍하고 비참한 인간일 것이며 고단한 여행 뒤의 환희를 기대할 수 없을 것이다. 그는 이 세상의 그 어떤 패배자와도 비교될 수 없을 패배자일 것이고 인생의 의미를 송두리째 빼앗긴 패잔병일 것이다. 그 고향이 지상이든 천상이든 돌아갈 곳이 확실하게 자리 잡고 있어야 하는 것이 인간의 본래성인 것이다.

　『구약성서』에는 고향을 잃고 유리하는 이스라엘 백성이 망향가를 읊은

---

98) 존 번연의 『천로역정』은 바로 천성을 향해 고군분투하며 나아가는 순례자의 상을 그린 소설이다.
99) 『신약성서』, 「빌립보서」, 3장 20절.
100) 『신약성서』, 「히브리서」, 11장 13-16절.

곳이 쉽게 발견된다. 그들은 고향에서 내쫓겨 포로로 혹은 노예로 고단한 타향살이를 했다. 이집트에서 오랜 종살이를 하면서 피라미드를 쌓아 올리는 강제노역은 얼마나 자유로운 고향을 그리워하게 했을까. 바빌론과 메소포타미아의 강대국에 포로로 끌려가 얼마나 울먹이며 타향살이를 했을 것인가. 그들의 가나안과 시온은 '약속의 땅'이고 선조로부터의 고향이며, 돌아가야 할 고향이고 지상에서의 영원한 고향을 상징한다. 고향을 빼앗긴, 그래서 '신화적 고별'을 하며 한 맺힌 망향가를 부르는 다음의 시구(「시온의 노래」)를 다시 한 번 읊어보자:

"우리가 바빌론의 강변 / 곳곳에 앉아서 / 시온을 생각하면서 울었다. / 그 강변 버드나무 가지에 / 우리의 수금을 걸어두었더니 / 우리를 사로잡아 온 자들이 / 거기에서 우리에게 노래를 청하고 / 우리를 짓밟아 끌고 온 자들이 / 저희들 흥을 / 돋우어 주기를 요구하며 / 시온의 노래 한 가락을 / 저희들을 위해 / 불러보라고 하는구나.

우리가 어찌 이방 땅에서 / 주님의 노래를 부를 수 있으랴. / 예루살렘아, 내가 너를 잊는다면 / 내 오른손아 / 너는 말라비틀어져 버려라. / 내가 너를 기억하지 않는다면 / 내가 너 예루살렘을 / 내가 가장 기뻐하는 것보다도 / 더 기뻐하지 않는다면 / 내 혀야 / 너는 내 입천장에 붙어 버려라."[101]

『구약성서』에서의 예언자 이사야의 시온으로의 귀향에 관한 예언을 들어보자: "주님께 속량받은 사람들이 예루살렘으로 돌아올 것입니다. 그들이 기뻐 노래하며 시온에 이를 것입니다. 기쁨이 그들에게 영원히 머물고, 즐거움과 기쁨이 넘칠 것이니, 슬픔과 탄식이 사라질 것입니다."[102]

---

101) 『구약성서』, 「시편」, 137편 1-6절.
102) 『구약성서』, 「이사야서」, 51장 11절.

고대 로마황제의 통치하에서 그리스도인들은 고단한 삶을 살고 때론 순교를 당하기도 하였다. 그리스도인들은 기독교를 배척하는 다른 사람에 대해 늘 긴장관계에서 살았다. 그들이 로마황제를 제식(祭式)으로 숭배하기를 거부하자, 범죄자로 내몰린 것이다. 그래서 그들은 고대 로마의 1세기부터 늘 쫓기고, 잡혀 들어가고, 죽임을 당하기도 한 것이다. 이런 외부적 억압을 무릅쓰고 믿음을 지키게 한 힘은 이 세상에서의 삶과 대비되는 영원한 고향과 하나님에 대한 신앙적 관계였던 것이다. 2세기 말 작자미상의 기독교인이 불신자에게 보낸 편지에는 기독교인의 이 세상에서의 나그네 됨과 하늘에 고향이 있음을 밝힌 기록이 있다: "그리스도인들은 제각기 그들의 조국에 살지만, 그러나 나그네로서 살아간다. 모든 일에 다른 시민들과 똑같이 참여하지만, 그러나 그들은 국외자(나그네)로 체류한다. 그들은 지상에서 삶을 영위하지만, 그러나 하늘에 고향을 둔 사람으로 살고 있다."[103]

여기서 박해를 받으며 나그네로 살아간 그리스도인들은 천국의 본향을 늘 그리워했지만, 그러나 여러 악조건 속에서도 결코 피안주의를 고집한 것은 아니며, 시민의 도리를 다른 시민들보다 더 잘 지키고, 이들보다 더 세상의 법률과 질서를 잘 지켰음을 알 수 있다. 그들은 그들의 본향을 이 세상이 아니라고 했지만, 그러나 이 세상에 결코 소홀히 하지 않았다: "그들은 세상의 엄격하게 정해진 법률을 따르지만, 그들의 고유한 삶으로 저 법률을 능가하며 산다. 그들은 모든 것을 사랑하지만, 모든 것으로부터 박해를 당한다. … 그들은 가난하지만, 다수를 부유하게 하고, 모

---

103) W. Heilmann · K. Roeske · R. Walther, *LEXIS*, Teil I, Verlag Moritz Diesterweg: Frankfurt a. M., 1988, 35쪽. 원문은 다음과 같다: Χριστιανοί πατρίδας οἰκοῦσιν ἰδίας, ἀλλ' ὡς πάροικοι· μετέχουσι πάντω ὡς πολῖται, καί πάνθ' ὑπομενουσιν ὡς ξένοι· ἐπί γῆς διατρίβουσιν, ἀλλ' ἐν οὐρανῷ πολιτεύονται.

욕을 당하는 경우에도 그 모욕한 자들을 칭찬한다."[104]

기독교는 인간의 세상에서의 일생이 고단한 나그네길임을 여러 방면에서 밝히고 영원한 안식이 가능한 그런 고향은 하늘나라임을 천명한다: "괴로운 인생길 가는 몸이 평안히 쉬일 곳 아주 없네. 걱정과 고생이 어디는 없으리 **돌아갈 내 고향 하늘나라**. 광야에 찬 바람 불더라도 앞으로 남은 길 멀지 않네. 산 너머 눈보라 재우쳐 불어도 **돌아갈 내 고향 하늘나라**. 날 구원하신 주 모시옵고 영원한 영광을 누리리라. 그리던 성도들 한 자리 만나리 **돌아갈 내 고향 하늘나라**."[105]

김두완이 작곡한 「본향을 향하네」는 어두운 음조를 띠고 있지만, 감동적이고 외국에까지 잘 알려진 성가 합창곡이다. 이 합창곡은 이 세상에서의 인생살이가 고단한 순례의 길이지만 힘 있게 본향을 향하는 모습을 그려내고 있다: "이 세상 나그네길을 지나는 순례자 / 인생의 거친 들에서 하루 밤 머물 때 / 환난의 궂은 비바람 모질게 불어도 / 천국의 순례자 본향을 향하네 / 이 세상 지나는 동안에 괴로움이 심하나 / 그 괴롬 인하여 천국 보이고 / 기쁜 찬송 주 예수님 은혜로 이끄시네 / 생명 강 맑은 물가에 백화가 피고 / 흰옷을 입은 천사 찬송가를 부를 때 / 영광스런 면류관을 받아 쓰겠네."

성경은 천국을 인간이 거기로 돌아갈 고향이라고 한다. "우리의 고향은 그러나 하늘에 있습니다."[106]와 같은 구절은 성경의 여러 곳에서 발견된다. 사도 파울루스(Paulus)는 험난했던 선교사역을 거의 마친 황혼기

---

104) 위의 글은 2세기 말 무명의 기독교인이 어떤 비기독교인에게 보낸 편지의 내용이다. 당시 기독교인들은 그들의 신앙 때문에 박해를 받으며 긴장 속에서 살았다. 그들이 로마의 황제를 숭배하지 않자 사회는 그들을 범죄자로 내몰았다. 그들은 1세기 이후로 끊임없이 박해를 당하고 형벌을 받았으며, 심지어 죽임을 당했다. 앞의 책, 35-36쪽.
105) 찬송가 290장.
106) 『신약성서』, 「빌립보서」, 3장 20절.

에 티모테우스에게 보낸 편지에서 다음과 같이 말하고 있다: "나는 … 이미 세상을 떠날 때가 되었습니다. 나는 선한 싸움을 다 싸우고, 달려갈 길을 마치고, 믿음을 지켰습니다. 이제는 나를 위하여 의의 면류관이 마련되어 있으므로, 의로운 재판장이신 주님께서 그날에 그것을 나에게 주실 것이며, 나에게만이 아니라 주님께서 나타나시기를 사모하는 모든 사람에게도 주실 것입니다."[107]

바. 혜초의 망향가

『왕오천축국전』은 깨달음을 찾아 온 세계의 절반 이상을 돌아다닌, 이 세상과 이 세상을 넘는 피안의 세계까지 순례를 감행한, 그리고 한 맺힌 그리움으로 귀향을 꿈꾸던 한 사나이의 책이다. 혼과 애환이 서려 있는 이 책은 그러나 1908년 프랑스의 동양학자 폴 펠리오가 발견하기까지 약 1,200년 동안 중국 둔황의 천불동에 잠자고 있었다.

『왕오천축국전』의 저자 혜초는 우리 인류문화사에서 독특한 위치를 점한다고 하지 않을 수 없다. 그 먼 옛날에 온 세계를 여행했으니, 그는 국제적인 감각을 가진 세계시민이었음에 틀림없고, 또한 무엇보다도 그 많은 나라들을 도보로 여행했으니, 이 또한 인류문화사에서 특기할 사항이 아닐 수 없다. 그의 여행은 그러나 우리들이 감행하는 범상한 여행과는 차원이 다른 것이었다.

우리들은 대부분 눈으로 어떤 사물을 목격하는 여행을 하지만, 그러나 그는 마음으로 보고 또 사물과는 다른 뭔가를 찾는 여행을 감행했을 것이다. 그는 앞의 세계를 보면서도 뒤의 고향을 찾고 귀향을 꿈꾸었던 것

---

107) 『신약성서』, 「디모데후서」, 4장 6-8절.

이다. 그는 그러나 붙박이별을 찾아가는 그런 여행을 하지 않았기에, 깨달음과 득도(得道)가 예고된 것은 없기에, 그의 행보는 무겁고 외로우며 고달팠을 것이다. 그의 여행은 이승의 시공을 초탈해가는 구도여행이었을 것이다.

무엇보다도 두 발로 지구의 절반 이상을 걸어서 이 땅에서 저 땅으로, 이 나라에서 저 나라로, 이 대륙에서 저 대륙으로, 중국과 인도의 군소 나라들과 티베트와 네팔, 아프가니스탄과 중앙아시아, 페르시아와 동로마에까지 닿았던 그의 순례는 차라리 시간과 공간을 무너뜨린 피안여행이라고 하는 것이 온당할 것 같다. 그는 그러나 결코 어떤 피안에 머물지 않고 끊임없이 유랑을 이어갔으며, 고향 서라벌을 그리워하고 귀향을 갈구하면서 발걸음을 옮겼다.

세계사는 콜럼버스가 1492년에 함대를 이끌고 아메리카 대륙을 '발견한'[108] 것을 획기적이고 거대한 사건으로 평가한다. 그러나 서구인의 그러한 여행은 결코 평화로운 친교를 위한 것이 아니라, 주로 함대와 병사와 무기를 앞세운 정복여행이었고 식민지를 개척하여 정복자 자국(自國)의 막대한 경제적 이득을 위한 여행이었다.[109] 반면에 이보다 훨씬 이전인 서기 720년대에 혜초가 수없이 먼 대륙을 헤매며 깨달음의 여행을 한 것은 콜럼버스나 마젤란 등의 정복여행과는 비교할 수 없는 인류정신사의 값지고 위대한 업적이라고 할 수 있다. 이러한 평화의 순례사절은 혜초보다도 약 백년 앞선 7세기에 이미 신라 승려인 아리나발마와 혜엽, 현

---

108) 엄밀히 말하면 콜럼버스의 발견은 세계사적 차원에서 발견이라고 할 수 없다. 그것은 이미 원주민들이 정착하여 오래도록 살고 있었기 때문이다. 그럼에도 '발견'이라고 억지 규명을 하는 것은 유럽중심주의와 백인중심주의를 표명하는 것이다.
109) 식민지 개척을 위한 정복여행을 서구인들은 미화하는 경향이다. 그러나 이는 엄연한 야만행위이기에 세계사는 새롭게 검토되어야 한다.

각과 같은 승려들이 담당했고, 또 이보다 다시 백년 이상이나 앞선 서기 526년에 백제의 겸익이 인도로 건너가 깨달음의 순례여행을 감행하였던 것이다.

우리들은 보통 일상의 가시적 세계에서 뭔가 이득이 되는 것을 얻고자 이리저리 바둥거리다가, 혹은 고작 정처없는 이승에서 뭔가를 획득해보 겠다고 왔다갔다하다가 삶을 청산하지만, 저들 순례자들은 수평선과 지 평선이 허물어지는 저쪽, 가시적 세계의 피안에서 시간과 공간의 모든 경계를 비웃으며 깨달음의 여행을 감행했던 것이다. 그러나 여기 이 모 든 순례의 여행에서 고향을 결코 저버리지 않은 방랑자가 있으니, 그가 곧 눈물로 고향을 그리워하고 귀향을 꿈꾸었던 혜초이다. 고향에 대한 피맺힌 그리움은 애절한 시구(詩句)로 울려온다.

달 밝은 밤에 고향길을 바라보니
뜬 구름은 너울너울 고향으로 돌아가네.
나는 편지를 봉하여 구름편에 보내려 하나
바람은 빨라 내 말을 들으려고 돌아보지도 않네.
내 나라는 하늘 끝 북쪽에 있고
다른 나라는 땅 끝 서쪽에 있네.
해가 뜨거운 남쪽에는 기러기가 없으니
누가 내 고향 계림(신라)으로 나를 위하여 소식을 전할까?[110]

고향에 대하여 갖는 한없는 그리움은 그러나 끊어야 하는 인연이란 말 인가? 그렇지는 않을 것이다. 아무리 인간과 인간세상이 불가(佛家)에서

110) 혜초(이석호 옮김), 『왕오천축국전』, 을유문고, 1984, 44쪽.

실체가 없는 뜬 구름과 같다고 하지만, 고향은 그러나 인연의 범주에 묶이기 전에 합리적으로 해명이 되지 않는 우주적 사건이 일어난 곳이고, 동시에 귀향해야 하는 귀착점이다. 이러한 고향을 누군가 인연의 굴레로만 묶는다면, 그는 준엄한 자연과 실상을 부인하고 허상을 쫓는 자일 것이다.

혜초가 한 번은, 오랜 세월 동안 수도(修道)에 정진하다가 고향으로 돌아가려던 중 병들어 쓸쓸히 죽어간 구법승(求法僧)의 이야기를 듣게 되었다. 그는 이 이야기를 듣고 매우 슬퍼져, 이 낯선 만리타향에서 자신의 운명을 생각하며, 또 그 승려의 저승길을 애도하며 다음과 같은 시를 남겼다.

고향집의 등불은 주인을 잃고
객지에서 보수(寶樹)[111]는 꺾이었구나.
신성한 영혼은 어디로 갔는가?
옥같은 모습이 이미 재가 되었구나.
아! 생각하니 애처로운 생각 간절하고,
그대의 소원 못 이룸이 못내 섧구나.
누가 고향으로 가는 길을 알 것인가?
부질없이 흰 구름만 돌아가네.[112]

언젠가 혜초가 러시아와 아프가니스탄의 국경지대인 당시의 투카라국(Tuhkhara)에 순례여행을 하고 있었을 때 서쪽 변방으로 가는 중국 사

---

111) 보물나무: 여기선 중국인 구법승을 비유한다.
112) 혜초, 앞의 책, 49쪽.

신을 만났는데, 그가 먼 여행길을 한탄하자 혜초는 이보다 더 멀리 떨어진 고향을 떠올리며 또다시 고향을 그리워하는 시를 남겼다.

그대는 서번(西蕃)이 먼 것을 한탄하나
나는 동방으로 가는 길이 먼 것을 한탄하노라.
길은 거칠고 굉장한 눈은 산마루에 쌓였는데
험한 골짜기에는 도적떼도 많도다.
새는 날아 깎아지른 산 위에서 놀라고
사람은 좁은 다리를 건너기를 어려워하도다.
평생에 눈물 흘리는 일이 없었는데
오늘만은 천 줄이나 뿌리도다.[113]

이렇게 피맺힌 시를 순례의 길 위에다 흩뿌리며 귀향을 꿈꾸었지만, 혜초는 끝내 고향인 서라벌로 돌아오지 못한 채 쓸쓸하게 생을 마감하고 말았다. 그야말로 '신화적 고별'이라고 해야 할까. 외롭고 쓸쓸한 혜초의 여행은 우리에게 일파만파의 상념의 나래를 펼치게 한다.

이역만리 떨어진 세상의 나라들에서, 그 많은 대지 위에서 남겨놓은 그의 발자국은 무엇이란 말인가? 그러나 여기와 저기로 오가는 중에 삶의 여로를 끝내고 말았으니, 그토록 그리던 고향은 또 무엇이란 말인가? 그의 여행이 결국 진정한 자신을 찾는 득도(得道)의 여행이었다고 한다면, 그가 그토록 그리던 서라벌 대신 그 어떤 피안에 당도했다고 여겨진다면, 우리로선 약간의 위안을 찾을 수 있을까?

113) 앞의 책, 65쪽.

사. 고구려인들의 고향

하늘에 대한 의미는 단군신화에서도 확연하게 드러나는데, 고대의 한국인들은 그들의 선조가 하늘에서 내려왔다고 믿었고, 그래서 그들 스스로를 '천손(天孫)'이라 칭했다. 이러한 천손의 의미는 고구려 광개토대왕비의 비문에도 나온다. 비문의 첫머리에 고구려의 시조 추모왕(주몽)이 하늘신의 자손이라고 적혀 있다. 추모왕이 하늘의 자손이라면 그 후손인 고구려인들은 당연히 하늘의 자손인 셈이다. 그들은 특별한 자부심을 갖고 있었는데, 그것은 바로 천손의식이다.[114] 고대의 한민족이 그들의 축제문화에서 '하늘에 제사'를 드린 것은 당연한 귀결로 보인다. 부여의 '영고', 고구려의 '동맹', 동예의 '무천'은 말할 것도 없고 남쪽의 삼한에도 이러한 '제사'가 역사적 기록으로 전승되었다.

고분벽화에서 신선들이 하늘을 비상하는 것도 고향마을로 일단 귀향한 것을, 그리고 불멸하는 하늘가족의 대열에 합류했다는 것을 드러낸 것이다. 단군도 그랬듯 높은 산의 정상에서 하늘에 제사('고산제사')를 지내고 또 조상을 섬긴 것에도 하늘이 고향이라는 사상이 깔려 있는 것이다. 경천사상은 그 뒤에도 계속 이어졌다. 이를테면 한국의 고대국가들에서는 제천의식이 범국가적 차원으로 거행되었던 것이다.

하늘개념은 고대의 한국인에게 특별한 의미를 갖는다. 서구인들에게서 하늘은 어디까지나 자연과학적이고 천문학적인 차원이 지배적이지만, 대부분의 동양인에게 하늘은 인격체인 성격을 갖는다. 엘리아데에 의하면 우리가 "하늘의 궁륭(穹窿)을 단순히 정관해 보는 것만으로도 이

---

114) 「월드컵 특별기획 역사스페셜」, 제2편 고분벽화, KBS 2002년 6월 8일 방송에서 전호태 교수의 인터뷰 참조.

미 종교적 경험이"[115] 환기되는 것이다. 하늘이 동시에 초하늘이 되고 — 자연과학도 천문학도 하늘의 높이조차 잴 수 없다 — 절대성을 갖는 것은 결코 어떤 관념론적 이론에 의해서가 아니라, 그야말로 하늘 그 자체에 내포된 신비와 위력 때문인 것이다. 이런 하늘을 엘리아데는 다음과 같이 설명한다: "하늘은 그 자체를 무한하고 초월적인 존재로서 보여주고 있다. 그것은 인간과 그의 환경에 의해 표현되는 자질구레한 것들과는 탁월한 의미에서 '전적으로 다르다.' 무한한 높이를 단순히 지각하는 것만으로도 초월성이 계시된다. '가장 높은 것'은 저절로 신성(神性)의 속성이 된다. 인간이 도달할 수 없는 고지대, 별들의 영역은 초월적인 것, 절대적 실재, 영원의 무게를 획득한다. 거기에는 신들이 거주한다."[116]

별들의 세계가 이렇게 경탄과 신비와 위력으로 다가오므로, 고구려인들의 별자리와 고조선 사람들이 고인돌에 새긴 별자리들, 첨성대에서 바라본 신라인들의 별들, 선사인(先史人)들의 별들, 동방박사들의 별들, 탈레스와 플라톤과 칸트와 같은 철인들의 별들, 시인 윤동주의 별들, 반 고흐의 별들, 알퐁스 도데의 별들은 바로 위와 같은 경탄과 숭경심에서 우러나온 것이다. 경탄과 숭경심에서 발원되어 별자리에 특별한 의미를 부여한 고구려인들과 고인돌에 별자리를 새긴 선사인(先史人)들에게 하늘은 신비로운 인격을 가진 하늘님으로 다가왔지, 결코 단순한 자연적이고 자연과학적인 현상이 아니었다.

하늘은 고대 한국인들의 고향인 셈이고, 언젠가는 귀향해야 하는 곳이기도 하다. 『삼국유사』가 밝히듯 단군은 마침내 하늘로 돌아간 것이다. 하늘을 궁극적인 고향으로 받아들인 것은 『구약성서』의 고대 유대인에

---

115) M. 엘리아데(이동하 옮김), 『聖과 俗』, 학민사, 1996, 104쪽.
116) 앞의 책, 104-105쪽.

게도 드러난다. 그들은 사람이 죽으면 "열조에게로 돌아갔다."고 했다.

　우리가 앞에서 파악했듯이 고구려인들에게 지상적인 삶은 결코 하찮은 것으로 받아들여지지 않았으며, 지상을 떠나는 것 또한 어떤 절대적인 무화(無化)나 비통한 파국으로 여겨지지 않았다. 그들의 천손사상과 신선사상은 죽음을 그들에게서 혼백을 빼앗아가고 모든 것을 끝장내는 그런 섬뜩한 사건이 아니라 고향으로의 귀향으로 받아들이게 했다. 그래서 그들에게 죽음은 어떤 비통한 종말사건이 아니며 일종의 귀향이고 '귀천'인 것이다. 어쩌면 천상병 시인이 읊은 「귀천(歸天)」과도 같이 그렇게 초연한 것인지도 모른다:

　나 하늘로 돌아가리라
　새벽빛과 닿으면 스러지는
　이슬 더불어 손에 손을 잡고

　나 하늘로 돌아가리라
　노을빛 함께 단둘이서
　기슭에서 놀다가 구름 손짓하며는

　나 하늘로 돌아가리라
　아름다운 이 세상 소풍 끝내는 날
　가서, 아름다웠더라고 말하리라

　본향으로의 귀향과 귀천은 바로 고분벽화에 그대로 형상화되어 있다. 진파리 1호 고분엔 '동화의 마을'과도 같고 고향마을과도 같은 마을이 등장한다. 안쪽 칸의 네 벽에는 온 코스모스와 인간을 보살피고 감싸는 사신(청룡, 백호, 주작, 현무)이 그려져 있고, 천장에는 해와 달, 연꽃무늬와 구름무늬를 비롯하여 여러 가지 덩굴식물이 그려져 있다. 특히 아리따운 꽃과 소나무, 새들과 구름 등 아름다운 그림들로 꾸며져 있다. 온갖 꽃들이 만발하고 상쾌한 바람에 오색구름과 꽃향기가 주변을 가득 채운다. 향기로 가득 찬 이곳은 무덤의 주인공이 도착한 이상적인 마을을 연상시킨다.

여기서 주목할 만한 것은 사물의 상징어인데, 마치 하이데거가 반 고흐의 '농부의 신발'을 해석하듯 사물 속에 표현된 의미를 찾아내는 것이다. 이를테면 고분벽화에서 쉽게 찾아볼 수 있는, 신비로운 곡선의 형태를 지닌 연꽃과 덩굴식물, 구름무늬, 당초무늬만 해도 결코 여백을 채우기 위한 장식에 그치는 것이 아니다. 최근에 강우방 교수는 이러한 장식무늬에서 '영기의 미학'을 지적하고 있다.[117] 영기(靈氣)란 **우주의 신령한 기운**을 말한다. 강우방 교수에 의하면 영기의 구상화는 여러 가지 덩굴식물과 구름무늬, 불꽃무늬, 사신도와 용의 그림 등 고분벽화에서 시작하여 금관, 비천상, 건축의 단청장식 등 다양한 변주형태에까지 나타나고, 나아가 회화, 조각, 공예, 건축 등 한국미술사 전 분야로 확장되어 있기에, 이러한 독특한 미학의 기원을 그는 고분벽화에서 찾고 있다.

강서대묘에는 신선의 마을을 연상시키는 천장벽화가 나타난다. 강서대묘는 생동감과 위용이 유감없이 드러나는 사신도의 벽화로 잘 알려졌다. 천장의 벽화도 이 사신도 못지않게 화려하게 그려져 있는데, 평행고임 첫 단의 옆면에는 인동덩굴식물이, 둘째 단에는 비천(飛天)과 신선이 하늘세계로 나아간다. 또 셋째 단에는 천마와 봉황이 날아오른다. 비천은 연한 보랏빛의 얼굴에 미소를 머금고 불멸의 선약이 담긴 그릇을 들

---

117) 『동아일보』, 2005년 3월 23일자, 20면 참조.

고 피리를 불면서 나아간다. 신선은 날개옷을 입고 구름 속으로 나아가는데, 그 주변엔 나무숲이 뒤덮인 아기자기한 동산이 있고 붉은색의 바위도 보인다. 영락없이 이러한 도움을 받아가며 사자(死者)가 영원한 고향마을과 낙원으로 나아가는 것을 형상화한 것으로 여겨진다. 벽화가 그려진 고분의 고임돌마다 활짝 핀 연꽃들과 봉황, 기린, 천마 등 상서로운 동물들[118]이 그려져 있고 천장의 중심에는 황룡이 기다리고 있다.

이러한 동화의 마을들은 무엇을 표명하고 있는가? 그것은 인간이 거주하는 영원한 고향을 나타내고 있을 것이다. 그들은 이웃들과 아름다운 동화의 마을을 일구고 때론 천의를 걸치고 별들을 방문하며 때론 악기로서 천상의 콘서트를 펼친다. 이 고향은 더 이상 멸망의 굴레를 덮어쓰지 않을 것이고 모든 시간의 공격을 이겨낼 것이며 더 이상 시간성의 소용돌이에 휘말리지 않을 것이다. 그리하여 본향 혹은 선향(仙鄕)에서의 시공은 마치 플라톤이 그의 대화록 『티마이오스(Timaios)』에서 설파한 '영원한 현재'[119]와 같은 영원성에 포근히 둘러싸였을 것이다. 그러나 우리 인간의 시간개념인 과거와 현재 및 미래라는 것이 초월자들의 '영원한 현재'와 어떻게 조화되는지 우리는 도무지 알 수 없다.

---

118) 고분벽화에 그려진 동물들은 소위 '상서로운 동물'로서 평범하게 이해되는 동물들과는 다르다. 그러나 그럼에도 불구하고 우선 동물에 대한 오늘날의 개념을 그대로 적용시키면 안 된다. 오늘날의 동물개념은 근세에 형성된 것으로서 인간이 코스모스에서 주도권을 휘어쥐고 주인행세를 하면서부터 동물의 이미지는 전적으로 추락하였다. 오늘날의 동물은 인간에 의해 마음대로 처분될 수 있는 상황이다. 동물은 이제 실험동물이나 소비를 위한 산업적인 고기로 전락하였다. 그러나 고대와 원시로 올라갈수록 동물의 개념은 오늘날의 동물개념과는 전적으로 다르게 받아들여진다. 심지어 보드리야르가 말하듯 "옛날에는 동물들이 인간보다 훨씬 성스럽고 신성한 성격을 지녔다."(장 보드리야르, 하태환 옮김, 『시뮬라시옹』, 민음사, 2004, 213쪽)고 하는 이들도 있다. "아무튼 동물들은 항상, 우리에게서까지도, 모든 신화들이 그 자취를 밟고 있는 신성한 혹은 제물적인 고상함을 가지고 있었다."(앞의 책, 214쪽)

119) 플라톤, 『티마이오스』, 29a 이하, 37d 이하, 38a~39e 참조. '영원한 것(to aidion)', '한결같은 상태로 있는 것', '언제나 존재하는 것(to on aei)'(28d), '영원한 존재(aidion ousia)' 등은 같은 바리에이션이다.

우리는 앞 장에서 인간의 '거주함'이야말로 곧 인간존재의 근본특징이고 인간이 삶을 영위하는 데 본질적인 것이라고 했다. 그렇다면 하늘나라에 건립된 위와 같은 동화의 마을은 무슨 의미를 내포하고 있을까? 그것은 인간이 하늘나라에서도 거주하는 양식으로 존재함을 표명하는 것이다. 그러므로 '거주함'은 '땅에서와 같이 하늘에서도' 본래적이라는 것을 보여준다.[120] 인간의 거주공간은 성스러운 초월자의 영역으로 확장되어, 결국은 온 코스모스가 성스러운 **한누리**임을 드러내 보인다.

그런데 이 장천 1호분에는 생명수(生命樹)이면서 '세계수'인 큰 나무가 아름다운 정원을 장식하고 있으며 동화의 마을을 펼쳐 보이고 있다. '세계수'는 원시의 신화시대 때부터 신과 인간을 매개하는 나무이며, 선별된 자가 이 나무를 따라 하늘로 올라가고 또 내려온다. 이 벽화에서 '세계수'로 쾌활한 날갯짓을 하며 날아드는 봉황은 마치 신의 메시지를 물고 오는 것 같다.

120) '거주함'이 '땅에서와 같이 하늘에서도' 본래적이라는 것은 『나무꾼과 선녀』에서도 자명하게 드러난다. 하늘나라의 백성인 선녀는 인간세상에서 남편인 나무꾼과 자식들, 시어머니와 함께 거주했으며, 또 나중에 나무꾼이 천상으로 올라갔을 때도 한 가정을 이뤄 거주했던 것이다.

'세계수'는 그러나 여기서 신화적이고 초자연적인 의미 외에도 쉼과 평화와 생명을 부여하는 생명수임을 적나라하게 드러내고 있다. 새가 활기차게 나뭇가지로 날아들고 있고, 많은 사람들이 나무 아래로 모여들고 있으며, 주먹만한 과일이 가지 끝에 달려 그 중 일부는 아래로 주르륵 떨어지고 있어, 생명을 부여하는 나무임을 유감없이 드러난다. 마을사람들이 모여들고 봉황이 쾌활한 몸짓을 하며 마치 어떤 메시지를 전하려고 하는 듯이 마을사람들이 모여드는 정원으로 오고 있다. 과연 동화의 마을이고 생명의 과일이 있는 낙원이다.

4.
잃어버린 축제

가. 귀향으로부터의 축제

우리는 앞 장에서의 휠덜린의 '고향'과 귀향의 의미를 다시 한 번 떠올릴 필요가 있다: "고향은 하나의 힘이며 신비이다. 우리는 간단히 고향으로부터 비틀거리며 뛰어 나오지도 않으며 또 그렇게 고향으로 돌아가지도 않는다. 고향으로부터의 이탈은 한 막의 신화적 고별이다. 귀향은 걷잡을 수 없는 환희를 방랑자에게 퍼붓는 축제이기도 하다."[1] 이러한 '걷잡을 수 없는 환희를 퍼붓는' 귀향은 귀향자에게 하나의 거대한 존재론적 사건이 아닐 수 없다.

고분벽화의 천장에 그려진 고구려인들의 귀향은 바로 '걷잡을 수 없는 환희를 퍼붓는' 귀향이다. 이런 환희야말로 '신화적 환희'일 것이다. 이

---

1) 울리히 호이서만(장영태 옮김), 『횔덜린』, 행림출판사, 1980, 17쪽.

보다 더 큰 환희는 없을 것이고, 이보다 더 큰 존재론적이고 우주적인 사건은 없을 것이다. 어찌 축제를 벌이지 않을 것이며 어찌 신바람 나는 기분(Stimmung)에 휩싸이지 않을 것인가. 이제 이들의 긴 방랑은 끝나고 영원한 고향에 도달한 것이다. 어찌 갖가지 악기로 천상의 세계를 울려 퍼지게 하지 않을 것인가! 이제 본향에 도착한 이들은 천의(天衣)를 걸치고서 구름을 타고 천상의 세계를 비행하며 신비로운 별들의 세계를 방문한다.

나. 고대 한국인들의 축제 — 인간과 초월자의 한마당

고대 중국의 역사가들은 동이(東夷)에 관한 역사적인 기록을 남겼는데, '중화사상'과 중원중심적인 문화에 입각하여 이웃나라를 낮게 기술한 부분이 역력하지만, 그러나 그 독특한 축제문화를 빠뜨리지 않은 것은 다행이라 여겨진다. 이러한 뚜렷한 문화적 차이는 고래로부터 중국과 한국이 서로 다른 문화권임을 더욱 분명하게 한다. 부여의 영고나 고구려의 동맹, 동예의 무천, 나아가 남쪽 삼한의 나라들에 있는 축제문화인 것이다. 그런데 하늘에 제사지내는 이러한 축제문화는 최근의 정보에 의하면 고조선과 상고시대로까지 이어진다.

이 새로운 최근의 정보[2]는 소위 둔황문서인 「토원책부(兎園策府)」라는 역사기록의 발견에 의한 것이다. 「토원책부」는 — 각종 일간지의 보도에 의하면 — 1907년 마크 아우렐스타인(1862-1943)이 둔황에서 영국으로 반출한 소위 '둔황문서' 중 하나로 2005년 6월 10일 인천시립박물관의

---

2) 2005년 6월 11일자 주요 일간지(「중앙일보」, 「조선일보」, 「동아일보」 등)는 "제천행사 무천은 고조선 풍속"이라는 기사를 쓰고 있다.

윤용구 학예연구실장이 이 책의 제1권에서 새로운 기록을 발견하였다. 이 역사기록은 기존의 알려진 학설을 바로잡을 수 있는 계기를 제공한다. 말하자면 '무천(舞天)'은 동예의 제천행사로만 여겨져왔으나, 「토원책부」는 "고조선의 풍속으로서 10월에 제천행사인 무천이 열렸다."고 밝힌다.

상고시대로부터 고대 동이족의 나라들에게까지 전승된 축제문화에는 오늘날 우리들이 잃어버린, 경우에 따라선 흉내도 낼 수 없는 문화유산이 있다. 그것은 위의 모든 축제들에 들어 있는 내용으로, '하늘에 제사지내는 것'이다. 그때의 축제문화에서 '가무를 즐겼다'고 규명하고서 이를 오늘날의 축제문화와 연계시키는 것은 전혀 당치도 않은 것이다. 그 순수성과 소박성, 예술성에서 오늘날의 놀자판인 축제문화와는 그 차원이 전적으로 다른 것이다. 하늘에 제사를 지낸 사실은 역사적 기록으로도 또 아직까지 남아 있는 흔적으로도 분명하다. 강화도의 마니산이나 태백산 등 크고 높은 산에 그 흔적이 남아 있다. 유가적 엄숙주의와 형식주의에 이러한 축제문화는 낯설지 않을 수 없었을 것이다.

따라서 유교를 국교로 숭배한 조선시대에는 디오니소스적 예술문화는 천대시되어 결국 한국 고래의 본래성이 수난과 상처를 입는 현상을 빚었다. 결국 이러한 예술문화는 그 존립이 흔들리게 되었고, 사회의 하류층이나 '상놈' 가문을 중심으로 그 명맥이나 흔적만 이어졌다. 근엄한 엄숙주의가 지배하는 사대부 집안에서 춤을 추고 날뛴다는 것은 도저히 받아들여질 수 없는 경망스러운 짓으로 낙인찍혔다. 그러므로 춤과 가무, 탈춤과 같은 예술문화는 천한 것으로 받아들여졌으며, 그 결과 주로 '천민들'에 의해 전승된 것이다.

디오니소스적인 성격을 가진 이러한 축제문화는 유가적 성격과는 대조를 이룬다. 이 또한 고래로부터의 한국이 중국의 전통과는 그 문화양식이 다르다는 것을 시사한다. 그들에게 저 디오니소스적인 축제는 퍽이나 생소하게 보였을 것이다. 그러나 안타깝게도 이러한 전통은 언제부턴가 사라져버리고 말았다. 유교가 지배하기 이전, 즉 불교가 국교로 되어 오랫동안 지배할 때부터 이러한 성스러운 축제문화가 잠식되기 시작했을 것이다.

불교는 주지하다시피 '하늘에 제사지내는 것'이 아니라, 법당에서 부처님께 예불을 드리니 그 대상 자체가 다르다. 그리하여 상고시대로부터 내려오던 고산(高山)³⁾제사의 문화도 잠식되고 말았다. 태양거석문화와 고인돌의 문화를 간직한 상고시대로부터의 전통은 유교와 불교의 지배로 말미암아 상실되어 갔다. 유가적 전통은 집에서 조상에게만 제사지내게 하는 풍습을 남겼다.

동이의 나라들에 있었던 '하늘에 드리는 제사'를 역사적인 기록을 통해 검토해보자.

『후한서(後漢書)』 제85권 「동이열전 제75」에는 고대 부여의 '영고'에 관한 기록이 있다: "사람들이 모일 땐 몸을 깨끗이 하고 경의를 표하면서 서로 절하고 윗자리를 양보한다. 섣달에는 하늘에 제사를 지낸다. 여러 날 동안 연속해서 먹고 마시고 노래하고 춤추는데 이를 '영고'라고 한다. 이 기간에는 형벌을 주지 않고 감옥에도 보내지 않으며 죄수를 석방한다. 군사에 관한 일이 있을 때도 역시 소를 잡아서 하늘에 제사를 지낸다."⁴⁾

부여의 '영고'에 관해서는 진나라의 진수가 쓴 『삼국지(三國志) 위서

---

3) 『구약성서』에 나타나는 아브라함의 모리아 산상의 제사나 엘리아의 갈멜 산 위에서의 제사, 나아가 노아의 아라랏 산 위에서의 방주짓기도 태양거석문화의 고산제사와도 관련될 것이다.
4) 김재선 · 엄애경 · 이경, 『한글 동이전』, 서문문화사, 1999, 32쪽.

오환선비동이전』 제30권에도 이와 유사한 기록이 나온다: "은나라 달력으로 정월에 하늘에 제사를 지낸다. 나라에서 대회가 열리면 연일 먹고 마시며 노래하고 춤을 춘다. 이를 '영고'라고 한다. 이때 감옥에서는 형벌을 다스리지 않고 죄수들을 풀어준다. 흰옷을 좋아하여 국내에서는 흰 베로 만든 소매가 넓은 도포와 바지를 입고 가죽신을 신는다. 그러나 외국에 나갈 때에는 비단옷에 수를 놓아 입기를 좋아하고 어른들은 여우나 살쾡이 또는 흑포잘피로 만든 갑옷을 즐겨 입고 금은으로 장식한 모자를 쓴다."[5]

위의 『후한서』의 같은 곳에는 고구려의 '동맹'에 관한 언급도 있다: "신과 사직과 용의 신인 영성신에게 제사를 지낸다. 10월에 **하늘에 제사**를 지내는 큰 모임이 있는데 이를 '**동맹**'이라고 한다. 그 나라의 동쪽에는 '수신'이라고 하는 큰 굴이 있고 여기에서도 같은 달에 제사를 지낸다. 그들이 공적인 행사가 있어서 모일 때 입는 의상은 모두 비단과 금은으로 장식하였으며…."[6]

『후한서』의 이러한 기록은 『삼국지 위서 오환선비동이전』 제30권에도 유사하게 나타난다: "그 나라 백성들은 노래와 춤을 좋아해서 밤에도 모든 촌락에는 남녀가 무리로 모여 노래하고 논다. … 사람들은 깨끗한 것을 좋아하고 음식을 저장할 줄 알며 술을 잘 담근다. … 10월에 **하늘에 제사**를 지내는 '**동맹**'이라는 큰 모임이 있다. 그들은 공적인 일로 모일 때 모두 비단과 금은으로 장식한 옷을 입는다."[7]

또한 『후한서』는 동예의 '**무천**'에 관해서도 짧게 서술했다: "해마다 10월이면 **하늘에 제사**를 지낸다. 이때는 밤낮으로 술을 마시고 노래를 부르

5) 앞의 책, 57–58쪽.
6) 앞의 책, 37–38쪽.

는데 이를 '무천'이라고 한다."[8] 이 또한 『삼국지 위서 오환선비동이전』 제30권에도 나타난다: "10월이면 하늘에 제사를 지내고 밤낮으로 술 마시고 노래 부르는데 이를 '무천'이라고 한다."[9]

또 고대 한국의 남쪽(삼한)에도 이러한 문화가 있었음을 위의 역사기록은 전하고 있다: "항상 밭갈이가 끝나는 5월에 신에게 제사지내면서 주야로 술 마시고 놀며 무리를 지어 노래하고 춤춘다. 춤출 때 한 사람이 춤을 추면 수십 명씩 따라서 춤을 춘다. 농사일이 끝나는 10월에도 또 이와 같이 논다. 여러 나라의 마을에서는 천신에게 지내는 제사를 한 사람이 주관하게 하는데 이를 '천군'이라고 한다."[10]

삼한의 축제에 관한 이러한 기록은 『삼국지 위서 오환선비동이전』 제30권에도 나타나는데, 농사일과도 잘 연계된 모습을 보여주고 있다: "해마다 5월에 씨뿌리기가 끝나면 신에게 제사를 지내고 무리가 모여서 노래하고 춤추며 밤낮으로 술을 마신다. 그들의 춤은 수십 명이 땅을 밟으며 낮추었다 올렸다 하기도 하고 손과 발을 서로 맞추는데 그 박자와 리듬이 마치 탁무와 같다. 10월에 농사일이 끝나면 또 이와 같이 한다."[11]

---

7) 앞의 책, 62-63쪽. 고구려의 '동맹'에 관한 이러한 기록은 당나라의 요사렴이 편찬한 『양서(梁書)』에도 거의 같은 내용으로 나타난다: "그 사람들은 깨끗한 것을 좋아하고 술을 잘 빚으며 무릎을 꿇고 절할 때에는 한쪽 다리를 뻗고 걸어갈 때에는 모두 부지런히 걷는다. 10월에 하늘에 제사를 지내는 큰 모임이 있다. 그들은 공사의 모임이 있을 때 모두 금은으로 장식한 비단옷을 입고 대가와 주부는 머리에 책과 비슷하나 뒤가 없는 관을 쓰며, 소가는 고깔과 비슷한 형태의 절풍을 쓴다."(앞의 책, 112쪽) 이러한 기록은 당나라의 이연수가 저술했다는 『남사(南史)』제79권 (열전 제69 이맥하)에도 거의 똑같은 양식으로 등장한다(앞의 책, 152쪽 참조). 또 위의 역사서와 같이 북제나라의 위수가 기록했다는 『위서(魏書)』제100권(열전 제88)에도 고구려인들이 10월에 하늘에 제사를 지내는 큰 모임을 전하고 있다(앞의 책, 127쪽 참조).
8) 앞의 책, 46쪽.
9) 앞의 책, 74쪽.
10) 앞의 책, 50쪽. 또 당나라의 방현령과 저수 등이 지은 『진서(晉書)』제97권(열전 제67)에도 마한의 축제문화에 관해 유사한 기록이 나온다: "또 그들은 해마다 5월에 밭갈이가 끝나면 모여서 노래하고 춤추며 신에게 제사를 지낸다. 10월에 농사일이 끝나면 또 이와 같이 하였다."(앞의 책, 88쪽)

128

삼한시대 이후 신라에도 **천신신앙**이 오랫동안 유지되었으나, 법흥왕 이후 신라 6부족에게 있던 천신신앙은 쇠퇴하기 시작한다. 법흥왕은 왕권강화를 위해 이차돈과 사전모의를 하는데, 이것이 소위 이차돈의 '순교사건'이다. 당시의 왕권은 6부족장의 권위를 압도하진 못하였다. 6부족장들은 그들의 천신신앙을 통해 하늘에 제사를 하고 왕에겐 절대권력을 인정하지 않았다. 그러나 당시 중국의 북위에서 고구려를 통해 전수된 불교는 왕이 곧 부처라고 하여 왕에게 절대권력을 부여했다. 그러므로 불교가 국교로 되면 왕의 권위가 자연스레 강화될 수 있는 여건이 마련되는 것이었다. 법흥왕은 당시 이미 불교도였기 때문에 이차돈의 순교를 통해서 불교도가 되었다는 것은 맞지 않다.

　　법흥왕은 절대권력을 쥐기 위해 불교라는 종교를 이용했다고도 볼 수 있다. 이는 마치 고대 로마의 콘스탄티누스 황제가 당시 네 명의 권력체계에서 여타의 권력을 무력화하고 자신의 권력을 굳히기 위해 기독교를 이용한 것과도 유사한 양상이다. 법흥왕은 이차돈의 죽음을 통해 일종의 승부수를 던진 것인데, 이는 그러나 사전에 이차돈과 모의된 정치쇼였던 것이다. 이차돈은 당시 불교의 승려가 아니었고, 법흥왕의 궁정에서 일하는 관리였다.

　　이차돈은 왕과의 사전모의에 의해 천신신앙의 요지인 천경림(하늘의 거울이라고 일컫는 곳)에 절을 세운다. 당연히 6부족장들이 달려와 왕에게 항의한다. 그런데 법흥왕은 이차돈으로 하여금 천경림에 절을 세우라고 명하지 않았다고 응한다. 그러고서 왕은 이차돈을 당장 잡아오라고 명한다. 마치 왕의 명령인 양 가장하여 절을 세운 이차돈에게 왕명거역죄를 적용시켜 당장 칼로 치라고 명한다(물론 여기까지도 이차돈과 사전

11) 앞의 책, 78쪽.

모의했던 것이다).[12]

법흥왕을 의심했던 6부족장들은 왕실에서 관리의 일을 하고 있는 이차돈을 단호하게 죽이는 법흥왕 앞에서 체면이 말이 아니었고, 그들의 입지도 좁아질 수밖에 없었다. 이 사건 이후로 왕의 권위는 확대되었고, 6부족의 영향력은 줄어들기 시작했으며 불교는 공인을 받고 국교가 된다. 법흥왕은 법흥대왕으로 등극한다.

다시 '하늘에 드리는 제사'와 축제로 방향을 돌려보자. 엘리아데가 탁월하게 지적하듯이 평범한 고대의 축제에도 특별한 종교적 의미가 내포되어 있는데, 하물며 고대 한민족에게 '하늘에 드리는 제사'가 각별한 의미로 첨가되었다면, 종교적 의미는 더더욱 증폭되었을 것이다. 단군신화에도 나와 있듯이 스스로를 '천손'이라고 여겼던 그들은 하늘에 제사를 드리지 않을 수 없었을 것이며, 또한 농작물의 수확과 인간의 먹고 사는 것도 결국 하늘에 계신 하느님과 각별한 유대관계가 있기에, 이는 제사와 축제를 마련할 동기부여가 주어진 것이다.

엘리아데에 의하면 축제는 어떤 종교적 사건을 기념하는 데 머물지 않고 초월자와 맺었던 원초적 사건을 재연하는 데까지 이른다: "축제는 단지 신화적(따라서 종교적)인 사건을 기념하는 행사로 그치지 않으며, 그 사건을 재연하는 데까지 나아가는 것이다."[13] 여기서 축제의 참가자들은 비일상적인, 즉 성화(聖化)된 시간을 만나게 되며 초월자와 맺었던 관계를 회복한다. 엘리아데에 의하면 이러한 시간이야말로 "존재론적, 파르메니데스적 시간이다."[14] 여기서 파르메니데스적인 시간이란 생성소멸

---

12) 법흥왕과 이차돈에 관한 기사는 2005년 9월 2일 방송된 KBS의 「역사스페셜」을 참조할 것.
13) M. 엘리아데(이동하 옮김), 『聖과 俗』, 학민사, 1996, 72쪽.
14) 앞의 책, 62쪽.

의 굴레에 떨어지지 않는 영원한 현재(과거도 미래도 없는)이다.

축제를 통하여 사람들은 "거기서 태초에(ab origine), 그 옛날에(in illo tempore) 나타났던 바 그대로의 거룩한 시간의 최초의 출현을 만난다."[15] 엘리아데가 파악한 이러한 시간개념은 '종교적 인간(Homo religiosus)'이 두 종류의 시간 속에서 살게 됨을 지적한다. 그것은 거룩한 시간과 세속적인 시간인데, 이 중에서 "더 큰 중요성을 갖는 거룩한 시간은 순환적이고 가역적(可逆的)이며 회복 가능한 시간이라는 역설적 양상 아래서 나타난다. 그것은 제의라는 수단에 의해 주기적으로 회귀하는 일종의 영원한 신화적 현재이다. 시간에 대한 이러한 태도는 종교적 인간을 비종교적 인간으로부터 구별시키는 데 모자람이 없다. 전자는 현대적 용어로 역사적 현재라고 불리는 것 속에서만 살아가는 것을 거절한다. 그는 어떤 시각에서 볼 때 영원과 동일시될 수 있는 거룩한 시간을 회복하려고 시도한다."[16]

이러한 엘리아데의 지적은 '종교적 인간'이야말로 '원초적 시간'[17] 혹은 '근원의 시간'[18]과 성스러운 시간을 회복하고 또 그러한 시간 속에서 초월자와의 유대를 갖지 않으면 살 수 없다는 것을 천명한다.[19] 그러므로 하늘에 드리는 제사와 축제는 각별한 종교적 의미를 내포하고 있으며, 또 역으로 이러한 종교적 의미는 축제마당의 동기부여인 것이다. 오늘날의 축제가 이러한 종교적이고 정신적인 의미를 상실하고서 육체적이고

---

15) 앞의 곳.
16) 앞의 책, 62-63쪽.
17) 앞의 책, 79쪽.
18) 앞의 책, 76쪽.
19) 제천의식을 통해 인간이 신과 일체감을 이루는 체험을 신영훈도 엘리아데와 유사하게 "제천 의식 중에서 사람이 신과 교합"한다는 표현을 쓰고 있다(신영훈, 『고구려』, 조선일보사, 2004, 26쪽).

관능적인 재미에만 심취하는 것은 사람들이 본래성을 상실하고서 형이하학적인 세계로 전락되었다는 것을 말해준다.[20]

하늘에 드리는 성스러운 제사와 신바람 나는 축제, 그리고 일하는 인간은 하나로 융합되어 있다. 이러한 세 영역의 융합형태는 인간의 본질규명인 '종교적 존재(Homo religiosus)'와 '놀이하는 존재(Homo ludens)', '일하는 존재(Homo laborans)'를 한꺼번에 드러내고 있는 것이다. 오늘날 현대인들에게 이해되기 쉽지 않은 부분이 하늘에 드리는 제사와 인간적인 축제가 융합을 이루고 있는 것이다. 현대인은 모든 종교적 의미를 배제해버리고 오직 인간적 축제만, 그것도 관능적이고 육체적인 축제만 갖고 있을 뿐이다. 그러나 하늘에 드리는 제사와 인간적인 축제가, 성스러움과 인간의 예술문화가 융합된 형태를 우리는 아래의 다윗왕이 펼치는 축제에서 뚜렷이 엿볼 수 있다.

축제 가운데서 사람들은 신바람 나는 기분을 폭발시킨다. 범국가적 축제인 만큼 그 규모가 상상 이외일 것이다. 물론 '하늘에 드리는 제사'가 형식적이지 않은 만큼 욕망만을 분출하는 인본 위주의 축제는 아니었을 것이다. 그런데 이런 축제가 3일 밤낮이나 계속되고 음주가무(飮酒歌舞)까지 대동되었다니 현대인들의 축제를 뺨치는 격이 아닌가. 어쩌면 노래하고 춤추는 소질은 유전적인 것이어서 오늘날 세계의 음악계를 리드하는 한국인이 유달리 많다. 다른 분야는 턱없이 빈약하지만 음악만큼은 그렇지 않다.

거대한 축제 속에서의 자유롭고 열린 분위기를 통해 사람들은 서로 벽을 허물고 인사를 나누며 커다란 일체감을 획득하게 된다.[21] 이러한 인사

---

20) 오늘날 현대인들, 특히 서구인들은 성탄절이나 부활절과 같은 종교적 축제마저도 성스러운 시간을 회복하는 종교적 의미보다는 잘 먹고 즐기며 노는 데에 더 큰 관심을 둔다.

와 교류는 그러나 인간들 사이에서만 이루어지는 것이 아니라, 하늘에의 제사를 통해 인간과 초인간 및 초월자와의 사이에서도 이루어지는 것이다. 그들에게서 하늘에 드리는 제사는 일상성을 벗어난 성스러운 행위인 것이다. 무엇보다도 축제의 한마당이 하늘에 드리는 제사와 함께 시작된다는 것이 오늘날 전혀 흉내낼 수 없는 현상이다.

이러한 축제는 마치 양쪽 강변을 잇는 다리와도 같이 인간과 초인간의 세계를 연결해주는 역할을 수행한다.[22] 엘리아데의 인간규명인 '종교적 존재'가 그대로 드러난다. 인간은 초월자, 초인간, 신적인 것과의 교류가 없이는 살아갈 수 없다는 것이다. 축제의 다리 위에서 서로의 교류와 이행을 통해 인간은 초인간적이고 반신적인 것(Halbgott)을 경험할 수 있는 것이다.[23] 그리고 이러한 예사롭지 않은 교류에 신바람 나는 놀이축제가 따른다는 것은 당연하고 자연적인 귀결이다.

이러한 축제를 통하여 인간은 개체로서의 자신으로부터 벗어나 초월의 능력을 경험하게 된다. 축제의 본질은 초월이며 망아적 체험이다. 노래와 춤, 맛있는 음식과 막걸리에 축제가 익어가고 사람들은 자기 자신에게 갇힌 세계에서 혹은 일상의 카테고리에서 벗어나 자기가 꿈꾸는 세계로 나아간다. 일하면서 노래하는 것은 우리의 사라져가는 시골문화에서 찾을 수 있다. 보리타작이나 모심기를 할 때, 또 바다에서 그물을 끌어올릴 때 흥겨운 노래가 자연스레 따른다. 그래서 디오니소스적 축제문화는 마치 유전자에 심어져 있기라도 하듯이 고대 한민족에서부터 배어 있었다.

---

21) M. Heidegger, *Hölderlins Hymne 'Andenken'*, Frankfurt a.M., 1982, 71쪽 참조.
22) 앞의 책, 97쪽 참조.
23) 앞의 책, 98쪽 참조. 하이데거적으로 말하면 이러한 경험을 통해 인간은 자기만의 세계에 갇힌 개체를 떠나(Ek-sistenz) 존재의 그물망 안으로 나아가는 것으로 파악된다.

또 아직까지 전승되어 오는 탈춤문화에도 독특한 것이 배태되어 있는데, 그것은 모든 경직된 합리주의를 극복하는 비밀이다. 탈춤을 추고 노래하면서 하고 싶은 말과 욕설, 비판 등을 신명나는 놀이와 융합시킨 것이다. 거기에도 해방과 카타르시스가 존재하며, 더 나아가 일상으로부터의 탈출과 초월도 내재한다. 더욱이 욕설과 비판의 대상이 된 저 경직된 합리주의, 또 그 합리주의가 만들어놓은 부당한 제도나 억압, 비리 등을 비꼬고 몰아붙이는 것은 희망하고 추구하는, 또 구현되어야 하는 올바른 로고스의 세계가 있다는 것을 시사한다.

『구약성서』의 다윗왕도 디오니소스적 인간상이다. 그는 십계명이 새겨져 있는 법궤를 다윗성으로 옮기면서 특이한 축제를 펼친다. 신적인 성스러움과 인간적인 축제가 한마당을 이루고 어우러지는 것이다. 다음의 성서 구절이 잘 밝혀준다:

"누군가가, 오벳에돔의 집에 하나님의 궤를 보관하였기 때문에, 주님께서 오벳에돔의 집과 그에게 딸린 모든 것에 복을 내려주셨다는 소식을 다윗왕에게 전하였다. 그리하여 다윗은 기쁜 마음으로 가서, 하나님의 궤를 오벳에돔의 집에서 '다윗성'으로 가지고 올라왔다. 궤를 옮길 때에 그는 큰 축제를 벌였다. 다윗은 주님의 궤를 멘 사람들이 여섯 걸음을 옮겼을 때에 행렬을 멈추게 하고, 소와 살진 양을 제물로 잡아서 바쳤다. 그리고 다윗은 모시로 만든 에봇만을 걸치고, 주님 앞에서 온 힘을 다하여 힘차게 춤을 추었다. 다윗과 온 이스라엘 가문은 환호성을 올리고, 나팔소리가 우렁찬 가운데, 주님의 궤를 옮겨왔다. … 다윗은 번제와 화목제를 드리고 나서, 만군의 주님의 이름으로 백성에게 복을 빌어주고, 그곳에 모인 온 이스라엘 백성에게, 남녀를 가리지 않고, 각 사람에게 빵 한 덩이와 고기 한 점과 건포도 과자 한 개씩을 나누어 주었다. 그런 다음에 온 백성이 각각 자기들의 집으로 돌아갔다."[24]

위의 기록은 다윗왕과 그의 백성들이 법궤를 다윗성으로 옮겨가는 가운데 일어난 행사와 축제에 관해서 전하고 있다. 하나님께 예배와 찬송을 드리면서도 인간적인 축제와 융합되어 있는 모습이 다윗왕의 경우에 잘 드러난다. 성스러움과 축제가 공존하는 것이다. 그는 온몸과 마음으로 신에게 영광을 돌리고 찬양하면서 동시에 온몸과 마음으로 춤춘다. 그가 악기를 잘 다루고 탁월한 음악적 감수성을 갖고 있으며 가무에 능하다는 것은 잘 알려져 있다.

고대 한민족의 경우도 이와 유사한 면이 보인다. 그것은 하늘에 제사를 지내면서, 이와 더불어 인간적인 축제를 펼치는 것이다. 그들은 성스러운 행사를 거행하면서 동시에 음주와 가무로서 축제를 펼친다. 이 양자는 전혀 무관한 것인가? 결코 그렇지 않다. 축제를 펼치는 (혹은 펼칠 수 있는) 것은 신적인 것, 하늘로부터의 축복과 직접적인 관련이 있기 때문이고, 또한 전자로부터도 또 후자로부터도 (디오니소스적 예술의 특징) 초월적인 것과 초인간적인 것을 체험할 수 있기 때문이다. 인간은 '종교적 존재(Homo religiosus)'이면서 '놀이하는 존재(Homo ludens)'이다.

일반 백성에게까지 심어졌던, 그리고 성스럽기도 하고 디오니소스적이기도 했던 저 고대 한국의 축제문화는 그러나 안타깝게도 거의 사라져 버렸다. 오늘날의 축제는 지성인들의 모임인 대학의 축제에 이르기까지 가짜이고 위선이다. 축제를 할 수 있는 동기부여도 되어 있지 않다. 드물게는 스트레스를 풀겠다는 축제이고, 대부분은 그냥 놀자판을 벌이겠다는 것이며, 그러한 놀자판을 이용해 돈을 벌겠다는 장삿속이다.

다음의 신문기사는 혼돈스러운 대학축제의 한 단면을 보여준다. "'정신'은 없고, 웃고 즐기고 취하는 '육체'만 가득"[25]이라는 제목을 붙인 이

---

24) 『구약성서』, 「사무엘기하」, 6장 12-19절.

기사는 그러한 현주소를 잘 지적하고 있다: "'대학축제에 대학정신이 없다.' 공동체 정신과 사회비판의 혼도 찾기 어렵다. … 파편화하고 개인주의적 성향을 부추기는 대중문화 행사만 크게 늘었다. 연예인 초청행사도 경쟁적으로 이뤄지고 있다. … 대학문화 정체성의 혼돈 시대로 부르는 전문가들도 있다."[26]

이처럼 대학문화의 혼돈은 어느새 저질문화로 굳어져 가고 있다. 이제 대학은 지성을 추구하거나 비전을 키우는 그런 터전이 아니다. 한국의 대학이 취업준비의 학원으로 전락했다는 것은 어제오늘의 지적이 아니다. 취업에만 매달리다 보니 눈앞에 보이는 이득이나 상품가치가 나가는 것 외에는 별로 신경쓰지 않는다. 이미 고등학교 때부터 입시에만 매달리고 소위 명문대학에만 매달렸지 지성의 꿈을 키우는 교육은 받지 않았다. 정신문화니 지성이니 교양이니 하는 것은 빈 깡통 소리와도 같다.

위의 신문기사가 지적하듯이 오늘의 대학축제엔 '문화표출'은 사라지고, 그 대신 연예인과 육체놀이 하는 데만 심혈을 쏟는다. 전체 축제비용의 70%가 '연예인 비용'이라니 어처구니가 없다. 어떤 대학은 연예인을 초청하여 텔레비전의 개그 프로그램과 같은 무대를 마련하였는데, 그 비용이 1천만 원이라고 한다. 결국 등록금이나 학생회비를 그런 데 쓰는 모양이다. 대학의 "축제가 '대중문화' 일색으로 바뀌고, 대학마다 인기가수와 개그맨을 초청해 벌이는 행사는 발 디딜 틈이 없을 정도로 환영받고 있다."[27] 연예인이 이렇게 영웅시되다 보니 어떤 가수는 "5월 한달 동안 대학 31군데서 노래를 했다. 하루에 행사 4곳을 뛴 적도 있다."고 한다.

25) 『문화일보』, 2005년 5월 20일자.
26) 앞의 곳.
27) 앞의 곳.

그런데 축제문화를 장악한 '연예행사'의 다른 한편에선 시끌시끌한 장터가 널려 있다. "돈을 벌고, 술 마시며 흥청망청 노는 주점행사는 갈수록 기승을 부리고 있다. 그 결과 축제가 끝나는 저녁에는 넘쳐나는 쓰레기로 대학 캠퍼스가 몸살을 앓을 정도다."[28] 아무리 '혼돈의 축제'라고 하지만, 본래성의 상실과도 같이 축제문화를 잃어버리고 마냥 저질 대중문화와 육체문화, 껍데기 문화, 놀자판 문화, 연예인 문화에만 심취하니 안타깝기보다는 서글퍼진다. 그러나 대학축제는 이미 이러한 문화에 중독되어 버렸다.

'잃어버린 축제'는 '하늘에 드리는 제사'나 '신에게 드리는 제사', 고산제사, 성스러움의 상실 외에도 여러 곳에서 발견된다. 놀라운 일은 축제문화에서의 가무 자체에도 분명히 드러난다. 우리는 흔히 한국인 몸속에 가무기질이 흐르고 있다는 얘기를 듣는다. 그런데 안타까운 것은 '어떤 가무인가?'에 대해 묻지 않는다는 데에 있다. 단지 가무를 즐겼다고 해서 그때의 가무가 오늘날의 것과 별반 차이가 없다고 하면 난센스 중에 난센스다. 다음은 「고은의 세상월령가 9월」의 '노래하는 동이족'에 나오는 한 토막이다:

"게다가 한국인의 기본감정인 한과 흥은 축제를 얼마든지 확대재생산할 것이다. 지금 옛 동이족 이상으로 사회 전체가 연예화되어 가고 있다. 전국에 노래방이 몇 십만 군데가 넘으며 심지어 가정에도 노래방 시설이 현란하다. 어떤 노래잔치에서는 초등학교 2학년짜리가 온몸을 흔들어대며 어른들의 농익은 노래를 불러댄다. 이에 질세라 70 노인도 야한 몸짓을 서슴지 않는다. 바야흐로 한국은 가무 해일의 나라가 되어 가고 있

---

28) 앞의 곳.

다.”[29]

과연 오늘날의 가무 해일의 문화나 연예문화, 노래방 문화가 그 옛날 노래하는 동이족의 문화와 연결될 수 있을까? "사회 전체가 옛 동이족 이상으로 연예화되어 가고 있다."는 언급은 그때의 가무문화를 오늘날의 연예문화와 같은 맥락에서 보고 있는 것인데, 이는 아주 위험한 발상이라고 하지 않을 수 없다. 그냥 가무라고 해서 한통속으로 보는 것은 마치 색깔이 비슷하다고 똥을 된장이라고 하는 것과 유사한 소치일 것이다. 동이족의 가무(춤과 노래)는 수천수만의 변화와 조작과정으로 말미암아 거의 본래성 상실에 처한 것이다.

혹시나 전래의 민요에서 그 흔적을 찾아볼 수는 있을 것이다. 그러나 우리는 일본으로부터 식민지 지배를 받으면서 고유문화를 많이 상실했으며 음악 또한 마찬가지다. '가요 반세기'라는 말 속에는 일본으로부터 받은 가요문화가 뿌리박고 있으며, 멜로디 또한 마찬가지다. 노래방 문화는 일본의 가라오케 문화이며, 이를 동이족의 가무문화와 관련짓는다는 것은 말도 안 되는 창피한 일이다.

식민지 문화의 지배가 끝나고 난 후로는 줄곧 미국문화의 영향을 받았다. 그래서 오늘날의 대중문화는 오래 전부터 미국의 대중문화에 의식화되어 왔다. 관능적인 것, 육체적인 것, 노골적으로 성적인 것, '섹스어필', 말초신경적인 것 등은 다 서양에서 유래한 것들이다. 정신적인 것, 영적인 것, 인간성을 승화시키는 것, 숭고미, 조화미, 예술의 본래적인 것은 몽땅 상실되고 저질의 동물적인 것, 성적인 것, 상업자본주의적인 것 등으로 변질되고 조작되어 갔다.

29) 「중앙일보」, 2004년 9월 9일자, 「고은의 세상월령가 9월」, '노래하는 동이족'.

분명하게 알 수 있는 것은 고대의 가무나 시가 등 문화의 전 영역에 배어 있는 순수미(純粹美)와 소박미와 같은 것을 오늘날의 저질문화에서는 흔적도 찾아볼 수 없다는 것이다. 일본의 식민지 문화와 잡스러운 서구 문화의 영향을 적게 받은 우리 할아버지와 할머니의 축제엔, 그리고 그들의 노래와 춤엔 — 전승된 축제의식이 어느 정도 있다고 판단할 때 — 그래도 어느 정도 자연미와 순수미 및 소박미 같은 것이 들어 있었다고 여겨진다.

  물론 전승되어 온 단오제나 정월대보름 축제, 농악, 사물놀이, 강강수월래 등에는 그때의 가무를 어느 정도 짐작할 수 있는 흔적이 배어 있다. 그러나 그저 서양의 육체적인 것, 온갖 음탕한 동작으로 말초신경을 자극하고 짝짓기 놀이나 부추기는 저질 대중연예를 '무천'이나 '영고', '동맹'과 연결짓는다는 것은 신성모독과도 같은 망나니짓이다.

  마치 전통의상을 모두 벗어 던지고 서양식의 옷을 입고 서양식의 신발을 신고 다니는 것처럼, 그리고 이런 변화가 이제 비본래적인 것이 아니라 오히려 본래적인 것으로 여겨지는 것처럼, 우리는 오래 전부터 본래성을 상실했다. 이제 서양적인 것이 오히려 친근한 것으로, 그리고 본래적인 것으로 착각되는 실정이다. 과연 오늘날 우리는 고대 한국의 본래적인 것을 찾아볼 수 있을까?

5.
불멸하는 하늘나라에서의 '세계수'와 신선들

가. 세계수가 있는 낙원

황금의 왕관에 위로 꼿꼿이 세워진 '山' 자 모양의 조형물은 무엇을 상징한 조형물인가? 그것은 하늘로 치솟아 있는 나무의 모형이다. 왜 하필 그 비좁은 공간에 이런 조형물이 등장하는가? 그것은 하늘과의 유기적 관계를 염원하는 뜻이 들어 있다. 나무는 하늘을 향해 자란다. 왕을 '천자'라고 한 데서도 이런 조형물의 존재를 추론할 수 있다. 특히 신라의 시조 박혁거세는 하늘로부터 오고 또 긴요하고 필요한 일이 있을 때 천마를 타고 하늘을 오갔으니, 신라 왕관의 '山' 자 모양의 조형물에 대한 발상은 거의 자연스러웠을 것이다. 놀라운 것은 단군신화에도 환인(桓因), 환웅(桓雄), 단군(檀君)의 명칭에 예외 없이 '나무 목(木)'자가 들어 있어 나무의 의미가 대단히 큰 중량을 가짐을 추론할 수 있다. 나무는 고분벽화에서도 큰 의미를 갖는다.

고분벽화가 그려진 좁은 고분에는 수많은 나무들이 신비롭고 비밀스러운 초자연적 의미를 함축한 채 그려져 있다. 특히 장천 1호분(각저총, 무용총 등에도)에는 세계의 여러 신화에 등장하는, 땅과 하늘을 잇는 매개체로서 혹은 하늘로 오르는 사다리의 역할로서 자색 빛을 띤 나무가 우뚝 서 있다. 성스러운 분위기를 자아내면서도 아름다운 모습을 하고 있는 나무는 주위를 압도할 정도로 의젓하게 서 있다. 뿌리는 든든하게 대지에 박혀 있고, 미끈하고 긴 줄기와 하늘을 떠받드는 듯 충만하게 옆으로 뻗은 가지들은 꼭대기가 하늘에 닿아 있어 '세계수'를 상징하기에 충분하다. 나무 밑에는 무덤주인으로 보이는 사람과 그의 동료가 앉아 있다 ─ 지금은 천상의 정원에 거주하는 주민으로.

장천 1호분: 생명의 근원인 '세계수'

신화학자 엘리아데(M. Eliade)에 의하면 이러한 '세계수'는 '거룩한 기둥(Kauwa-auwa)'으로서, 신화적 존재가 카오스적 혼돈상태를 코스모스화하고 난 뒤 이 기둥을 타고 하늘로 올라갔으며, 따라서 백성들은 제의로서 그러한 일을 반복한다고 덧붙이고 있다.[1] 이 거룩한 기둥은 원주민들의 전승에서 우주의 축을 나타내고 하늘나라와의 영속적인 교섭을 가능하게 해주는 수단으로 여겨졌으며 제의적으로도 중요한 기능을 수행하는 것이라고 한다. 유랑하는 과정에서 그들은 언제나 저 '거룩한 기둥'을 갖고 다녔으며, 이것이 기울어지는 방향에 따라 그들이 취할 진로를 선택했다고 엘리아데는 지적한다.[2]

단군신화에서 신단수(神壇樹)는 곧 '세계수'이다. 신단수는 신단(神壇)의 나무로서 신성한 나무라는 말이다. 하늘신의 아들 환웅은 바람을 다스리는 신인 풍백(風伯)과 비를 내리게 하는 신인 우사(雨師), 구름의 신 운사(雲師)를 비롯하여 천상의 무리 3천 명을 이끌고서 태백산(太伯山) 정상에 있는 신단수 아래로 내려왔다. 환웅은 이곳을 신시(神市)라고 부르고 세상을 다스릴 근거지로 삼았다. '세계수'이자 신성한 나무인 신단수는 곧 하늘신이 살고 있는 하늘로 올라가는 통로였을 것이다.

환웅을 비롯하여 그와 함께 세상으로 내려온 사람들은 바로 이 신단수 아래에서 하늘에 제사를 지내고서 좋은 세상을 만들겠다고(홍익인간, 재세이화) 다짐했을 것이다. 환웅과 웅녀의 결혼식은 아마도 이 신단수 아래에서 거행되었을 것이다. 하늘과 땅, 동물과 식물이 모두 한마음으로 기뻐하고 축복하는 등 우주가 하나 되는 축제가 펼쳐졌을 것이다. 『삼국유사』에는 웅녀가 아기를 갖고 싶어 매일 신단수 아래로 와서 빌었다고 전한다.

그런데 상상을 초월하는 '세계수(世界樹)'도 있다. 북유럽 신화에 의하

---

1) M. 엘리아데(이동하 옮김), 『聖과 俗』, 학민사, 1996, 30쪽 이하 참조. 엘리아데는 특별히 세계수로서의 '거룩한 기둥'에 대한 특별한 제의를 행하는 오스트레일리아의 원주민이며 유랑 부족인 아룬다 부족의 예를 든다.
2) 앞의 책, 31쪽 참조.

면 온 세상을 덮고 또 온 세상을 지탱하는 세계수인 이그드라실은 거대한 물푸레나무이다. 이 세계수의 뿌리는 세 갈래로 갈라져 있는데 하계인 니플헤임과 거인족들이 사는 외툰헤임, 신들이 사는 아스가르드로 각기 뻗어 있다. 이 '세계수'는 물론 모든 나무 가운데서 가장 크고, 우르드의 샘 위에 솟아나서 온 세계 위에 가지를 뻗고 있으며, 신들은 매일 이 세계수 밑에서 회의를 하고 재판의 판결을 내린다고 한다.

그런데 장천 1호분에 있는 '세계수'는 이러한 신화적이고 초자연적인 의미 외에도 안식과 평화와 생명을 부여하는 동화의 마을과 파라다이스의 상을 유감없이 드러내고 있다. 세계수는 보통 하늘을 오르내리는 상징으로 그려질 수 있고, 또 단군신화에서처럼 신단수로서의 의미를 갖지만, 여기선 이뿐만 아니라 사람들을 쉬고 놀게 하려고 불러 모으며, 생명의 과일을 안기고, 봉황이 유쾌한 날갯짓을 하며 날아오게 하는 등 생명수(生命樹)의 역할까지 담당하고 있다. 세계수이자 생명수인 이 나무가 중심이 되어 낙원과 동화의 마을을 그려내고 있는 것이다.

이 생명수는 천장(하늘)에 닿지만 균형미를 갖춘 크기로 주변에 대한 기준 축을 이루고, 압도적인 분위기를 만들어내며 많은 실과들을 품은 채 주위의 생명체들을 불러 모으고 있다. 봉황새가 활기차게 나뭇가지로 날아들고 있고, 많은 사람들이 나무 아래로 모여들고 있다. 여기에 모여드는 사람들은 그러나 후세의 도교에서 말하는 백발의 신선들이 아니라, 동화의 마을에 사는 평범한 사람들로서 아롱다롱한 의복에 젊은이와 아이들도 함께 있다. 모두가 이 낙원의 주민들이다.

이 마을의 분위기는 환웅이 신단수 아래에서 낙원을 이뤘던 신시(神市)를 형상화한 것으로 추정된다. 신단수에 세계수로서의 의미 외에도 생명수로서의 의미를 부가하고, 또 낙원과 동화의 마을의 분위기가 나는 색채(엷은 자주색과 황갈색이 섞인)를 덧입힌 것이 특징이다. 세계수이면서 생명수로 보이는 나무에는 굵직한 과일이 풍성하게 맺혀 있으며 몇몇 과일들이 아래로 주루룩 떨어지고 있어, 생명을 부여하는 나무임을 직설적으로 드러내고 있다.

과연 안식이 서려 있는 동화의 마을이고 생명의 과일이 있는 낙원이다. 이렇게 생명의 힘을 부여하는 나무를 — 한편으로 쉼과 평화와 양식을 부여하고 또 다른 한편으로 인간을 하늘나라로 안내하는 사다리의 역할을 하는 — 어찌 성스러움을 불러일으키는 나무라고 하지 않을 것인가.

따라서 우리는 고구려의 고분벽화를 통하여 불멸하는 인간뿐만 아니라, 성스러운 분위기를 자아내는 나무들과 초자연적이고 상서로운 짐승들, 하늘과 하늘의 신들, 해와 달과 별들, 바람과 구름 등등 모두가 서로 유기적 관계를 갖는 성스러운 코스모스의 가족이라는 것을 염두에 둘 필요가 있다.

무엇보다도 우리 인간이 영원한 멸망이나 종말로 빠져버리는 것이 아니라, 이러한 가족의 일원으로 유기적 관계를 가지며 천상의 삶을 갖는 것에 놀라지 않을 수 없다. 그런데 그러한 인간의 삶은 단순한 상상의 산물이거나 황당한 꿈에 불과한 것인가? 결코 그렇다고 단정지을 수 없는 것이 인간의 숙명인 것이다. 실증과학만을 만물의 척도로 삼겠다는 태도가 오히려 황당한 일이다. 실증주의에 중독된 현대인은 그러므로 심히 불행하다. 그러나 실증주의적인 잣대로는 형이상학적인 문제를 해결할 수 없고 오히려 그 앞에 좌절할 뿐이다. 영원한 형이상학의 미스터리는 지상에서 다 해결되지 않을 것이다.

나. 원시도교의 향연

고구려 고분벽화만으로도 충분히 원시도교(原始道敎)의 향연을 엿볼 수 있다. 여기서 우리는 고분벽화를 통해 펼쳐진 향연을 한국의 고대철학으로 확대할 것이다. 우선 우리는 결코 종교가 아닌 철학의 지평에서 고분벽화의 원시도교에 접근한다. 만약 우리가 신선(神仙)에 대한 단순한 숭배와 신앙의 차원에 머물러 있다면, 그것은 물론 종교(경우에 따라선 미신이라는 비하된 명칭으로)에 귀속될 것이다. 그러나 벽화의 신선들은 결코 숭배나 신앙을 요구하지 않고 또 신앙의 대상으로 그려져 있지도 않다.

그 대신 우리가 이 신선과 하늘나라의 초월자들에 관하여 의미부여를 한다거나 그들에 관하여 사유·해석·분석·판단하는 것은 엄연하고 부인할 수 없는 철학적 행위인 것이다. 더욱이 특별한 의미와 내용을 담고 있는 고분벽화가 무엇에 관한 진술인지를 사유·해석·분석·판단하는 것은 명백하게 철학의 지평에 속한 것이다. 더 나아가 우리는 벽화에 그려진 신선들과 하늘의 초월자들에 관한 형이상학적인 메시지에 동의하고 확신을 갖는 단계로까지 나아갈 수 있을 것이다. 우리는 이런 측면에서 원시도교를 철학의 지평 위로 가지고 오며, 여기서 우리는 그토록 갈망하는 한국 고대철학의 향연을 펼칠 수 있는 것이다.

오랜 세월 동안 도교가 자생적인 것인지 혹은 중국으로부터 들어온 것인지에 대한 논쟁이 학계에서 끊임없이 있었다.[3] 물론 수입이 되었다고 해서 대단한 것일 수 없다는 결론도 지당하고, 또 만약 긍정적인 영향을 미쳤다고 여겨지면 그런 수입도 바람직하다고 할 수도 있다. 이 장(章)에서 우리는 여러 측면에서 (심지어는 상고시대로부터) 원시도교가 명백하게 자생적이었고 전승되었음을 밝힌다. 그런데 바로 이 고구려의 고분벽

---

3) 이를테면 정재서 교수의 『한국도교의 기원과 역사』(이화여자대학교출판부, 2006)는 이런 논쟁의 관점을 잘 다루고 있다고 여겨진다.

화야말로 이때까지의 논쟁을 불식시키는 ─ 그 부질없고 무모한 논쟁에 일침을 가하는 ─ 획기적이고 원대한 계기를 제공한다. 고분벽화의 규모면에서 보든 내용면에서 보든 심오한 철학과 형이상학 및 원시도교의 원초적 모습이 적나라하게, 총천연색으로 그리고 풍부하고 다양하게 펼쳐져 있기 때문이다.

우리는 고구려의 고분벽화를 통하여 원시도교적인 바탕에서 고구려인들에게 자유롭게 펼쳐진 하늘세계와 천인(天人)들 및 신선들의 세계를 엿본다. 고분벽화에 드러난 신선들과 천인들은 후대의 도교에서 말하는 신선의 모습과는 판이하게 다르다. 불로장생한 백발노인의 모습이라기보다는 인간적이고 초인간적인 천인들의 모습이다. 고분벽화에서의 신선들과 천인들의 모습은 너무나 고고하고 초연한, 초인간적이고 초자연적이며 신적인 모습을 하고 있다. 신선의 형태로 불멸하는 인간의 모습이다. 나이를 구분하기 어려운 하늘인간들은 온갖 악기들을 연주하고 때론 춤을 추면서 하늘세계의 가족들과 노닐고 있다.

그리하여 하늘세계는 신선들과 선녀들을 비롯한 여러 천인들과 신들, 신들의 왕, 해와 달과 별들, 신령한 새들과 초지상적 짐승들, 신비로운 식물들이 서로 어우러져 '천상의 협화음'을 만들어내고 있다. 초월자와 인간의 친밀한 만남에서 곧 인간의 궁극적인 문제가 풀리는 것이다. **이렇게 인간이 초월자와 만난다는 것은 형이상학과 종교의 궁극적 완성**이라고 할 수 있다. 덕흥리의 고분은 이러한 조화로운 하늘세계의 일면을 보여주고 있다.

고분벽화에 그려진 신선은 대체로 천의(天衣)를 걸치고서 상서로운 학이나 봉황, 용이나 기린과 같은 짐승을 타고 악기를 연주하거나, 노래하고, 불을 지피고, 글을 쓰며(통구사신총), 불사약을 제조하거나 이를 손으로 받쳐 들고 있고, 하늘을 비상하여 별을 방문하는 것으로 나타나 있다. 신비한 '천상의 협화음'이다. 신선은 하늘세계에서 코스모스의 가족들과 불멸의 삶을 영위하고 있다. 신의 속성(imago Dei)을 갖고 있는 존재로서의 인간의 모습이 — 서구의 철학과 종교에서 그렇게 규명하듯 — 이렇게 천의를 걸치고 비상하고 활보하는 것으로 형상화되었다.

그런데 이 그림을 자세히 들여다보면 놀라우면서도 주의를 요하는 것이 있다. 여기서 우리는 원시도교와 후대의 도교를 엄연히 구분해야 하는 필연성과 당위성을 포착하게 된다. 그러한 차이는 결코 단순한 외형적 차이가 아니라, 원시도교의 본래적인 모습과 퇴락되고 변질된 후대의 도교를 구분짓는 중요한 요인이 된다. 그뿐만 아니라 도교를 마치 중국의 전유물인 것처럼 파악하는 종래의 그릇된 태도를 시정할 필요가 있는 것이다.

그 차이는 우선 천의를 걸친 신선의 모습이 너무나 특이하여 후대의 도교에서 말하는 신선들의 모습과는 아주 다르다는 것이다. 문명을 창조하는 신(天人)들은 젊고 힘 있게 보이며, 악기를 연주하는 각종 천인들은 신비로운 의복을 입은 신들과도 같다. 춤추는 이들 또한 그 역동성과 천의가 어울려 마치 황홀경에 도취된 듯이 보인다. 장천 1호분의 세계수가 있는 곳(동화의 마을)에 모여든 이들은 화려한 색동옷을 입은 채 어린이를 포함한 마을사람들로 그려져 있다. 늙어서 돌아간 백발노인의 모습이나 또 그와 비슷한 신선의 모습을 한 이는 없고, 지상의 평범한 사람들의 연령대로 구성되어 있다.

고구려 고분벽화에는 후대에서 일컫는 도교가 아니라, 원시도교 혹은 시원도교의 바탕이 깔려 있다. 왜 그냥 도교가 아니고 원시도교인가? 그것은 철학적 지평에서 너무나 중요한 차이를 드러낸다. 만약 후대의 중국에 의해 수입된 도교라면, 그래서 작위적(作爲的)으로 불로장생이나 욕구하고 관방도교(官方道敎)나 펼치며, 나아가 마술과 연금술, 주술, 잡

148

술(雜術), 방술(方術), 미신, 선술(仙術), 방선도(方僊道)로 일관된 그런 도교라면 고분벽화에 대한 철학적 시도는 그만큼 빈약성과 후진성을 면하기 어려울 것이다. 그러나 고구려 고분벽화는 이런 도교를 바탕으로 하고 있지 않다!

주지하다시피 불교와 유교는 중국으로부터 유입되어[4] 고려시대와 조선시대를 오랜 기간 동안 지배해왔다. 물론 그런 유입이 결코 부정적일 수는 없다. 게다가 이런 불교와 유교를 독자적으로 재생산 및 재해석한 흔적도 역력하게 드러난다. 그러나 도교의 경우는 좀 다르다. 물론 중국의 도교는 잘 알려졌듯이 고구려 말기 영류왕 7년(624년)에 일차적으로 들어왔고,[5] 또 이차적으로 보장왕 2년(643년)에 연개소문의 건의에 의

---

[4] 고구려의 고분벽화에 드러난 신선사상의 경우는 불교나 유교와는 무관하고 고대 한국에서 기원한 원시도교와 직접적으로 연관된다. 불교는 신선사상과 직접적인 관련이 없다고 할 수 있다. 이를테면 불교는 인생의 실체를 인정하지 않고, 삶에 큰 중량을 두지 않으며, 죽는 것을 백팔번뇌가 있는 사바세계를 떠나서 열반하는 것으로 생각하기에, 사후의 세계에까지 신선의 형태로 불멸한다는 불멸사상을 견지하는 원시도교와는 거리감이 있기 때문이다. 더욱이 유교는 원시도교의 신선사상과 무관하다. 유교는 사후에 관한 고민을 아예 하지 않는다. 그 대신 현세에서의 삶에 충실하라고 한다. 그래서 비현실적이고 비경험적인 신(神)의 영역은 유교의 관심영역이 아니다. 『논어』의 「술이(述而)」편에 나오는 "자불어괴력난신(子不語怪力亂神)"이란 구절에 의하면 공자는 인간의 현실적인 영역을 벗어나는 것에 대해선 언급하지 않았다. 더욱이 「선진(先進)」편에 등장하는 제자 계로(季路)와의 문답을 통해 공자는 초인간과 사후의 세계에 대해선 관심 밖이라는 사실을 확인시켜준다. 계로가 귀신 섬기는 일에 대하여 묻자 공자는 "사람을 섬기지도 못하거늘 어찌 귀신을 섬길 수 있겠느냐(未能事人, 焉能事鬼)."고 답하였고, 또 계로가 감히 죽음에 관하여 묻자 공자는 "삶도 알지 못하거늘 어찌 죽음을 알 수 있겠느냐(未知生, 焉知死)."고 응했다. 이처럼 유가는 초인간과 초자연 및 사후의 세계를 외면하고 회피했지만, 불멸의 이름을 남기라는 철저한 유명론을 펼쳤다. "호랑이는 죽어서 가죽을 남기고 사람은 죽어서 이름을 남긴다."는 속담은 유가적 사상을 잘 반영하고 있다. 도대체 아무런 실체도 없는 그 이름이 무슨 의미가 있느냐고 물으면 별로 의미 있는 대답이 주어지지 않는다. 유가에서는 따라서 인간의 사후세계와 영혼불멸에 관한 궁극적 물음이 별로 의미가 없다. 인간은 그러나 지당하게도 '형이상학적 존재(ens metaphysicum)'이고 또 초월자와의 교류가 없으면 살 수 없는 엘리아데의 '종교적 존재(Homo religiosus)'로서 궁극적인 문제를 결코 포기하지도 또 회피하지도 않는다.

[5] 김부식(신호열 역해), 『삼국사기 I』, 동서문화사, 1978, 「고구려본기」, 영류왕 편 참조.

해 수입되어,[6] 중국의 교단도교 및 관방도교, '도사'와 각종 의례와 교리 등이 함께 들어왔다.[7] 그래서 소위 유·불·도라는 삼각구도를 갖추어 오랫동안 한국사회를 지배해왔다.

그러나 연개소문과 보장왕은 고구려 말기의 사람들이다. 그리고 고구려의 고분벽화는 대부분 중국으로부터 도교가 유입되기 전에 그려진 것이다. 따라서 고분벽화에서의 도교적 성격은 후대의 도교적인 것이 아니라, 오히려 자생적인, 선사(先史)와 고조선으로부터 이어지는 원시도교적 바탕이라고 보는 것이 온당하다. 별자리에 부여된 문화적이고 철학적인 의미와 신선과 천인(天人)에 부여된 의미들은 원시도교적 바탕인 것이다.

원시도교의 자생적인 근거는 단군신화에도 자명하게 드러나 있으므로 별다른 증거를 들이대지 않아도 명백하다.[8][9] 이미 중국으로부터의 교단도교 수입이 있기 이전에, 고래로부터 하늘에 올리는 고산제사(高山祭祀), 산악숭배와 신선(神仙)에 대한 동경 등 원시도교의 문화가 자생(自生)하고 있었던 것이다.[10] 고분벽화의 신선도(神仙圖)와 천인도(天人圖)는 곧 고대 한국의 신선사상과 연결되며, 이 신선사상은 상고와 고대의

---

6) 앞의 책, 「고구려본기」, 보장왕 편 참조.
7) 당나라에서 도교가 도입되어 당나라에서 온 도사(道士)들에 의해 도교의식이 집행되었는데, 사서(史書)에는 고구려인 도사가 언급조차 되지 않고 전혀 나타나지 않기에, 중국의 도교가 그리 영향력을 행사하지 못한 것으로 여겨진다(차주환, 「한국 도교의 공동체관」, 『도교사상과 한국도교』, 도교문화연구 제11집, 국학자료원, 1997, 22쪽 참조).
8) 정재서 교수도 한국의 자생적인 도교문화를 적절하게 언급하고 있다: "한국의 도교학자들은 대부분 한국의 도교가 특정한 시기에 중국으로부터 수입된 것이 아니라 중국과 마찬가지로 한국에서도 본래부터 지니고 있던 고유한 문화라고 믿고 있다."(정재서, 앞의 책, 25-26쪽)
9) "도교와 도가사상은 우리나라에서 자생(自生)한 사상이 아니요, 儒·佛과 마찬가지로 대륙으로부터 수용된 사상이었다."는 송항룡 교수의 지적은 온당하지 않은 것으로 보인다(송항룡, 「한국 道敎·道家사상의 特質」, 조명기 외 지음, 『한국사상의 심층』, 우석출판사, 1994, 414쪽).

한국 고유사상에서 전승된 것이라는 결론이다.

이렇게 원시도교와 후대의 도교를 엄격하게 구분하는 이유는 거기에는 엄청난 철학적 차이가 있기 때문이다. 이 외에도 역사적 출처마저도 다르므로 후대의 중국 도교와는 여러 각도에서 차이를 드러낸다. 한국의 고유한 원시도교가 독자적으로 전승되고, 특히 신선사상의 경우 고대 한국의 고유사상으로부터 전승되어 — 비록 그 사이에 많은 변화를 겪었지만 — 오늘날까지 존속하고 있기에, "도교와는 별도로 독립시켜서 다룰 수도 있는 성질의 것"[11]이라고 차주환 교수는 주장한다.

더 나아가 차주환 교수는 중국의 도교가 오히려 한국으로부터 전파된 것으로 파악하는데, 이런 견해는 결코 무리한 주장이 아닌 것으로 여겨진다: "한국 신선가(神仙家)의 전승에 따르면, 신선도(神仙道) 내지 신선술(神仙術)은 본래 한민족에서 시작되었고, 그것이 중국에 전파되어 본래의 정신과는 크게 괴리(乖離)된, 미신과 잡술에 가까운 형태로 전락해 버린 것이다. 이 문제에 대한 시시비비는 보류한다 하더라도 중국 도교의 시원을 한국 신선사상에서 구해야 한다는 견해가 견지되어 온 이상 한국 신선사상을 도교적인 문화현상으로 받아들이고 고찰해야 할 충분한 의의는 있다고 하겠다."[12] [13]

일단 우리는 앞에서 보았듯이 **중국으로부터의 도교 수입 이전에 고래로부터의 원시도교가 있었음을 단군신화와 고분벽화를 통해서 증거를 제시할 수 있다.** 그뿐만 아니라 선사시대로부터 내려오는 고산제사와 산악

---

10) 정재서, 앞의 책, 28쪽 참조.
11) 차주환, 앞의 논문, 7쪽.
12) 앞의 논문, 7쪽. 정재서 교수는 그러나 차주환 교수와는 입장을 조금 달리하여 원시도교를 고대의 한국과 중국이 "공유하였던 문화 형태로 보아야 한다는 견해"를 피력한다(정재서, 앞의 책, 29쪽, 85쪽 참조. 또한 정재서, 『不死의 신화와 사상』, 민음사, 1995, 68-69쪽 참조).

신앙 내지 신선사상은 원시도교적인 문화현상이고 동시에 원시도교의 기원이라고 할 수 있다. 더 나아가 별자리에 부여된 원시도교적인 바탕을 통해서도 증거를 제시할 수 있다.

말하자면 북두칠성과 남두육성 및 삼성(오리온자리)과 묘성(플레이아데스 성단), 해와 달을 비롯하여 별들의 세계는 원시도교적이고 도교적인 의미를 갖고 있다. 이러한 별자리에 각별한 의미 — 이를테면 이생에서의 생명과 사후의 영혼을 관장하는 별자리들 — 가 부여된 것은 선사(先史)의 석기시대와 청동기시대부터이다.

이 시대의 유물들인 선바위와 고인돌의 덮개에 이미 북두칠성과 남두육성은 각별한 의미를 갖고서 새겨져 있다. 더욱이 고인돌과 청동기의 문화는 중국문화와 구별되는 주요한 단서가 되는데, 이는 역사적인 정설로 여겨진다. 그런데 이 문화의 흔적은 대부분 한반도와 요하강 유역[14]까지인데, 따라서 원시도교적 바탕은 훨씬 이전에 시작되었고 그 중심은 고대 한국이었던 것이다. 그리하여 선사시대부터 시작된 원시도교는 고조선과 부여 및 고구려로 이어진 것이다.

이렇게 증거를 제시해가며 원시도교와 도교를 구분하는 것은 물론 진실 그 자체를 위해서도 대단히 중요하지만, 고유하고 자생적인 원시도교를 부인하거나 망각하지 않는 것도 주요 과제이며, 더 나아가 무엇보다

---

13) 북애는 당대의 학자들이 선교의 유래를 알지 못한 채 이것이 황노(黃老: 황제와 노자)의 줄기에서 나왔다고 주장하는 것을 꾸짖고, 신시시대부터 있던 신교(神敎)로부터 비롯되었다고 밝힌다(북애, 고동영 옮김, 『규원사화』, 한뿌리, 2005, 64쪽 참조). 북애는 『규원사화』에서 선교(仙敎)와 도교가 고대 한국에서 기원했음을 지적한다: "선교(仙敎)가 황제와 노자로부터 나온 것은 아니다. 신시시대 제14세 환웅인 치우천황(蚩尤天皇, 기원전 2807-2599) 때 자부선생(紫府先生)이 지은 삼황내문경(三皇內門經)에서 비롯되었다. 치우천황과 싸우다 지친 황제 헌원은 자부선생을 찾아갔을 때 삼황내문경을 받았다. 헌원은 이것을 바탕으로 하여 황제내경(黃帝內徑)을 펴냈고 도교(道敎)의 기초를 이루었다. 도교는 노자를 거치면서 더욱 체계화되어 발전했다. 이처럼 선교는 원래 우리의 고유한 도에서 나왔다."(앞의 책, 122쪽)

도 그 철학적인 차이와 중요성 때문에 필요한 일이다. 원시도교의 철학적 깊이와 순수성을 망각해서도 안 되며 또 훼손해서도 안 되고 후대의 도교와의 차이를 결코 무시해서도 안 된다. 여기서 후대의 도교란 꼭 중국으로부터의 수입에 의한 것만이 아니라, 국내에서의 원시도교가 — 본래적이고 원형적인 원시도교는 대부분 상실되었다고 여겨진다 — 여러 가지 우여곡절과 혼란 및 본래적인 것의 상실로 인해 변질되어 간 것을 일컫는다.

주지하다시피 진시황과 한무제는 도교를 숭배했고 불로장생을 위해 신선을 찾고자 애썼다.[15] 그들의 도교는 도대체 무엇인가? 그들은 그러나 상상을 초월할 정도로 전쟁광들이고 무수한 인간들을 잔인하게 죽인 장본인들이다. 인간들의 생명을 초개같이 여긴 그들이 자신들은 불로장생하겠다고 하니 얼마나 우스꽝스러운 노릇인가. 인간의 작위적인 방식으로 불로장생하겠다는 욕심은 도대체 무엇이며, 신(神)의 대열에 끼어들겠다는 것은 또 얼마나 괴팍한 심보인가. 그런데 그런 식으로 그들은 불로장생했단 말인가?

진시황은 지나치게 잔인하며 인격파탄자라고까지 불릴 정도로 포악한

---

14) 고대의 요하강 유역은 물론 차이나로 불리는 중국이 아니었으며, 오히려 동이족의 영역이었고 또 오랫동안 고조선과 고구려의 영토였다. 물론 고대에는 오늘날과 같은 엄격한 배타적 영토개념이나 국가개념을 갖지 않았다. 그런데 역사가 흐르면서 이 지역을 중국이 소유하게 되었는데, 중국이란 국가개념이 형성되기 이전의 이 지역 문화권을 마치 당연하다는 듯이 은연중에 중국의 고대문화권으로 환원하고 편입시키는 것은 부당한 것이다. 오늘날 역사적 유물의 발굴에 의해 요하문명이 중국의 황하문명보다 2천 년 이전에 시작되었다는 보고가 자주 들린다. 우실하 교수는『동북공정 너머 요하문명론』(소나무, 2007)에서 중국에서 진행되고 있는 발굴을 중심으로 요하문명론을 제기한다. 황화문명과는 전혀 다른 유물들이 출토됨에 따라 동이족이 선진문명(요하문명)을 일구고 그 문물을 중국에 전했다는 요지이다. 또 신용하 교수는 '요하문명'이 고조선 '아사달 문명'의 일부라는 사실을 밝힌다(『동아일보』, 2007년 5월 26일자, A18면 참조).
15) 사마천, 『사기(史記)』, 「秦始皇本紀」와 「孝武本紀」 참조.

군주였다.[16] 무력으로 이웃나라들을 진압하고, 끌고 온 포로들을 마치 살인을 즐기듯 직접 시범을 보이면서 단칼에 다 죽였다. 권력에 도전하는 낌새가 보이면 잔인하게 죽였으며, 존속살해도 일삼았다. 또 만리장성의 건립에 동원한 노예들의 경우는 어떤가. 약 백만 명에 이르는 노동자가 만리장성의 축조에 끌려갔고, 노동하는 중에 죽어간 노동자도 부지기수였으며, 대부분 평생을 강제노동에 시달리다가 죽어간 것이다. 사료에 의하면 끌려간 노동자들 중에서 한 집 건너 한 집은 못 돌아왔다고 하니 그 노동이 도대체 얼마나 잔인했을까?

이런 진시황이 자신은 영원한 생명을 얻기 위해 불로장생술에 탐닉하고, 마술과 연금술에 관심이 많아 불로장생하게 해줄 연금술사와 마술사를 찾기 위해 전국을 순회했다고 한다. 이런 마술사와 주술사를 계속 조정에 불러들이자 유가(儒家)들은 이를 못마땅하게 여겼고, 이들이 주술사들의 주술에 사기성이 많다고 하자 유가들 460여 명을 처형했다고 한다.

진시황은 죽기 싫어 도사 서복(서시, 서불이라고도 칭함)을 시켜 동남동녀 3천 명을 대동케 하고 동이(고대 한국)의 삼신산(봉래산, 영주산, 방장산)[17]으로 보냈으며, 사료에 의하면 이들은 남해의 금산과 제주의 서귀포에 이르기까지 불로초를 구하러 다녔다고 한다. 그러나 그들은 결국 불로초를 구하지 못했으며, 고국으로 돌아가도 더 이상 희망이 없다고 생각한 나머지 어딘가로 사라져버린 것이다. 진시황은 산과 바다에서 하

---

16) 『브리태니커 백과사전』 참조.
17) 삼신산은 중국의 고대에선 잘 알려진 편인데, 『사기』의 「봉선서(封禪書)」에도 기록되어 있다: "제나라 위왕·선왕과 연나라 소왕이 사람을 시켜 바다로 가서 봉래·방장·영주를 찾게 하였다. 이 세 개의 신산은 발해 가운데에 있다고 전해지는데, 인간세상에서 멀지 않다. … 일찍이 그곳에 간 자가 있는데, 모든 선인과 불사약이 다 거기에 있다. 그곳의 사물과 금수는 모두 하얗고 궁궐은 황금과 백은으로 되어 있다."

늘을 우러러 소리치며 죽지 않게 해달라고 애걸했다. 그러나 그는 49세의 나이로 죽고 말았다.

이런 도교의 문화를 우리는 철학의 지평으로 끌고 올 생각은 전혀 없다. 그런데 도대체 그러한 문화를 만든 도교는 무엇이란 말인가? 도교의 문화에는 앞에서도 언급된 불로장생술이나 마술과 연금술, 주술 외에도 잡술(雜術), 방술(方術), 미신, 선술(仙術), 방선도(方僊道)[18] 등등 죽지 않으려는 욕망을 근간으로 하는 작위적인 술(術)들이 수없이 많다. 고대 중국 진·한 시기의 숱한 제왕들이 그들의 절대권력을 영원토록 거머쥐기 위해 신선사상을 믿으면서 방사를 육성하고 불로장생과 장생불사를 위하여 온갖 노력을 기울였지만, 그러나 그들의 욕망과 꿈, 장생과 불사를 성취한 이는 아무도 없었다. 중국으로부터 수입되지 않은 원시도교에는 그러나 이런 모습이 드러나지 않으며, 특히 고구려의 고분벽화에는 이런 술(術)들이 자리 잡고 있지 않다.

무덤의 벽화에 신선들과 천인들을 그려놓은 것은 작위적인 방식으로 인간이 이승에서 불로장생을 획득하는 게 아니라는 강력한 시사점이 들어 있다. 죽음은 인간의 작위가 더 이상 존재할 수 없는 그런 상태이다. 그래서 고구려인들은 죽음을 회피하거나 욕망의 분출에 의해 작위적인 꾀를 끄집어내는 것이 아니라, 죽어서 선향으로의 귀향을, 그리고 거기 본향에서 주민으로 사는 것을 고분의 벽화에 드러낸 것이다.

더욱이 이런 무덤에 천인과 신선이 등장하는 것은 바로 선향으로의 귀향이 인간의 작위와 인위적 욕심에 의해서가 아니라, 더없이 높은 초월자로부터의 증여에 의해 가능함을 드러내는 것이다. 인간은 갈망할 수 있을 따름이고 사후에 선향(仙鄕)과 신향(神鄕)이 확실히 존재할 것이라

---

18) 정재서, 『不死의 신화와 사상』, 31~32쪽 참조.

는 확고한 믿음을 표현한 것이다. 이런 태도는 인간의 겸허함이 드러난 철학이고 종교라고 할 수 있다.

말하자면 천인과 신선 및 선향으로의 귀향이 결코 작위나 욕망 및 인위적인 방식에 의해 획득되는 것이 아니라, 초인간적인 초월자로부터의 증여에 의해 이루어질 수 있다는 통찰을 해볼 수 있는 것이다. 이들 세계는 결코 현실세계도 아니고, 현실세계에서 실증적으로 존재하는 것이 아니다. 인간은 결코 신이 아니고, 신선과 선녀가 걸치는 날개옷도 갖고 있지 않다. 그러나 형이상학적 물음과 답변에서, 우주적 섭리에서, 존재하는 것의 신비에 대한 물음에서, 영혼이 결코 멸할 수 없다는 불멸의 사상에서, 저러한 세계는 '존재할 수 있다는 희망(Sein-Hoffen)'과 '존재해야 한다(Sein-Sollen)'는 당위가 파악되는 것이다.

고분벽화에서의 고구려인들은 후대의 도교에서, 특히 중국의 도교에서 드러나는 불로장생술이나 장생비법, 마술과 연금술, 주술, 잡술(雜術), 방술(方術), 미신, 선술(仙術), 방선도(方僊道), 현세이익, 현세적 축복, 기복 등등 죽지 않으려는 욕심과 작위적인 술(術)들을 대동시키지 않았다.[19] 고분벽화에서 신선과 천인이 불사약을 들고 있는 것은 결코 불로장생술이 아니라, 불멸함을 상징적으로 보여주는 것이다.

송항룡 교수는 현세적 축복이나 이익을 추구하고 기복종교로 치우친 도교에 관하여 언급하는데, 우리는 이를 통해서 도교와 원시도교를 엄격히 구분해야 할 필요성을 강하게 느낀다: "도교의 기복현상은 수련도교가 수련에 의한 장생불사의 추구였던 것처럼 기원에 의한 장생의 추구가 그 원래의 목적이기 때문에 사후의 세계나 영혼보다는 살아 있는 인간의

---

19) 도교의 잡다한 기복신앙적인 측면에 관해서는 송항룡, 앞의 논문, 418쪽 이하 참조.

삶의 문제와 생명에 관련된 것만이 기복의 내용이 된다는 점에서의 현세이익사상이다. 그러므로 도교에서의 기복의 중심내용은 주로 연년익수를 요구하는 것이며 질병을 물리치거나 예방하는 것이요, 그리고 삶과 관련한 여러 가지 현세적 축복을 비는 것이요, 결코 사자(死者)를 위한다거나 또는 사후의 일을 위해 기도한다거나 하는 영혼구제를 목적으로 하지는 않는다."[20]

고분벽화에 그려진 원시도교는 바로 현세이익사상이나 현세적 축복, 현세에서의 불로장생, 질병치료 및 현세적 삶의 문제와 같은 것이 전혀 아니다. 이미 죽은 사람의 시체가 안치된 무덤인데, 이런 현세적 기복을 기원한다는 것은 앞뒤가 맞지 않는다. 그것은 오히려 앞에서 지적한 도교가 추구하는 것과 반대현상, 말하자면 사후의 세계나 영혼문제, 사후의 일을 위한 기도와 영혼구제가 주요 문제이고 테마이기 때문이다. 더욱이 그들은 현세적 복락에 별로 미련을 두지 않았으며, 또 그렇다고 현세적 삶을 외면하는 피안주의를 꿈꾸지도 않았다. 그런 도교를 그들은 아예 갖고 있지 않았다.

고분벽화를 통해 고구려인들은 큰 귀향(大歸)을 기본원리로 보았으며, 이는 단군신화에서부터 이미 천명된 것이다. 『삼국유사』나 『제왕운기』보다 원시도교적인 것을 좀 더 기록한 『규원사화』는 환웅천왕의 하늘로의 귀향을 언급한다: "천왕의 말년에는 공들인 일들이 모두 완성되고 삶과 사물이 즐겁게 사는 것을 보고 태백산에 올라갔다. 천부인 3개를 연못가 박달나무 아래 돌 위에 두고 신선이 되어 구름을 타고 하늘로 올라갔다."[21]

---

20) 앞의 논문, 418-419쪽.
21) 북애, 앞의 책, 55쪽.

차주환 교수는 『규원사화』「단군기」 속의 ‘대고(大誥)’에서 그 첫머리 5항(項)을 인용하는데, 이 중에서 2–5항은 신의 고장에 관한 기록이다: “대단히 길하며 상서롭고 대단히 빛나며 밝은 곳이 신의 고장이다.”[22] 제 3항은 환웅의 귀향을 언급한다: “위대한 천제(天帝)는 하늘의 궁전에서 내려와 3천의 집단을 이끌고 우리의 위대한 조상이 되어 공업(功業)을 완수하기에 이르러 신의 고장으로 돌아갔다.”[23]

그뿐만 아니라 일반 사람들이 하늘의 고장에 올라가는(들어가는) 것에 대해서도 언급한다. 이를테면 뭇사람들은 “오직 하늘의 법도를 본받아 온갖 선을 돕고 온갖 악을 없애고 본성에 통달하여 공업을 완수하여야 하늘로 올라간다.”[24] 또 제5항은 “하늘의 법도는 오직 한결같고 그 문을 달리하지 아니한다. 너희들은 오직 순직하게 성실하고 너희들의 마음을 한결같이 하여야 하늘로 올라간다.”[25] 위에서 언급된 하늘 고장에로의 귀향을 차주환 교수는 한국 신선사상의 핵심으로 본다: “한국 신선사상의 핵심은 유일신 신앙과 성통공완(性通功完)하여 천계(天界)로 올라가 신향(神鄕)으로 돌아가는 데에 있다.”[26] 이리하여 신향은 인간이 궁극적으로 지향하는 곳이 되었다.

그런데 신향(神鄕) 혹은 선향(仙鄕)으로의 큰 귀향(大歸)이란 도대체 어떤 귀향일까? 우선 그런 귀향은 결코 이승의 삶에만 집착하는 현세주의도 아니고 또 현세도피의 피안주의도 아닌 고구려인들의 건강한 세계관에서 출발한다. 또 그들은 결코 중국적인 도교의 교단주의나 종교적 의

---

22) 차주환, 앞의 논문, 10쪽.
23) 앞의 논문, 10쪽.
24) 앞의 논문, 10쪽.
25) 앞의 논문, 10쪽.
26) 앞의 논문, 9쪽.

식에도 얽매이지 않았다. 그러나 그들은 그들의 유래가 하늘이며 인간이 본래부터 불멸하는 영혼의 소유자임을 터득하고 있었다. 그러므로 죽음은 결코 영원한 종말이 아니며, 무화(無化)도 아니고 저주는 더더욱 아니다. 그것은 선향으로의 큰 귀향이며, 이런 귀향은 그러나 코스모스와의 작별이 결코 아닌 것이다.

　세계수이면서 생명수가 있는 장천 1호분의 벽화를 다시 언급해보자. 이 벽화는 마치 환웅천왕의 신시(神市)를 형상화한 것처럼 보인다. 이곳은 이상적인 동화의 마을이고 본향이며 선향으로서 생명과 평화와 아름다움이 흘러넘치는 곳으로 사람들이 모여들고 있다. 이곳은 우리 인간들과 전적으로 단절된 그런 세상이 아니다. 말하자면 어떤 음침하고 고약한 하데스(Hades)와 같은 곳도 아니며, 또 유령과 같은 사람들이 모여든 곳도 아니다.

　말하자면 큰 귀향에 의해 도달한 선향은 본향이고 다름 아닌 동화의 마을로서 인간의 또 하나의 (이상적인) 거주지인 것이다. 우리가 이쪽에서 보면 그곳이지만, 그쪽이 본향이라서 그쪽에서 보면 그곳은 바로 이곳이 되는 것이다. 이곳과 그곳은, 그리고 여기와 거기는 공간적으로는 동일한 코스모스 안에서, 시간적으로는 동일한 영원 안에서 조그마한 변화의 운동에 불과한 것이다. 똑같은 존재의 집이고 똑같은 우리가 이 존재의 집에서 거주한다. 고대 그리스의 철학자 헤라클레이토스(Herakleitos)는 "올라가는 길과 내려가는 길은 하나이며 동일하다."[27]고 했다. 이는 우주의 순환과정에서 그 운동방향이 다른 것도 결국 하나이며 동일하다는 것이다. 삶과 죽음은 각각 다른 운동방향으로서 동일한 우주적 차원에

27) H. Diels, *Die Fragmente der Vorsokratiker*, Rowohlt: Hamburg, 1957, 27쪽(Frag. 60).

있다. 또 "원의 수레바퀴에서 시작과 끝은 함께 만난다."[28]

이런 헤라클레이토스의 운동개념은 니체(Nietzsche)에게서 영원회귀의 사상과 만나게 된다. 죽음은 영원히 계속되는 존재의 세월 속에 참여하여 끊임없이 재건되는 존재의 집으로 돌아가는 것과 같은 이치이다. 영원의 길이란 곡선이기에 '순간'이라는 출입구에서 들어가 영원과 만나는 것은 존재에 대한 지극한 긍정의 의미를 내포한다: "모든 것이 가고 모든 것이 되돌아온다. 존재의 수레바퀴는 영원히 회전하는 것이다. 모든 것이 죽고 모든 것이 새롭게 태어난다. 존재의 세월은 영원히 계속되는 것이다. 모든 것이 파괴되고 또 새롭게 결합된다. 똑같은 존재의 집이 영원히 재건되는 것이다. 모든 것이 헤어지고 모든 것이 다시 만난다. 존재의 수레바퀴는 영원히 자신에게 충실하다. 존재는 매순간마다 시작된다. '저곳'이라는 공은 모든 '이곳'의 주위를 회전하는 것이다. 중심은 모든 곳에 있다. 영원의 길은 곡선이다."[29]

그러므로 죽음은 — 앞에서 언급한 것처럼 — 영원한 종말도 아니고(그럴 만한 이유가 없다) 갑작스러운 무화(無化)도 아닌, 귀향일 따름이다. 단지 존재의 지평과 존재의 방식만을 달리한 — 그러나 전체와 영원의 관점에서 보면 이런 구분도 지워지고 동일한 존재의 집에 거주하는 — 부단한 생생불식(生生不息)의 우주적 차원에 참여하는 행위인 것이다. 따라서 죽음은 영원히 계속되는 존재의 세월 속에서 순간이 일으킨 작고도 큼직한 존재의 사건인 것이다.

28) 앞의 책, 29쪽(Frag. 103).
29) F. W. 니체(사순욱 옮김), 『짜라투스트라는 이렇게 말했다』, 홍신문화사, 2007, 294쪽.

다. 불멸을 밝히는 별무리들

별들의 세계에 대하여 특별한 의미를 부여한 것은 동양이나 서양이나 마찬가지다. 마음을 가다듬은 자세에서 밤하늘의 별들을 보면 신비로움과 경이감은 말할 것도 없고, 이러한 신비로움과 경이감을 넘어 이런 현상을 존재하게 한 근원에 대한 어떤 원초적 동경심을 갖게 된다. 별의 빛남에서 살아 있고 절대적인 능력을 가진 신(神)을 떠올리고 경외심 가득한 눈길을 보냈던 것이다. 또 별과 별자리는 우리 인생의 짧은 생애와는 달리 영겁을 꿰뚫고 영원히 변하지 않는 듯하여, 이들에게 우리 인생의 삶과 죽음을 의탁했는지도 모른다.

별과 별자리에 대한 동경심과 경이감을 선사인과 고대인은 현대인보다 훨씬 더 강하게 가졌을 것이며, 또 그런 면에서 일찍이 천문(天文)을 태동시켰을 것이다. 그 옛날에 만들어진 별자리가 아직도 그대로 빛나고 있으며, 영겁의 시간을 가로질러 아직도 그대로 영감의 원천이며 경이감의 대상인 것이다.[30] 이런 맥락에서 별들과 하늘세계에 대한 천문지리(天文地理)와 형이상학 및 신화와 종교가 탄생되는 것은 매우 자연적이고 당연한 것으로 받아들여진다. 말하자면 관념론의 탄생보다는 훨씬 우리에게 친근한 것이다. 이를테면 누가 또 어느 민족이 보아도 일곱 개의 별이 함께 움직이며 붙박이별을 중심으로 돌고 있는 것을 목격한다면, 서로 차이가 나겠지만 특별한 의미를 부여하게 되는 것이다.

화가 반 고흐는 특별히 별에 관한 그림을 많이 그렸다. 「론강 위의 별이

---

30) 냉철한 합리성에 엄격할 것을 요구한 칸트조차도 별들에 대한 경탄을 금치 못했던 것이다. 그의 묘비명에는 별에 대한 경탄이 쓰여 있다: "나로 하여금 경탄케 마지않는 것이 둘 있으니, 하나는 저 하늘에 빛나는 별이요, 또 다른 하나는 내 마음속의 도덕률이다."

빛나는 밤」을 보면 북두칠성이 화면의 중앙 상단을 차지하고 있다. 이렇게 북두칠성을 강력하게 부각시킨 것은 이 별자리가 특별한 철학적 의미를 내포하고 있다는 것을 시사한다. 이런 맥락에서 자연스럽게 인간들은 별과 별자리에 특별한 의미를 부여하였고, 또 그런 방식으로 선사시대와 태곳적부터 별들에 의미가 부여되어 온 것이다.

고흐의 작품 「론강 위의 별이 빛나는 밤」

고흐가 1888년 9월에 그린 유화인 「론강 위의 별이 빛나는 밤」은 천상의 황홀함과 신비로움을 지상에서 보게 하는 듯하다. 이 그림 속에 등장하는 두 사람은 "영원에 근접하는 남자와 여자"[31]일 것이다. 광휘를 발산하는 선명한 색채를 가진 별은 고흐에게 있어 희망의 표현임과 동시에

---

31) 빈센트 반 고흐(신성림 옮김), 『반 고흐, 영혼의 편지』, 예담, 2001, 195쪽.
32) 앞의 책, 195-196쪽 참조.

영원의 표현이다.[32] 이러한 별들은 지상에서는 너무나 형편없는 생애를 이어갔던 고흐의 궁핍과 외면과 고뇌와 병고와 절대고독, '최하의', 그리고 최악의 조건으로 살았던 구차한 삶을 위로하고 포용하며 끌어안아주는 메시지를 던지고 있다.

이러한 별들의 세계는 그러나 고흐에 의하면 (영원과 동경의 대상이지만) 살아 있는 상태로 갈 수 없고 죽어서 귀향하는 고향과도 같다: "지도에서 도시나 마을을 가리키는 검은 점을 보면 꿈을 꾸게 되는 것처럼, 별이 반짝이는 밤하늘은 늘 나를 꿈꾸게 한다. 그럴 때 묻곤 하지. 프랑스 지도 위에 표시된 검은 점에게 가듯 왜 창공에서 반짝이는 저 별에게 갈 수 없는 것일까? 타라스콩이나 루앙에 가려면 기차를 타야 하는 것처럼, 별까지 가기 위해서는 죽음을 맞이해야 한다. … 늙어서 평화롭게 죽는다는 건 별까지 걸어간다는 것이지."[33]

살아 있을 뿐만 아니라, 신비의 힘과 생명을 부여하고 무한한 수수께끼의 메시지를 방사하는 별들은 고흐의 별들이다. 별들에 색의 마력을 입혀 고흐는 영원과 천상의 세계를 드러내었다. 푸른색과 노란색의 조합을 그는 "천상에서나 볼 수 있을 듯한" 색이라고 했다. 「론강 위의 별이 빛나는 밤」의 별들은 진한 노란색과 녹색을 띠고 있고 — 늘 고흐가 신비로운 색채에 매료되었듯이 — 신비로운 광채를 발하고 있다.

우리는 별들과 별자리에 대해 동경심이나 경이감을 넘어 형이상학 및 신화와 종교가 탄생되는 것이 퍽 자연스러운 것이라고 언급했지만, 고흐는 동생 테오에게 보낸 편지에서 다음과 같이 쓰고 있다: "나는 종교에 대해 처절한 욕구를 갖고 있다. 그런 밤이면 나는 별을 그리러 밖으로 나간다." 그런데 한 가지 놀라운 것은 고흐가 별을 그릴 때 동심원 모양 —

---

33) 앞의 책, 177-178쪽.

고흐의 작품 「별이 빛나는 밤」

특히 「별이 빛나는 밤」에서 ― 을 그려 넣은 것이다. 이런 별의 모습은 우리의 고인돌에 새겨진 별의 문양과도 흡사하다.[34]

이리하여 우리는 예나 지금이나 별자리에 특별한 의미를 부여하게 되고, 이는 철학적·문화적·예술적 의미를 갖게 되는 것이다. 그리고 이런 의미부여행위는 다소 형이상학적이지만, 매우 자연스러운 것이다. 무엇보다도 그들은 자연에 대한 한없는 경탄과 숭경의 태도를 가졌고, 그런 태도에서 특별한 의미를 부여하였지 어떤 합리적 주장을 하기 위해서가 아니었다는 사실을 우리는 망각해서는 안 된다. 때문에 선사시대 때부터 북두칠성과 남두육성에 부여되었던 철학적·문화적·예술적·형이상학적 의미는 인간들에게 호소력이 있는 것이다.

---

34) 박창범, 『하늘에 새긴 우리 역사』, 김영사, 2002, 91-93쪽 참조. 박창범 교수는 고흐의 「별이 빛나는 밤」에 그려진 동심원과 경남 함안의 도항리에 있는 고인돌 및 울산 천전리 암각화(국보 제147호)에 새겨진 동심원을 비교하고 있다.

물론 지금 당장 실증적으로 그렇게 부여된 의미가 일리 있는 것인지 검증될 수도 없고 또 검증이 강요되어서도 안 된다. 천국과 극락 및 하데스와 지옥의 존재를 실증적으로 그리고 단도직입적으로 검증할 수 없는 것과도 같다. 이들을 지금 당장 검증하거나 경험하지 못한다고 해서 우리 인간에게 아무런 의미가 없다고 한다면, 그런 태도야말로 뭔가 잘못된 것이다. 거의 모든 형이상학적 물음에 대한 답변은 지금 당장 주어지지는 않는 편이어서 대체로 잠정적인 답변의 유형을 취한다. 그러므로 별자리에 부여된 의미에 대하여 칸트 식의 '물자체'론을 들이대면 물론 긍정도 부정도 할 수 없다.

그러나 그렇다고 다짜고짜로 부정해서도 안 되고 또 무의미하다고 판단해도 안 된다. 인간은 '형이상학적 존재(ens metaphysicum)'[35]로서 본질적으로 형이상학적이고 궁극적인 문제를 추구한다. 그것은 인간의 궁극적인 문제가 자연과학적이고 실증적이며 현실적인 것으로 충분하지 않다는 것을 적나라하게 드러내고 있는 것이다. 그러므로 인간의 궁극적인 문제를 실증과학의 잣대로 재고서 지금 당장 시간과 공간 앞에 이 문제를 끌고 나와 '검증 가능성'(신실증주의)이나 '경험 가능성'(칸트)을 제시하라고 한다면, 이런 요구 자체가 난센스인 것이다. 형이상학적 응답이란 대체로 명확한 혹은 일치된 대답일 수 없고 잠정적일 수밖에 없는 것은 거의 확실하다.

무엇보다도 우리는 별자리에 부여된 의미에 대하여 검증과 질문과 답변의 구도를 넘어 순수무구하고 숭경의 대상이 되는 자연 그 자체를, 인간의 소박한 희망과 꿈을, 그리고 무한한 경이와 영감의 원천이 되는 것을 터부시해서는 안 된다. 그리고 존재하는 것의 신비는 단순한 경탄만

---

35) 쇼펜하우어의 인간규명이다.

으로 끝나는 것은 아니다. 도대체 왜 존재하며 또 어떻게 존재하게 되었는가? 존재한다는 것 자체는 합리성으로는 풀리지 않는, 상상을 초월하는 기적으로 둘러싸여 있는 것이다. 특별히 별들에겐 그러한 기적의 일환으로 의미가 부여되었을 것이다.

그러므로 선사인(先史人)들이 별들에게 특별한 의미를 부여한 것에 대해 다소 신뢰되는 부분도 있는 것이다. 존재하는 모든 것은 "아무 이유 없이 존재하는 것은 없다."는 아리스토텔레스와 스토아학파의 '목적론적 세계관'을 반영할 때, 그리고 이런 세계관을 좀 더 긍정적인 방향으로 확대시키면 — 마치 태양이나 달의 존재에 대한 절대적인 위력을 참조로 하여 — 수긍이 되는 부분이 있기 때문이다.

그러나 무엇보다도 우리의 선사인들과 고구려인들은 훨씬 자연스러운 방식으로 그런 독특한 별자리에 의미를 부여하였을 것이다. 이를테면 해와 달의 존재는 인간에게 거의 절대적이다. 이와 같이 남두육성과 북두칠성 및 북극성에도 얼마든지 의미를 부여할 수 있는 것이다. 그래서 이들 별자리에도 해와 달에 못지않은 큰 의미를 부여했을 것으로 추정할 수 있다.

해와 달, 남두육성과 북두칠성 및 삼성과 북극성 등 모두 이런 맥락에서 큰 의미를 갖고서 우리 인간들에게 방향점과 이정표를 제시하는 유기체로 거듭나는 것이다. 그러므로 이런 의미부여행위는 자연스러울 뿐만 아니라 자연에 대한 겸허한 태도이고 자연을 경이롭게 여기는 실천적 태도인 것이다. 우리의 선조들은 고대 그리스인들이 북두칠성과 남두육성에 단순히 북극곰자리와 궁수자리라고 부여한 것보다 훨씬 깊고 고매한 의미를 부여한 것으로 여겨진다.

만약 우리가 별들에게 단순한 신앙행위를 한다거나 숭배를 한다면, 그리고 또 우리가 산신이나 신선을 숭배하고 신앙행위를 한다면, 그것은 철학이기보다는 종교에 가깝지만, 그러나 이들에게 의미를 부여한다거나 특별한 사유의 대상으로 삼아 생각해본다는 것은 여전히 철학의 지평 위에 있는 것이다. 의미를 부여하는 행위 자체와 사유하는 행위 자체는 부인할 수 없는 철학적인 행위이기 때문이다.

오회분 4호묘: 남두육성의 별자리 표시로서 붉은 선으로 연결되어 있다. 남두육성은 사람의 생명을 관장하는 별자리이다. 그림의 왼쪽에는 신선이 불사약이 든 그릇을 받쳐 들고 공작과도 비슷한 새를 타고서 남두육성으로 다가오고 있다. 둥근 별들 위에 동그라미 표시를 한 것은 필자가 임의로 그려 넣은 것이다.

동양에서는 아주 일찍부터 별들의 세계에 특별한 의미를 부여했는데, 우리의 경우는 선사시대부터이다.[36] '태양거석문화(Megalith-kultur)' 가 지배적이었던 신석기와 청동기 시대 고인돌의 덮개에 새겨진 북두칠 성과 남두육성을 비롯한 수다한 별들은[37] 결코 어떤 장식이 아니라, 특별 한 문화적이고 형이상학적인 의미를 갖고 있었던 것이다. 북쪽 하늘의 별 일곱 개와 남쪽 하늘의 별 여섯 개가 각각 하나의 작은 성단으로 구성 되어 이들이 우주의 북방과 남방을 방위하고 또 인간의 생명을 보살피는 별들의 위치를 갖는 데까지는 많은 시간이 소요되었으리라고 생각되며, 또 말할 수 없이 차원 높은 문화적·철학적 의미를 함의하고 있는 것이 다.

따라서 김일권 교수는 별과 별자리는 "별개의 범주"[38]이고, "인류 역사에서 별이 별자리로 전환되는 계기가 결코 가벼운 사건은 아니며, 문명사적으로 또 다른 도약을 이루는 과정"[39]이라고 예리하게 지적한다. 말하자면 별이 별자리로 구성된 데에는 어떤 천문(天文)의 문화적 · 우

---

36) 암각화 그림과 고인돌 및 고인돌 속의 부장품, 선바위(선돌) 등에 새겨진 그림을 통해 고대 한국의 천문자산이 석기시대부터 시작되어 청동기와 철기 시대로 이어져 왔음을 박창범 교수는 현대의 과학적 자료들을 통해 증명하고 있다(박창범, 앞의 책, 19쪽 이하, 28쪽 이하, 78쪽 이하, 81쪽 이하, 89쪽 이하, 124쪽 이하 참조). 함경남도 함주군 지석리와 평안남도 평원군 원화리에 있는 고인돌의 덮개바위에 새겨진 별자리들은 기원전 30세기와 25세기경에 세워졌다고 추정된다(앞의 책, 94쪽 참조). 또 충북 청원의 아득이 마을에서 발굴된 선사시대의 돌판에 그려진 별자리들도 함남 지석리의 것과 유사하다고 한다(앞의 책, 103쪽, 167쪽 참조). 이런 선사유물에 이미 북두칠성(큰곰자리)과 작은곰자리, 용자리, 카시오페아자리 등이 등장하는 것이다. 이러한 고래로부터의 천문자료를 통해 추론할 수 있는 것은 우리 민족이 오래 전부터 독자적인 천문 시스템을 구축하였고 별자리에 특별한 문화적 · 철학적 의미를 부여했다는 것이다. 그뿐만 아니라 우리의 선사인들이 "하늘을 사랑한 민족"(앞의 책, 77쪽)이고, 이에 대한 증거가 선사시대로부터 고인돌이나 선바위, 암각화 등 돌판에 새겨져 있으며, 문자로 기록할 수 있던 때는 사료에 기록되어 있다는 것이다. 이지유 과학칼럼니스트는 박창범 교수의 저서 『하늘에 새긴 우리 역사』에 대한 서평(『동아일보』, 2007년 9월 6일자)에서 이 책의 내용을 인용해가며 중요한 정보를 제공해주고 있다. 역사적 기록에 있는 것만도 놀라운 사실을 알려준다: "『삼국사기』와 『삼국유사』에 240여개, 『고려사』에 5천여개, 『조선왕조실록』에는 무려 2만 개. 우리 조상이 하늘에서 일어난 일을 기록해 놓은 수치다. 2만 건은 놀라운 수효다. 여러분이 날마다 하늘을 한 번씩 본다면 54년 하고도 10개월 가까이 봐야 2만 번 하늘을 본 것이 된다. 더 놀라운 것은 기록의 수만이 아니라 질이다. … 1604년에 터진 초신성에 대한 기록만 해도 그렇다. 조선의 천문학자들은 7개월에 걸쳐 130회에 이르는 관측기록을 남겼는데 초신성의 광도 변화 자료는 케플러가 관측한 기록과 복사한 듯이 들어맞는다. … 우리 고대 사서에는 무려 700개에 달하는 오로라에 관한 기록이 있다. 이는 유럽에 남아 있는 기록보다 많고 체계적이어서 이 기록을 모두 도표에 표시하면 천년 간 나타났던 오로라의 변화를 알아볼 수 있을 정도다." 석기시대부터 시작된 천문사상은 후대로 이어졌다. 앞에서 언급한 천문기록들을 비롯하여, 현존 세계 최고의 천문대인 첨성대(633년) 및 세계에서 가장 오래전 밤하늘의 모습을 담은 천상열차분야지도(고구려의 천문도를 옮겨 새긴 것) 등등을 고려해봐도 '하늘을 사랑한 민족'은 적합한 칭호이고 우리 선조들은 고대 천문의 선구자라고 할 수 있다.

37) 박창범 교수의 저서 『하늘에 새긴 우리 역사』는 선사시대의 고인돌에 새겨진 별자리를 추적하고 또 그 의미를 터득하는 등 획기적인 업적으로 보인다.

38) 김일권, 「벽화천문도를 통해서 본 고구려의 정체성」, 『고구려 정체성』, 고구려연구회 편, 학연문화사, 2004, 1039쪽.

39) 앞의 곳.

주적·형이상학적 의미를 이미 획득했다는 것을 전제로 한다. 이를테면 오리온과 북두칠성의 별자리는 이미 이런 의미를 갖고 있는 것이다. 고구려의 고분벽화에는 별자리로 형성된 것을 명확하게 표시하기 위해서 이 별자리의 별들을 선으로 연결시킨 것이 상당히 많다(북극 3성, 남두육성, 북두칠성 등등).

정면 중앙 아래 북두칠성의 별자리가 선으로 연결되어 있다.

이를테면 고대 그리스인들에게서 북두칠성에 해당하는 큰곰자리는 칼리스토의 신화와 관련되어 있다. 우리의 북두칠성의 의미에 비해 훨씬 명예롭지 못하지만, 그래도 문화적이고 신화적이며 형이상학적인 의미를 갖고 있는 것이다. 말하자면 제우스의 애인인 칼리스토는 제우스의 아내 헤라의 질투와 저주로 말미암아 곰의 모습으로 변하고 말았는데, 제우스가 이를 측은히 여겨 별자리로 만들었다는 것이다. 인도 신화에서 북두칠성의 별자리('Saptarshi Mandalam'으로 불린다)는 일곱 현자로 여겨진다. 영국에서는 북두칠성의 별자리를 쟁기로 여겼다.

또 우리에게 삶과 생명을 관장하는 남두육성의 별자리에 대해 서구에서는 그저 궁수자리로 칭해진 것 — 물론 이렇게 별자리로 칭해진 데에서 이미 문화적이고 역사적인 의미를 갖는다 — 은 우리에 비해 별자리의 문화적이고 형이상학적인 의미가 약하다고 할 수 있다.

별과 별자리에 의한 문화성과 역사성을 통해 김일권 교수는 탁월하게 중국과는 다른 고구려의 독창적인 천문학의 전통을 지적한다. 이를테면 "고구려 벽화에 그려진 다수의 별자리가 중국의 천문도에서 찾을 수 없는 형태를 지닌 것은 별자리의 문화성을 잘 보여줌과 동시에, 고구려가 자신들의 천문학 전통을 구축하였을 것임을 시사한다."[40] 그뿐만 아니라 고분벽화의 규모나 수량 면에서도 중국을 월등히 압도하기에, 이런 천문학적인 면에서 고구려가 훨씬 선진이었음을 김일권 교수는 지적한다.

김교수의 통계와 조사에 의하면 4세기에서 7세기 사이에 집중적으로 축조된 103기의 고구려 고분벽화 중에서 별자리가 그려진 벽화는 모두 24기에 이르며, 총 800개에 육박하는 별이 그려져 있다.[41] 이에 반해 중국의 위진남북조 시대의 고분벽화는 수당대의 것을 포함하여 90기에 못 미치는 정도이고, 또 그 중 별자리가 그려진 벽화는 16기 정도이다. 더구나 김교수에 의하면 신강 투르판 아사탑이나 고묘(제38호, 제76호)를 제외하면 거의 장식적인 별을 천장에 뿌린 것이어서 고구려의 천문학과는

---

40) 앞의 논문, 1040쪽. 이 외에도 벽화의 오행성, 사신도(四神圖)상과 사숙도(四宿圖)상, 또 여기에다 고분의 천장에 그려진 황룡과 북극삼성을 각각 더한 오신도(五神圖)상과 오숙도(五宿圖)상 등은 중국과는 판이하게 다른 천문 시스템과 독창적 체계라고 김일권 교수는 해명한다 (앞의 논문, 1040-1057쪽 참조). 특히 북극삼성과 더불어 사방위의 천문사상에 입각한 고구려 사숙도의 별자리를 염두에 두고 김교수는 "고대 동아시아에서 오직 고구려에서만 보이는 매우 독특한 천문형식"(앞의 논문, 1055쪽)이라고 하였다.

41) 앞의 논문, 1040쪽 참조.

확연한 차이를 드러내는 것이다.[42]

이와 같은 맥락에서 김교수는 덕흥리의 벽화천문도에 뚜렷하게 그려진 오행성의 그림은 이보다 훨씬 후대에 그려진 중국 요나라의 벽화묘 중 장문조(張文藻) 요묘(1093년)와 비교가 안 될 정도로 월등하다고 본다. 그것은 후자가 전자에 비해 시기적으로 훨씬 뒤떨어진데다 그의 관찰에 의하면 "다른 별과 구분이 분명하지 않고 나열적인"[43] 데 그치기 때문이다. 고구려에서는 고분벽화에 오행성이 그려진 데만 그치지 않고 이들을 관측한 기록도 전해지고 있다.

이를테면 『삼국사기』의 「고구려본기」에는 오행성을 비롯한 별들의 관측에 대한 기록이 나온다. 유리왕 13년(기원전 17년)과 고국천왕 8년(186년)의 관측엔 "형혹성(熒惑星)이 심성(心星)을 지켰다."고 하는데, 형혹성은 오늘날의 화성이고, 또 심성은 서양 천문학에서 전갈자리의 일부로서 동방칠수 중에서 가장 밝은 심숙(心宿)을 일컫는다. 또 차대왕 4년에는 일식관측과 함께 오행성이 동방에 모인 것을 관측하였다.

이 외에도 대무신왕 3년에는 남방에 나타난 혜성이 관측되었고, 차대왕 13년에는 북두에 나타난 혜성이, 고국천왕 4년에는 태미성(太微星) 자리에 나타난 혜성이, 소수림왕 13년에는 서북방에 나타난 혜성이 각각 관측되었다. 「고구려본기」에는 천체관측에 관한 보고가 자주 나타나는데, 이는 천문벽화와도 연계가 되어 고구려는 일찍부터 독자적인 천문관측의 시스템을 가졌다고 추론해볼 수 있다.

고구려의 고분벽화는 하늘의 세계를 옮겨놓았다고 할 수 있을 정도로 별들의 세계로 가득 찼다. 그토록 엄밀하고 제한된 무덤의 공간에 이런

---

42) 앞의 논문, 1041쪽 참조.
43) 앞의 논문, 1042쪽.

별들을 옮겨놓은 것은 결코 장식을 위해서가 아닌 것이다. 특별히 해와 달과 북두칠성과 남두육성은 각별한 의미를 갖고 있어 많은 고분에 그려져 있다. 이들은 우주의 네 방위를 담당하여 살아 있는 유기체로서의 코스모스를 방위하고 인간의 삶과 운명에 직접적으로 관여하며 보살피는 별들이다.

형이상학적으로 특별한 위상을 갖는 이 별들의 천문적 의미는 **보살피고 지키며, 삶을 부여하고(특히 남두육성), 죽은 자의 영혼을 관장하며 보듬는(북두칠성) 것으로서 온 우주와 인간에 대하여 이타주의 철학적인 기본 모델이 정립되어 있다.** 인간의 영혼을 파라다이스와 같은 동화의 마을로 초대한 것이 바로 고구려의 고분벽화가 그려내고 있는 것이다.

고인돌과 선돌(선바위) 등 '태양거석문화'가 중심이었던 신석기와 청동기 시대부터 고조선을 거쳐 고구려의 고분벽화에 이르기까지 이렇게 보살피고 지키며 불멸을 보듬는 이타주의 철학을 간파하였기에, 우리는 선사와 상고 때부터 내려오는 수많은 비밀들 중 하나를 통찰한 셈이다. 왜 우리는 이처럼 아름답고 심오한 고유의 철학을 가꿔오지 못하였을까? 이런 천문의 철학을 우리가 현실세계에 적용해왔다면 얼마나 아름다운 세상을 만들었을까?

덕흥리의 고분은 신비로운 천상의 세계를 담아낸 천장벽화로 잘 알려졌다. 60여 개의 별자리, 견우와 직녀를 비롯해 신화와 전설상의 존재로 가득 찬 하늘의 세계를 그림으로 드러내었다. 고구려인들의 천문학은 형이상학적인 우주론과 융합되어 있다. 그렇게 융합된 것은 이를테면 해와 달, 북두칠성과 남두육성 및 견우와 직녀의 성좌가 천문(지리)학[44]의 차원에만 머물러 있는 것이 아니라, 잘 알려져 있듯이 특별한 철학적 메시지를 담고 있기 때문이다.

오회분의 5호분에서는 북두칠성과 남두육성[45]이 서로 마주보고 있으며, 해와 달도 그 가운데에 신비로운 하늘나무를 두고서 서로 마주보고 있다. 장천 1호분에는 널방이 온통 하늘의 큼직한 사방세계를 형상으로 드러내고 있다. 사각형의 벽면은 대각선으로 나누어져 있고, 각 방에는 해와 달이 서로 마주보고 있으며, 또한 북두칠성과 남두육성이 서로 마주보는 것으로 장식되어 있다. 이로써 널방의 주인이 하늘세계에 거주하고 있는 것을 나타내고 있다. 사후의 세계를 관장하는 북두칠성과 현실세계에서의 삶과 수명을 관장하는 남두육성이 서로 마주보고 있는 것은 인간의 삶과 죽음이 별개의 세계가 아니라 서로 이어져 있다는 것과 이

---

44) 고구려인들은 '석각천문도(石刻天文圖)'와 '천상열차분야지도' 등을 통해 별들의 배치상태라든지 천문지리를 파악하는 등 우수한 천문학을 발전시켰다. 덕화리 2호 고분에서는 이러한 고구려인들의 천문학을 엿볼 수 있다.
45) 덕화리 2호 고분에도 남두육성이 발견된다.

두 세계를 축으로 하는 변화와 운동이 영원성과 맞닿아 있다는 것을 시사한다. 그래서 땅에서의 삶이 끝나면 스스로를 천손으로, 즉 신의 자손으로 여겼던 그들은 신의 나라인 하늘고향으로 돌아간다고 믿었던 것이다.

고분벽화의 무덤칸 천장고임에는 해와 달과 함께 여러 가지 별자리들이 드러나 있고, 특히 남두육성과 북두칠성이 해와 달의 비중 못지않게 그려져 있다. 그것은 사방세계의 각별한 의미도 있겠지만, 코스모스의 조화를 염두에 두는 고구려인들의 우주관과도 관련된다. 즉 말하자면 해와 달이 마주보며 동과 서를 관장하는 존재자라면, 북두칠성과 남두육성은 남쪽과 북쪽을 연결짓는 별자리인 것이다. 북두칠성은 한국의 선사시대로부터 신선사상의 모체가 될 정도로 신격화되어 왔다. 그래서 칠성각의 유래는 아주 오래된 것이다.

북두칠성을 '칠성신'이라고도 했는데, 이 칠성신은 인간의 수명을 맡아보고, 또 인간의 만사에 만능의 영향력을 미친다고 하여 소원성취의 대상이 되기도 했다. 그래서 "칠성님께 비나이다."와 같은 주문은 우리에게 익히 알려져 있다. 이 외에도 우리는 '칠성바우'나 '칠성부락' 및 '칠성마을'이란 이름을 흔히 들으며,[46] 심지어 아이 이름을 '칠성'으로 하는 이도 있다. 그만큼 북두칠성은 우리에겐 친근한 문화로 자리잡은 것이다. 더욱이 북두칠성은 나그네와 항해자의 길잡이인 것처럼, 하늘로 여행하는 자의 길안내를 맡을 것으로도 여겨졌다. 따라서 북두칠성은 인간의 죽음을 관장하므로, 고구려의 고분벽화에는 무려 20차례 이상 등장하고, 특히 덕화리 1호분과 2호분에는 엄청난 크기로(무려 내부 피라미드의 4계단을 차지) 뚜렷하게 그려져 있다.

---

46) 이러한 이름의 마을에는 북두칠성이 새겨진 선돌이나 선바위 및 고인돌이 작은 규모에서 제법 큰 규모에 이르기까지 실제로 있는 편이다.

인간이 이 세상을 떠날 때 관 속에 넣는 칠성판이라는 것을 보아도 북두칠성의 의미가 얼마나 큰지 짐작할 수 있다. 칠성판은 죽음을 관장하는 신이 북쪽 하늘 너머의 어딘가에 있다는 믿음에서 비롯되었는데, 오랜 옛날부터 전승되어 왔다. 말하자면 죽음을 관장하는 신이 거처하는 곳인 저승이 바로 북두칠성이라고 생각하여, 이 세상을 떠난 이의 영혼이 저승인 북두칠성으로 잘 돌아갈 수 있도록 염원하는 의미에서 유래한 것이라고 한다.

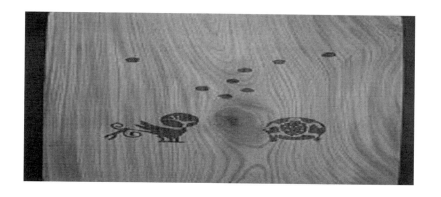

그래서 죽는 것을 "칠성판 짊어지고 간다."라고 하였는데, 이는 죽음이 영원한 종말이 아니라 오히려 망자의 영혼이 고향별인 북두칠성에게로 잘 돌아가라는 염원이다. 이런 장례풍습은 세계에서 지극히 보기 드문 경우로서 아주 오래 전부터 내려오는 원시도교의 전승인 것이다. 고인돌의 덮개에 북두칠성을 새겨놓은 것도 이런 망자의 귀향을 염원하는 뜻이 담겨 있을 것이다.

이에 비해 남두육성은 인간의 삶을 주관하고, 장수를 다스리는 별자리로 알려졌다. 이 별은 여름 밤 남쪽 하늘에서 발견되는 국자 모양의 별자리로서 서양의 궁수자리에 해당한다. 고구려인들은 그들이 스스로 관측하여 천문지리를 만들었으며, 여기 천장의 벽화에 북두칠성과 남두육성에 특별한 형이상학적 의미를 부가하여 그려놓았다. 남두육성의 역할은 오회분 4호묘에 엄청난 크기로 나타난 형상을 통해서도 알 수 있다. 한 신선이 두 손에 약사발을 받쳐 들고 공작 같기도 하고 봉황 같기도 한 새를 타고서 남두육성으로 다가온다. 이 약사발에는 붉은색의 약이 선명하게 보이는데, 이는 말할 것도 없이 불사약인 것이다. 남두육성의 역할이 이와 같은 상징어를 통해 밝혀진 것이다.

우리는 별들의 천문적 의미를 일상생활에서도 놀이를 통해 구현하고 있다. 우리가 주로 명절 때 하는 윷놀이는 상고시대로부터의 문화유산인데, 이것이 천문(天文)과 관계있다는 것은 놀라운 일이다. 물론 윷놀이와 윷판에 대한 해석은 여러 가지이지만,[47] 그래도 그 중에서 특정한 별자리와 이 별들의 움직임을 형상화했다는 것이 지배적인 해석이다.

윷판의 모형은 지방에 따라 원형인 곳과 사각형인 곳이 있는데, 사각형의 모양은 후대로 전해 내려오는 가운데 변형된 것으로 여겨진다. 고대 암각화 및 전래되는 문헌에 등장하는 윷판은 거의 모두 원형이고, 또 안쪽은 예나 지금이나 십자(十) 모양으로 되어 있는데, 이런 모형은 하늘은 둥글고 땅의 방위는 모나다(天圓地方)는 우주의 구조를 윷판에 부여한 것으로 여겨진다. 또 윷가락의 수가 네 개인 것은 땅의 네 방위를, 윷가락

---

47) 혹자는 윷놀이가 별자리와는 아무런 상관이 없다고 주장한다. 그 대신 윷놀이가 농사와 관련이 있다는 것이다(참조: http://cafe.daum.net/illuwha). 또 어떤 이는 부여의 관직제를 모의한 사출도에서 유래했다고 하고, 그런가 하면 어떤 이는 우주의 안과 밖이 연결된 '뫼비우스의 띠(통로)의 구조'로 보기도 한다: "우주는 안과 밖이 연결된 뫼비우스의 띠(통로)의 구조이다. 이 통로를 따라 우리 몸의 피에 해당하는 빛이 흐르고 있으며, 지구를 비롯한 12개의 행성들이 나선형 궤도를 그리며 돌고 있다. 윷판은 뫼비우스의 띠(통로)를 평면적으로 표현한 것이다."(참조: http://cafe.daum.net/jinin22/5zjs/2191)

을 던져 나오는 행마가 다섯 가지인 것은 오행을 형상화한 것으로도 볼수 있다.

또 다른 해석도 일리가 있는 듯한데(이중 삼중적인 의미가 들어 있는지 정확히는 알 수 없다), 이를테면 윷판의 정중앙은 대개 붙박이 별인 북극성으로 일컬어지며, 나머지 28개의 자리는 동양의 천문에서 중요한 위치를 가진 별들인 28수를 나타낸다는 해석이 있는가 하면 또한 북극성을 중심으로 돌아가는 북두칠성(사계에 따른 칠성의 위치 변화)으로 보는 해석도 있다. 28수(宿)의 위치가 윷판의 원형과 일치된다고 볼 수 없다면, 후자가 더 관련성이 깊은 것으로 여겨진다. 물론 우리가 굳이 확정할 필요가 없다면 두 가지 모두 의미가 있다고 보인다.

또 어떤 이는 윷판을 천부원본과 관련지어 해석하기도 한다: "윷판으로 천부원본(天符原本)의 원리를 정착시켜서 일반에게 널리 유포하기 시작한 것은 삼국시대로 본다. 가운데(방여) 자리는 북극성이고 각 방에 7개씩 있는데 이는 사방에 있어서 4×7=28개가 된다. 이것이 바로 하늘의 28수(宿)이며 윷판을 구성하는 점들에 해당한다. 사목(四木)은 사신(四神: 東靑龍, 西白虎, 南朱雀, 北玄武)을 상징하고 가운데 중심점은 북극성(北極星)이고 나머지 28개의 점은 28수를 의미한다."[48]

고대 한국인들만큼 별들에 큰 의미를 부여한 나라는 없을 것이라고 한다면 지나친 주장일까? 고대의 동양에서 천문학이 크게 발달하여 이집트나 그리스로 흘러들어갔다고 하는 것이 문화사의 지배적인 견해이다. 예수가 탄생했을 때 동방박사들이 큰 별의 안내를 받아 유대나라로 떠나 아기예수에게 경배하고 돌아갔다는 기사가 성서에 실려 있다. 이때 동방박사들에게 별은 결코 어떤 자연과학적인 의미를 가진 것이 아니라, 그

---

48) http://cafe.daum.net/HSilverToun/1pN4/7980 참조.

야말로 천문(天文)의 의미를 가진, 인간의 운명과도 직접적인 연관이 있는 것으로 파악된다.

고대 그리스에서도 천문에 일찍 눈을 떴다. 그리스의 신화에도 별들에 관련된 이야기가 수다하게 많다. 은하수를 제우스의 궁전으로 향하는 길목에 뿌려진 꽃가루로 여기는 등 그들도 신비로운 별들의 세계를 그렸다. 오늘날 통용되는 태양계의 행성들에 대한 명칭들은 그리스 신화에서의 신들의 이름이다. 이 명칭들을 간단한 도표로 만들면 다음과 같다.

태양계와 신들

태양 : 헬리오스, 아폴론	목성 : 제우스
수성 : 헤르메스	토성 : 크로노스
금성 : 아프로디테	천왕성 : 우라노스
달 : 셀레네, 아르테미스	해왕성 : 포세이돈
화성 : 아레스	명왕성 : 하데스

그런데 특이한 것은 태양과 달에 각각 두 명의 신들이 들어 있다. 헬리오스와 셀레네는 제우스 이전의 신들, 말하자면 거인족 신들인 티탄들이 세계를 지배할 때의 명칭이고, 아폴론과 아르테미스는 제우스가 거인족들을 물리치고 신들과 인간 세계의 왕이 되면서 그 주인들이 바뀐 것이다. 한편 제우스가 태양이 아니고 목성인 까닭은 목성이 태양계의 천체 가운데서 가장 큰 행성이기에 붙여진 이름이다. 또한 천왕성과 해왕성 및 명왕성은 비록 신들의 이름을 갖고 있지만, 고대 그리스인들에 의해 발견되지 못해 훗날에 붙여진 명칭들이다.

이러한 행성들 외에 그 명칭의 유래가 가혹한 것들도 — 이를테면 오리온은 전갈에 찔려 죽는데, 그 이후 별자리를 획득하였다 — 있는데, 신들의 저주를 받고 별로 변해버린 이들도 수다하게 많다. 그런데 그들에게서 별들의 이름은 대체로 동물이나 사물의 이름이 많지만, 우리의 북두칠성이나 남두육성처럼 철저하게 인간의 운명과 관련된 별들은 플라톤 학파에 의한 프레세페 성단 외에는 거의 없다.

탈레스가 신비로운 별들을 관찰하다 시궁창에 빠졌다는 일화는 우리에게 잘 알려져 있다. 그리고 철학을 하려면 탈레스처럼 눈앞의 것에 어두운 것도 나쁜 것이 아니라고 플라톤은 훗날 덧붙였다. 도대체 왜 별들은 하늘에 존재하고 또 빛을 발하고 있는가? 이런 물음은 곧 경이의 체험으로 이어지고, 이런 물음은 또한 철학의 탄생과도 직접적인 관련이 있는 것이다. 탈레스 이후 그리스의 천문학은 매우 자연과학적인 형태로 발전하여 서양 천문학의 기반이 되었다.

그러나 플라톤에게서는 자연과학적인 천문학보다는 동양적 의미의 천문(天文)에 가까운, 때론 신화적인 성격을 띠고 있는 것을 목격한다. 각자는 각자의 별을 갖고 있다는 플라톤의 우주론은 신화적 성격을 갖는다.[49] 그런데 플라톤 이후 소위 플라톤 학파에서는 프레세페 성단[50]을 인간이 탄생할 때 그 영혼이 하늘나라에서 내려오는 출구로 보았는데, 이는 상당히 신비로운 천문적 의미를 부여한 것으로서 우리의 선조들이 북두칠성과 남두육성에 부여한 형이상학적 의미와 유사하게 보인다.

프레세페 성단은 벌집성단이라고도 하는데 게자리에 있는 수천 개의 별로 된 산개성단을 말한다. 맨눈으로는 작은 얼룩으로 보이며, 이것이 별들의 집단이라는 것은 갈릴레이가 처음으로 구별했다. 이 성단은 알려

---

49) 플라톤, 『티마이오스』, 41d 참조.
50) 프레세페 성단에 관해선 인터넷을 통해서도 간단하게 확인할 수 있다. 또한 이경덕, 『우리 곁에서 만나는 동서양 신화』, 사계절, 2006, 103쪽 참조.

진 항성목록 중에서 최초인 히파르코스의 항성목록(기원전 129년)에도 실려 있다. 프레세페('요람' 또는 '구유'라는 뜻)라는 이름은 히파르코스 시대 이전부터 사용되었다.

한편 이 성단은 이미 그리스 시대에도 알려져 있었다. 기원전 260년경에 아라투스는 이 성단을 '작은 안개'처럼 보인다고 말했고, 기원전 130년에 천문학자 히파르코스는 이 성단을 '우주의 빛나는 구름'이라고 표현했다.

고구려의 고분벽화에서 천상의 별들은 결코 무덤의 장식을 위해 존재하는 것이 아니다. 거기에는 엄청나게 심오한 천문적이고 형이상학적인 의미가 결부되어 있다. 특별히 해와 달, 북두칠성과 남두육성의 의미는 강력하게 부각되어 있다. 더욱 놀라운 것은 북두칠성과 남두육성뿐만 아니라 다른 많은 별들도 성단의 독특한 의미를 띤 채 고구려 이전부터, 즉 고조선과 '태양거석문화'의 시대부터 전승되어 왔다는 것이다. 그것은 고인돌의 덮개에 새겨진 북두칠성과 남두육성 및 여타의 별들을 통해 확실한 추론을 할 수 있다. 말하자면 고인돌의 덮개에 북두칠성이 새겨진 것은 확실한 형이상학적이고 종교적인 의미를 내포하고 있는 것이다.

6.
문명의 창조

문명의 창조는 인간에게 자연적이고 필연적이며 숙명적이라고 할 수
있다. 놀랍게도 고구려의 고분벽화는 문명을 창조하는 신들의 모습을 벽
화에 담아놓았다. 문명은 인간에게 본질적이어서, 이를 등지고 살 수 없
음을 간파한 것이다. 누군가 펄쩍 뛰며 문명과 문화는 자연과는 상반되
는 개념이라고 할 수도 있을 것이다. 특히 오늘날 자연과 친화적이지 못
하고, 오히려 자연파괴적인 문명이나 문화[1]일 경우 더욱 그렇게 보일 것
이다.

그러나 그럼에도 불구하고 이러한 부정적인 현상이 빚어지기 이전에
이미 인간은 어떤 형태로든 문명이나 문화와 관련을 맺고 있는 것이다.
즉 문명과 문화의 긍정적이고 부정적인 판단이 나오기 전에 이미 저들의

---

[1] 문명과 문화의 개념을 거의 같은 뜻으로도 사용할 수도 있고, 또 서로 다르게 쓸 수도 있다. 여
기서는 서로 비슷한 개념으로 받아들인다. 새뮤얼 헌팅턴의 표현대로 "문명은 넓게 본 문화"라
는 것이다.

카테고리와 연결고리를 갖고 있다는 것이다. 이런 맥락에서 고구려인들이 그들의 고분벽화에 문명을 창조한 신들을 그렸다는 것은 문명이 인간에게 자연적이고 필연적이며 숙명적이라는 것을 통찰한 혜안이라고 할 수 있다.

박이문 교수는 문화의 개념(새뮤얼 헌팅턴에게서처럼 좁은 의미의 문명이라고 하자)을 규명하면서 — 비록 그 개념정의가 애매모호하고 불투명할지라도 — 우선 무엇보다도 그 가장 "근원적 의미는 자연과 배치되는 인간의 존재양식이다."[2]라고 하였다. 이러한 규명이 다소 불친절하게 들릴지라도 엄밀하게 고찰하면 부인할 수 없는 사실이다. 이러한 규명은 인간의 존재양식이 인위적이라는 것이다. 인간은 어떤 형태로든 물질적이거나 정신적인 것을 만들어내며 고안하고 변형·개조한다. 모든 제도나 관습도 마찬가지다.

이 모든 것들엔 인간의 인위성이 가미된 것이고 따라서 문명 및 문화의 영역에 인간은 어떻게든 들어와 있는 것이다. 박이문 교수가 지적하듯 "인위성은 '주어진 여건을 자신의 지식과 기술을 동원하여 자신의 어떤 목적을 가장 효과적으로 수행하기 위해 의도적으로 고안된 변형·개조'로 정의할 수 있다."[3] 우리가 앞에서 문명의 창조를 인간에게 자연적이고 필연적이며 숙명적이라고 규명한 것은 바로 인간이 어떤 형태로든 저러한 인위성을 부인할 수 없기 때문이다.

인간의 인위성, 즉 자연과 배치되는 인간의 존재양식은 한편으로 자연적이고 필연적이며 숙명적이지만, 그러나 다른 한편 자연친화적이고 공존적이라면 인간은 얼마든지 자연과 화해하며 자연과 이웃으로 존재할

---

2) 박이문, 『자연, 인간, 언어』, 철학과현실사, 1998, 48쪽.
3) 앞의 책, 48쪽.

수 있다. 즉 자연친화적인 문명과 문화를 떠올릴 수 있을 뿐만 아니라, 실현 가능할 수도 있다는 것을 전제로 하면 위의 개념들 자체가 이미 불친절한 개념일 수는 없을 것이다. 그러므로 문명과 문화는 태생적으로 비자연적이거나 자연과 친화적이지 못하다는 식으로 단정해서는 안 된다.

문명과 문화의 개념은 태생적으로 중립적일 수 있다. 즉 말하자면 긍정적이고 자연친화적인 방향으로 나아갈 수 있고 그러한 방향으로 전개시킬 수 있다는 것이다. 문명과 직접적인 연관이 있다는 과학기술과 과학적인 지식은 결국 인간에 의해 탄생된 것이기에, 궁극적인 문제는 인간 자신에게 달려 있다. 인간이 긍정적이고 자연친화적인 방향으로 전개시키면 인류는 당연히 그런 긍정적이고 자연친화적인 문명과 문화를 갖게 되는 것이다.[4]

우리가 인류문명의 발전과 전개를 메소포타미아 문명, 인더스 문명, 황하 문명 등으로 나타낼 때, 이는 아직 부정적인 문명의 개념으로 볼 수는 없는 것이다. 오히려 인류가 그의 역사를 그런 방식으로 꾸려온 것을 밝히는 것으로, 인류역사의 자화상으로 받아들일 수 있을 것이다. 또 이보다 훨씬 이전의 구석기시대에서 신석기시대, 청동기시대와 철기시대, 수렵시대에서 유목과 농경시대로의 변화 또한 마찬가지 방식으로 이해할 수 있을 것이다.

인간은 인간으로서의 삶을 영위하는 한 어떤 형태로든 최소한의 문명을 창조해야 한다. 말하자면 인간은 그가 지상에서 거주하는 형태로 존재하는 한 문명을 등지고 살 수 없다. 그것은 인간이 자연의 일부로만 존재하는 것이 아니라, 자연에 대해 영향력을 미칠 수 있는 자유로운 존재이기도 하기 때문이다.[5] 따라서 인간은 자연과 이중적인 관계를 유지하

---

4) 앞의 책, 20-24쪽 참조.

고 있다. 한편으로 인간은 생물적인 요소를 가진 존재로서 자연의 법칙과 섭리의 일부로서 존재하고, 또 다른 한편으로 인간은 그의 의지와 자유, 지적이고 기술적인 능력 및 이성으로써 자연에 변화를 일으키거나 조작하는 역량을 가진 존재이기도 하다.

동식물이나 무생물의 경우는 전적으로 전자의 영역에 속해 있다. 인간도 자연의 법칙에 따르는 한 이러한 양상을 부인할 수 없다. 그러나 인간은 이러한 것만으로 살아가지 않는다. 인간은 자연적으로 그리고 필연적으로 후자와 더불어 삶을 영위한다.

만약 누군가 문명을 외면하고 등을 돌리겠다고 하면 거기에도 저 후자의 모습이 역력히 드러난다. 그것은 그의 의지가 명백하게 드러나기 때문이고, 그에 따른 인위적인 행위나 태도 또한 동반하기 때문이다. 또 누군가 거꾸로 "자연의 섭리에 따르라."(헤라클레이토스, 스토아 학파, 노자)고 한다고 해도 거기에는 저 후자의 경향이 들어 있다. 그것은 분명하게 어떤 철학적 신념과 의지로서 (따라서 자연과는 다른!) 인위적인 요소와 행위를 규명하기 때문이다.

자연에 등을 돌리는 것이 거의 불가능한 것만큼 문명에 등을 돌리는 것 또한 마찬가지다. 그러므로 인간은 필연적으로 문화적인 존재이고 문명과 더불어 살아야 하는 것이다. "인간은 문화의 창조자이고 또 이 문화의 피지배자이다."라는 란트만(Michael Landmann)의 인간규명은 온당하다. 또 "역설적이지만 인간은 자연적으로 문화적 존재이다."라는 박이문 교수의 규명 또한 옳다.[6] 문명과 문화는 인간의 선택사항이 아니라 보편적 속성에 속한다고 할 수 있다. 이 같은 속성이 아무리 증오스럽고 저주

---

5) 인간은 인과율이 지배하는 자연법칙과 또한 자유로운 도덕법칙에 속한 이왕국적 존재라는 칸트의 규명을 떠올릴 필요가 있다.
6) 박이문, 앞의 책, 54쪽.

스럽더라도 부정할 수는 없다. 그런 부정은 인간부정과 맞물려 있기 때문이다.

그런데 자연에 변화를 일으키거나 조작하는 행위가 어떠하냐에 따라 문명과 문화의 승패 및 인류의 미래가 결정될 것이다. 그러한 행위가 지나치거나 부정적일 때 그것은 노자가 경고하는 '작위(作爲)'의 차원으로 전락할 것이다. 물론 우리의 이러한 테제(These)는 인간이 자유를 남용하여 자연을 지배해서는 안 된다는 것을 전제로 한다. 자연을 지배하고 억압한다는 것은 곧 부자유이고 비자연이기 때문이다. 인간은 자신의 의지와 자유를 갖고 있으며, 이러한 의지와 자유로서 삶을 영위해나간다는 것은 곧 문명의 창조라는 구체적인 형태로 드러나는 것이다.

인간은 식물이나 동물과는 달리 세계를 창조해야 하고 또 그러한 세계 내에서 삶을 영위한다.[7] 인간이 문명을 외면하고 자연으로 돌아갈 수는 있다.[8] 하지만 아무리 문명을 등지고 원시의 숲 속으로 들어간다고 해도 어떤 형태로든 (소규모의) 문명을 일구고 살아가는 것이 인간의 삶이다. 그는 문명에서 완전히 벗어나거나 문명을 완전히 등질 수는 없다. 중요한 관건은 오히려 인간이 이룩하는 문명이 자연과 얼마나 조화를 이루느냐에 달려 있을 것이다. 그 어떠한 완강한 문명 반대론자라도 완전히 문명을 버리고 동식물처럼 살 수는 없다. 그것은 가장 기초적인 의식주의 생활도 문명의 산물일 뿐만 아니라, 문명의 형태로 실현되기 때문이다.

인간은 구조상 동식물과는 달리 자신의 세계를 창조해야 한다. 20세기

---

7) 엘리아데의 지적처럼 "인간은 코스모스를 창건해야 한다."(M. 엘리아데, 이동하 옮김, 『聖과 俗』, 학민사, 1996, 27쪽 이하, 30쪽 이하, 45쪽 이하 참조)
8) 박이문 교수의 지적대로 루소가 "자연으로 돌아가라."고 할 때, 혹은 "문명이 도덕을 타락시킨다."고 할 때, 이는 볼테르의 해석과는 달리 "원시생활로 돌아가라."는 뜻이 아니다(박이문, 앞의 책, 17쪽 참조).

독일의 철학자인 겔렌(Arnold Gehlen)은 전래의 철학자와는 달리 인간이 다른 동물에 비해 결핍된 존재임을 명쾌하게 지적했다. 그는 인간의 본질을 '결핍된 존재(Mängelwesen)'와 '문화적 존재(Kulturwesen)'로 규명했다. 또 우리의 논의를 위해선 란트만이 규명한 "문화의 창조자이면서 동시에 피지배자로서의 인간(Der Mensch als Schöfer und Geschöpf der Kultur)"과 베르그송(Henri Bergson)의 '공작인(工作人, Homo faber)'도 상당히 고무적이라고 할 수 있다. 그것은 인간의 본질적인 한 측면을 잘 드러내었기 때문이다.

겔렌에 의하면 인간은 애초부터 다른 동물에 비해 결핍된 상태로 태어나며, 또 이 결핍된 부분을 문화적인 것이 아니고서는 극복할 길이 없다. 이를테면 많은 동물은 인간보다 훨씬 뛰어난 시각과 청각, 후각과 촉각을 갖고 있다. 새들은 하늘을 날고, 치타를 비롯한 많은 동물은 인간보다 훨씬 빨리 뛰고, 사자를 비롯한 맹수들의 이빨은 그 자체로 무기이다. 이들의 탁월한 능력에 비해 인간의 신체적 구조와 조직은 도저히 그들을 따라갈 수 없다.

그러나 이 모든 결핍된 부분을 인간은 문화와 문명으로써 극복하는 것이다. 인간은 고속철도나 자동차를 제작하여 치타의 속도를 능가하며, 비행기로써 새의 날개를 대신한다. 고성능의 전자현미경이나 쌍안경 및 망원경으로 그의 결핍된 시각을 보완하여 동물의 시각능력을 능가하고, 또 총과 같은 무기로써 맹수의 이빨에 대응하는 등 그 결핍된 부분을 극복하고 능가해나가는 것이다.

철학자 하이데거도 세계개념을 독특하게 규명한다. 그에게서 세계는 존재자들을 다 끌어모은 총체가 아닌 것이다. 그에 의하면 세계는 우선 "존재자에 의한 접근 가능성(Zugänglichkeit von Seiendem)"이라는 근본성격에 의해 형성되는 지평이다.[9] 하이데거는 이 '접근 가능성'을 기준으로 하여 돌멩이와 식물, 동물과 인간의 존재방식을 규명하고 또 이들이 갖는 세계와의 관계를 파악한다.[10] 우선 "돌멩이에는 세계가 존재하지 않는다(weltlos)." 그것은 돌멩이가 다른 존재자와 관계를 맺을 수 없다는 사실을 뜻한다. 다시 말하면 돌멩이는 여타의 존재자에게 이르는 접근통로가 없다는 것이다. 물론 돌멩이가 세계 속에 존재한다는 것을 부인해서는 안 된다.

이에 비해 "동물은 세계를 결여하고 있다(weltarm)." 그것은 동물에게 세계는 존재하나 빈약하다는 뜻이다. 하이데거가 예로 든 도마뱀은 스스로 따뜻해진 바위를 찾아가서 그 위로 올라가 햇볕을 쬐는 것이다. 만약 도마뱀을 그곳으로부터 떼어내어 다른 곳으로 옮겨놓으면, 그럴 경우에도 자신이 자주 가던 그 바위를 찾아갈 것이다. 물론 우리가 햇볕을 쬐고 있을 때처럼, 또한 우리가 햇볕과 관계를 맺는 것처럼, 그렇게 도마뱀이 햇볕이나 바위와 관계를 맺는지는 알 수 없다. 그러나 최소한 도마뱀의 존재양식은 돌멩이와 같은 물질적인 사물의 존재양식과는 다름을 알 수 있다.[11] 말하자면 생명을 갖고 있는 동물의 존재양식은 다른 존재자에게로의 접근통로가 열려 있는 것이다. 물론 동물은 인간과는 다르게 그리고 좀 더 좁은 범위 내에서 접근할 것이다.

그러나 여타의 존재자들과는 달리 "인간은 세계를 형성한다(der Mensch ist weltbildend)." 세계를 창조적으로 형성하는 인간은 다른 존재자들과는 판이하게 다르게 존재한다. 물론 이때 세계를 창조한다는 것은 마치 신(神)처럼 존재자들을 새롭게 지어낸다는 뜻이 전혀 아니다.

9) M. Heidegger, *Die Grundbegriffe der Metaphysik*(『형이상학의 근본개념들』), Ga. 30, Klostermann: Frankfurt a.M., 1983, 292쪽, 405쪽 참조.
10) 앞의 책, 273쪽 이하 참조.
11) 앞의 책, 291쪽 이하 참조.

우리는 앞에서 하이데거에게 세계의 개념이 통상적인 세계개념과 전혀 다름을 언급하였다. 세계는 그에게 있어 "존재자들의 총합"[12]이 아니라, "존재자 자체의 접근 가능성"인 것이다. 여타의 존재자들에게 접근 가능하고 이러한 존재자들뿐만 아니라 자기 자신과도 관계를 맺으며, 서로 접근을 허용하고 또 가능하게 할 때 세계를 갖는 것이다.

그런데 인간이 다른 여타의 존재자들뿐만 아니라 자기 자신에게 접근하기 위해서는 우선 자신이 개방되어 있어야 한다. 그러므로 접근 가능성이란 우선 존재자의 개방 가능성에 의존해 있음을 알 수 있다. 존재자 자체의 개방성(Offenbarkeit)은 세계형성을 위한 접근 가능성의 전제이고 또한 내적인 본질인 것이다. 하이데거에 의하면 인간 현존재에게서 이러한 개방성은 인간의 존재방식인 근본기분(Grundstimmung)[13]에서 일어난다고 한다.

이렇게 세계를 형성하고 의미를 부여하는 인간은 여타의 존재자들(동식물과 무생물 등)과는 그 존재방식이 다름을 우리는 알 수 있다. 물론 그렇다고 해서 — 하이데거도 인간중심주의를 경고하듯이[14] — 동물이 인간에 비해 열등한 존재라거나 또 더 낮은 가치를 가진다고 섣불리 말할 수는 없다. 동물의 신체적 기능은 인간보다 우월한 경우가 흔히 있다(빠르기, 시각, 청각, 후각, 촉각 등등). 더욱이 인간이 타락할 경우는 잘 알려진 표현처럼 '짐승만도 못한 인간'이 될 수도 있다.

모든 생명체의 존재가치는 인간에 의해 그 가치가 부여되기 전에 이미 선천적으로 주어진 것이다. 인간이 '호모 사피엔스(Homo sapiens)'라거나 '이성적 존재'(아리스토텔레스)라고 하여 평가를 하거나 가치부여

---

12) 앞의 책, 405쪽.
13) 앞의 책, 409쪽 참조.
14) 앞의 책, 286쪽 이하 참조.

를 하는 것은 거의 본능이라고도 할 수 있겠지만, 그러나 그렇다고 인간 중심주의적인 시각에서 그러한 평가와 가치부여가 절대적이거나 객관적이라고 우길 수는 없다. 모든 생명체의 가치는 인간에 의해 부여되고 평가되는 그러한 주관적인 가치가 아니라, 이러한 인간의 주관적인 평가와 가치부여와는 상관없이 독자적이고 내재적인 가치를 가지는 것이다.[15]

무생물은 세계 속에 존재하지만, 자신의 고유한 세계를 갖지 못하며 동식물은 지음을 받은 대로, 그리고 그 본능대로 살면 그만이다. 그들은 그런 카테고리를 벗어날 수 없다. 물론 그렇다고 인간이 다른 동식물에 비해 우월하다는 것을 말하는 것은 아니다. 그것은 우월을 따질 수 있는 성질의 것이 아니다. "이유 없이 존재하는 것은 없다."고 하는 스토아 학파의 자연철학이나 "존재하는 모든 것은 그 존재하는 목적이 있다."고 하는 아리스토텔레스의 목적론적 세계관은 함부로 우열을 비교하지 말 것을 시사한다. 그러므로 산골짝에서 살짝 피었다가 지는 풀꽃도 또 발길에 차이는 돌멩이도 나름대로 존재하는 이유가 있다고 생각할 필요가 있다.

그런데 무생물이나 동식물에겐 그들에게 현전하는(vorhanden) 세계가 전부로서 주어져 있지만, 인간에겐 세계가 과제로서 주어져 있다. 이러한 과제를 인간은 문명의 형태로 풀이해나간다. 물론 이러한 문명이 너무 인위적이고 인간중심적이어서 인간은 자연과 조화하지도 또 공존하지도 못하며, 자연을 오히려 착취하고 적대시하기까지 한다. 이제 문명의 창조를 부각시킨 고구려의 고분벽화로 방향을 돌려보자.

특별히 오회분 4호 고분에는 문명을 창조한 신들이 역동적으로 제 역할을 드러내어 보이고 있다. 여기에 등장하는 신들은 그저 이름만을 가지고 이러저러한 역할을 한다는 고대 그리스의 신화와는 대조적이다. 그

---

15) 이러한 관점이 '인간중심주의'와는 다른, 테일러(P. Tayler)의 '생명중심적 관점'이다.

것은 문명창조와 하늘의 협화음, 사방으로 파악된 코스모스의 역동적 관계, 인간의 운명과 위상 등이 총체적인 회화로 형상화된 작품은 고대 그리스와 로마의 신화에도, 또한 세계의 알려진 벽화에도, 둔황이나 중원 지역에도 그 유례를 찾아볼 수 없기 때문이다. 고구려인들은 천손사상을 가졌으며, 자신들이 각종 신들의 보살핌을 받는 민족이라는 자부심을 갖고 있었다.[16]

불의 신[17]은 신비한 나무들이 있는 정원에서 오른손에 불꽃이 이글거리는 막대를 쥐고 하늘을 날며 춤을 추는 모습을 하고 있다. 그의 긴 옷자락과 불꽃, 길게 늘어뜨린 머리카락이 함께 어울려 춤추는 듯 하늘세계를 비행하고 있다. 곡식의 신(고대 동이계의 신농. 고대 그리스 신화에서 데메테르[Demeter])은 (소머리의 탈을 쓴 채) 눈을 크게 뜨고 오른손에 곡식 이삭을 잡고서 구름을 휘저으며 앞으로 나아간다. 그의 옷고름과 옷자락은 바람에 휘날려 역동감을 더해준다. 그런데 어떤 다른 측면에서의 곡식의 신은 한 손에 곡식 이삭을 들고 양팔을 벌려 춤을 추는 모습으로도 보인다.

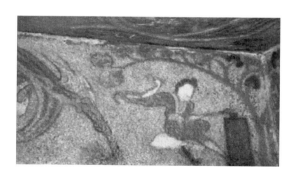

16)「월드컵 특별기획 역사스페셜」, 제2편 고분벽화, KBS 2002년 6월 8일 방송 참조.
17) 고대 그리스 신화에서는 프로메테우스가 제우스의 궁전에 있는 불을 훔쳐 인간에게 주었다.

쇠부리 신(단야신[鍛冶神]. 고대 그리스 신화에서 헤파이스토스)은 왼 손으로는 부젓가락으로 제련할 쇠를 단단한 모루 위에 고정시키고, 오른 손으로는 망치를 높이 들어 곧 내리치려는 모습을 하고 있어 역동적으로 쇠를 단련하고 있다. 또 이와 유사하게 수레바퀴의 신(제륜신)은 수레바 퀴의 바퀴살을 꼼꼼히 다듬고 있으며, 망치로 바퀴살을 견고하게 하고 있다. 숫돌의 신(마석신)은 숫돌을 갈고 있는데, 이를 통해 농경에서뿐만 아니라, 일상생활 전반에 걸쳐 도구의 중요성이 부각된다.

오회분 4호묘의 수레바퀴를 만드는 신의 역동적인 모습

이리하여 우리는 문명을 일으킨 역동적인 신들의 모습을 벽화를 통해 엿보았는데, 불의 사용과 경작, 바퀴의 제조, 쇠의 제련 등이 문명을 일 으킨 근본이라고 한다면, 오늘날도 이를 여전히 부인할 수 없을 것이다. 그런데 최초로 문명을 일으켰다는 의미는 인류를 생존케 한 근원이므로, 이는 곧 카오스에서 로고스의 세계로 안내했다고도 할 수 있다. 따라서 고분벽화를 그린 고대의 한국인들은 **문명의 탄생**에 대한 철학적 의미를 이미 통찰했던 것이다.

북애는 『규원사화』의 「태시기(太始記)」에서[18] 천황, 즉 신시씨(神市氏)가 무엇보다도 문명의 창조에 힘썼음을 잘 기록하고 있다. 신시씨는 역리(易理)의 근본을 만들고, 치우씨(蚩尤氏)에게 명하여 사람이 살 수 있는 집을 짓게 하였으며, 고시씨(高矢氏)에게 명하여 농사짓고 수확하는 방법을 가르치게 했다. 또 소, 말, 개, 돼지, 수리, 범 등의 짐승을 사육하게 하였다. 신지씨(神誌氏)에게 천황은 글자를 만들라고 했는데, 신지씨는 사슴의 발자국을 통하여 문자 만드는 법을 터득하였고, 이것이 옛글자의 시작이라고 한다.

고시씨가 불을 발견하는 것은 더욱 놀랍다. 그는 어느 날 숲 속에서 생각에 잠겨 있었는데, 갑자기 한 마리의 범이 으르렁거리며 달려들었다. 이때 "고시씨는 큰 소리로 꾸짖으며 범을 향해 돌을 세게 던졌으나 맞지 않고 바위 모서리에 맞았다. 그때 불이 번쩍 일어났다. 고시씨는 너무 기뻐 집에 돌아와 다시 돌끼리 쳐서 불을 얻었다. 이때부터 백성들은 익혀 먹게 되었다. 그뿐만 아니라 쇠를 달구어 연장을 만드는 기술도 생기게 되었으며 기술은 점점 발전했다."[19] 『규원사화』의 이러한 문명창조에 관한 지적은 문명이 인간의 삶에 필수적일 뿐만 아니라, 이를 등지고 인간은 결코 살 수 없다는 것을 천명한 것이다.

18) 북애(고동영 옮김), 『규원사화』, 한뿌리, 2005, 24-29쪽 참조.
19) 앞의 책, 25쪽.

7.
땅에서와 같이 하늘에서도
— 이원론의 극복

　고분이 있는 엄밀한 공간에, 그것도 공간을 마련하기가 쉽지 않은 곳에 마치 살아 움직이는 동영상과 같은 벽화가 그려져 있다. 시신이 안치된 공간에 어찌 내세에서의 불멸이나 영원, 구원과 같은 절대적으로 절박한 표현만이 아닌 일상적 생활세계와 거주함, 일과 나날, 부엌살림, 외출, 행차, 방문, 초대, 축제와 가무, 연주, 스포츠와 놀이, 사냥 등등이 대단한 의미를 함축한 채 그려져 있을까? 누군가 훗날에 볼 수 있도록 전시를 해놓은 것인가? 그럴 리가 만무하다. 어떤 방식으로든 무덤을 침입하지 못하도록 섬뜩한 모습을 한 수호신의 형상이 여기저기에 있고, 이런 방식은 고래로부터의 확고한 관습이다.

　분명한 것은 지상에서의 생활세계와 거주함이 천상에서의 삶과 단절되지 않은 — 그래서 이원론에 빠지지 않은 — 현상을 드러내고 있는 것이다. 하늘과 땅도 또 인간과 하늘의 존재자도 하나의 코스모스에 속해 있다. 어디를 보나 인간과 그의 지상에서의 삶이 천시되거나 도외시되지 않고 있으며, 천상적인 것에 비해 하찮은 것으로 치부되지 않는다. 고대의 한국인은 이처럼 코스모스를 이원론으로 분리하거나 대립시키지 않았으며, 더욱이 단절과 경계로 폐쇄시키지 않았다. 지상적인 것과 천상적인 것, 인간(신선)과 초인간(신)은 대립과 갈등이 아니라 공존과 융화로서 그 유기체적 관계를 이루고 있다.

이미 단군신화에서부터 신과 인간 및 동물의 세계와 하늘과 땅이 서로 배타적 성격을 갖는 것이 아니라, 서로 융화하고 하나의 전체를 이루는 모델이다. 환웅의 아버지 환인은 아들의 뜻을 긍정하고 귀하게 여기며, 또 아들 환웅은 하늘 아래의 땅을 극진히 사랑하고 땅 위에서 이상적인 낙원인 신시(神市)를 일구어나간다. 홍익인간과 광명이세(光明理世)의 이념은 신과 인간 및 세계가 융화와 이타주의적 사랑으로 점철되어 있다. 신시의 모습과 그곳에서 살아가는 사람들의 모습이 얼마나 좋았기에 동물들이 몰려와 부러워하고 사람이 되기를 청하였을까.

이 신시(神市)에서의 융합과 평화로운 공존은 곰과 호랑이의 공존을 통해서 적나라하게 드러난다. 단군신화의 "곰과 호랑이가 한 굴에 살았다."는 구절은 이들이 서로 앙숙관계가 아닌 공존의 방식을 하고 있다는 것을 시사한다. 어떻게 먹고 먹히는 앙숙의 관계가 한 울타리 안에서 평화롭게 공존해간다는 것인가? 이런 평화로운 공존은 그러나 마치 에덴동산에서 그랬던 것처럼 원초적 세계의 모습일 것이고, 신시에서의 이상적 사회는 바로 이런 사회를 드러내고 있는 것이다. 앙숙관계를 취하지 않는다거나 이를 극복하고 한 집에서 거주한다는 것은 전쟁과 불행이 없는 것을, 먹고 먹히는 관계나 약육강식 및 승자와 강자의 일방적인 독식이 아니라 화해와 조화가 마련된 원초적 공동체를 말한다.

이런 이상적 사회에서의 동물들의 모습을 예언자 이사야는 다음과 같이 밝히고 있다: "그때에는, 이리가 어린 양과 함께 살며, 표범이 새끼 염소와 함께 누우며, 송아지와 새끼 사자와 살진 짐승이 함께 풀을 뜯고, 어린 아이가 그것들을 이끌고 다닌다. 암소와 곰이 서로 벗이 되며, 그것들의 새끼가 함께 눕고, 사자가 소처럼 풀을 먹는다. 젖먹는 아이가 독사의 구멍 곁에서 장난하고, 젖뗀 아이가 살무사의 굴에 손을 넣는다."[1]

단군의 탄생 자체가 천상적인 유래와 지상적인 유래의 만남으로 이루어진 것이다. 단군의 아버지인 환웅은 하늘적인 존재이고 곰에서 변화한 웅녀는 땅적인 존재를 상징한다. 그리고 단군은 땅적인 존재와 하늘적인 존재의 결합과 만남에 의해서 태어났다. 인간의 생명은 땅적·육체적·물질적인 요소와 신적·영적·하늘적인 요소로 이루어져 있다는 것은 오래 전부터 종교와 철학에서도 인정하는 바이다. 그러므로 인간은 하늘과 땅에 근원을 두고 있으며, 이 둘을 가진 생명체이다.

신적이고 영적인 요소와 땅적이고 육체적인 요소로 이루어진 생명체는 『구약성서』의 인간창조에서도 잘 드러난다. 하나님께서는 다른 사물들처럼 말씀만으로 인간을 창조하신 것이 아니라, 손수 창작을 하신 것이다. 흙으로 손수 만드시고 '생명의 기운' 즉 영적인 것을 불어넣으셨다. 그래서 인간 아담에겐 영적이고 신적인 요소와 땅적이고 육체적인 요소가 함께 있는 것이다.[2]

고대 그리스의 신화도 하늘 우라노스와 땅 가이아의 만남이 인류의 기원이라고 한다. 그러나 우라노스와 그의 아들 크로노스, 또 크로노스의 아들 제우스 사이는 상상을 할 수 없을 정도로 배타적이어서 살인(친족살해)과 전쟁을 일삼았다. 신들의 세계와 인간들 사이는 주인과 노예의 관계 이상으로 살벌하다. 신들은 인간들을 오직 제단을 쌓아 그들에게

---

1) 『구약성서』, 「이사야서」, 11장 6-8절.
2) 『구약성서』, 「창세기」, 2장 7절 참조.

제사나 지내라고 살려두었다고 신화는 전한다.

제우스는 인간들을 실제로는 사랑하지 않았으며 홍수를 일으켜 몰살시키기도 하고 강도, 강간, 절도도 예사로 저질렀다. 인간을 추위와 굶주림에서 해방시키려고 프로메테우스가 불을 훔친 것을 용서할 수 없어, 그를 코카서스 산에 결박하여 독수리에게 끊임없이 간을 쪼아 먹히게 한 것이 제우스의 소행이다. 그런가 하면 신들은 트로이 전쟁과 같은 전쟁을 일으켜 많은 인간 영웅들을 죽이려고 했다고 호메로스의 『일리아스』는 밝히고 있다.

그리스 신화에서는 인간을 신들과 구분하기 위해 인간의 '죽어야 하는 운명'을 강조한다. 아폴론 신전의 출입문 위에는 잘 알려져 있듯 "너 자신을 알라."라는 글귀가 쓰여 있는데, 이 글귀 아래에는 죽은 인간의 뼈다귀만 남은 송장의 문양을 통해 신들과는 철저하게 구분되는, 죽어야 하는 인간의 운명을 적나라하게 드러내고 있다. 어찌할 수 없는 것이 죽음의 운명이고, 인간에게 이런 죽음의 운명이 들이닥치면 신들이라도 죽음에서 구해내지 못한다고 한다.[3]

서양의 중세 기독교도 신과 인간 사이의 갈등관계를 더욱 크게 벌렸다. 로마 가톨릭에 의해 주도된 중세 기독교는 평범한 인간들에게 오히려 공포의 대상이었다. 종교재판과 마녀사냥은 일상이었고, 이 때문에 죽어간 사람들도 부지기수였다. 사제들은 세상의 권력을 휘어잡고 만백성들을 종교라는 틀(가축의 우리와도 같은)에 가두고 자유를 박탈했다. 이런 가혹한 종교에서는 신의 사랑을 찾아보기 힘들다.

유럽의 사유세계에서 이원론은 오래 전부터 뿌리를 박아 정신문화를 지배해왔다. 즉, 천당과 지옥, 빛의 세계와 어둠의 세계(마니교의 이원

---

3) 호메로스, 『오디세이아』, 3장 참조.

론), 이데아와 현상, 신국과 지상의 나라(아우구스티누스), 정신과 물질, 유심론과 유물론, 연장적 실체(res extensa)와 정신적 실체(res cogitans)(데카르트), 본체계와 감성계(칸트), 아폴론적인 것과 디오니소스적인 것(니체) 등등.

근세 이후로는 주지하다시피 다윈의 진화론과 헤겔의 역사변증법이 서구 사유의 모델을 잘 반영하고 있다. 헤겔의 역사철학과 다윈의 진화론에 각인된 서구 변증법의 원리는 대체로 대립과 갈등이 점층되어 종합되고 해소되는 과정을 거쳐 역사의 발전을 추구하지만, 그러나 이와 같은 역사의 발전은 도래하지 않고 오히려 '역사의 종말'이나 '지구의 종말', 생태계와 인간성의 위기와 같은 섬뜩한 구호들만 난무하고 있다. 그런데 저 변증법을 이루는 요소들에는 이미 온갖 대립과 갈등, 전쟁과 분열 등이 고스란히 받아들여지고 있어, 결과적으로 '종합'되기보다는 오히려 파괴와 멸망, 쇠퇴로 이어지는 경우가 다반사라는 것을 헤겔은 읽지 못했다.

변증법의 원리가 활성화되기 위해서는 정립과 반정립 사이에 원리적으로 투쟁과 갈등이 고조되어야 한다.[4] 그러나 그는 이런 투쟁과 갈등 이후에 발전된 양상의 종합(Synthese)만 보았지 파멸과 쇠락은 보지 못했다. 다윈의 진화론에 대한 해명도 마찬가지다. 동물의 세계에 있는 적자생존의 원리를 마치 보편적인 법칙인 것처럼 확대하여 역사변증법에 적용시킨다는 자체가 무리인 것이다. 이들에게서 드러난 변증법의 특징은 — 마치 서구 사유의 근간을 이루는 것이기라도 하듯이 — 대립과 충돌, 갈등과 분열이다.

---

4) 헤겔은 고대 그리스의 철인 헤라클레이토스에게서 '만물의 아버지'라 칭해지는 투쟁(Polemos)을 변증법의 원리로 받아들인다.

따라서 그들의 변증법은 **분열 변증법**이다. 물론 변증법의 원리에 드러난 것처럼 종합이 이루어지는 경우도 있을 것이다. 그러나 역사적으로 그런 경우는 흔치 않다. 안타까운 것은 오늘날 자본주의와 신자본주의 체제에 등장한 '무한경쟁의 시대'에 수단방법을 가리지 않고 강자의 독식을 부추기며 약자의 도태를 정당화하고 있다는 것이다. 서구에서 발원한 이러한 사조는 국제화·세계화 시대에 즈음하여 온 세계를 지배하는 이데올로기로 군림해가고 있다.

그러나 고구려의 고분벽화가 표명하는 사방세계(하늘과 땅, 인간과 초인간)는 대립과 분열을 바탕으로 한 '역사의 발전'이 아니라, 공존과 융화를 바탕으로 한 유기체적 조화이다. 여기서 사방세계는 다 포용되고, 코스모스에서 제각기 근원적 영역을 갖고 있다. 분열 변증법적인 '발전 신앙'은 융화의 원리에 무슨 발전이 있겠느냐고 반문할 수도 있을 것이다. 그러나 **융합의 원리**는 — 마치 핵융합의 원리가 핵분열의 원리보다 더 위력적이듯 — 거시적 안목으로 보았을 때 더 위력적인 것이다.

8.
'사방'으로서의 코스모스
— 플라톤과 하이데거 및 고구려의 고분벽화에 드러난 사방세계

동서양에서 코스모스를 총체로 이해하고 '사방'의 거울−놀이로 표현한 것에 주목해볼 필요가 있다. 우리는 여기서 플라톤과 하이데거의 철학 및 고구려 고분벽화에 드러난 코스모스에 대한 사유를 파악하고자 한다. 고분벽화에 드러난 고대 한국인의 영원한 '거울−놀이'는 인간의 위상이 크게 부각된 데에서 하이데거의 논의와는 다소 차이를 드러낸다.

코스모스가 '총체'로 이해되고 또 '사방'으로 표현된 것은 이미 동서양의 고대에서부터였다. 일찍이 플라톤은 고대 현자들의 견해에 따라 코스모스를 '총체(to Holon, das Ganze)'로 파악하고, 이를 '사방', 곧 하늘과 땅 및 신과 인간의 유기적 · 공동체적 관계로 기술했다.[1] '사방'의 유기적 관계는 하이데거에게서 곧 '사방'의 '거울-놀이(Spiegel-Spiel)'로 첨예화된다. 고구려의 고분벽화에도 코스모스는 총체이고, 이는 '사방'으로 표명되었으며 네 방위의 수호신이 이를 지키고 있다.

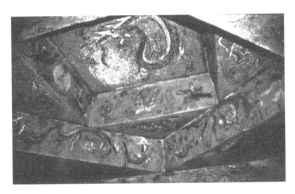

오회분 4호묘: 고분벽화의 천장 중심부

또 인간(신선)과 천상의 신들(초월자), 땅과 하늘의 유기적 관계에서 그 '사방'의 '거울-놀이'를 엿볼 수 있다. 수학의 집합론에서 전체(총체)를 Universum의 약자인 'U'로 표시하고, 이를 사각형으로 나타내는 것도 이와 같은 맥락과 일치한다. 고대 로마에서 문두스(mundus)는 '세계'를 의미함과 동시에 네 부분으로 나누어진 원형의 참호였다. 문두스는 코스

---

1) 플라톤, 『고르기아스』, 508a.

모스를 뜻함과 동시에 인간의 거주지를 위한 시범적 모델이 되었다.[2] 사계절(봄, 여름, 가을, 겨울)은 시간적으로 분류된 네 가지 리듬일 것이다. 우리는 고구려의 고분벽화, 특히 강서대묘의 벽화를 중심으로 고대 한국인들의 우주관, 특히 코스모스를 사방으로 사유하고 또 그 속에서 조화롭고 유기적인 관계를 간파한 흔적을 추적해본다.

고대 그리스의 사상, 특히 플라톤에게서의 코스모스는 올림포스와 총체(τὸ ὅλον, to Holon)의 동의어이고, 신(神) 데미우르고스에 의해 만들어져 통일적인 질서를 통해 운행된다. 그러한 코스모스는 플라톤에 의하면 가장 아름답고 완전한 생명체이고, 만물을 포괄하며, 유일무이하고 (총체이기에) 영혼을 갖고 있으며, 소멸하지 않는 신적인 것이다.[3] 그에게서 코스모스는 **하나와 전체의 통일체**이고 또한 존재와 생성의 통일체이다. 만물은 이 코스모스에서 생성하고 또 소멸하지만, 그러나 코스모스 자체는 생성하지도 소멸하지도 않는 것이다. 이러한 코스모스는 사물이나 자연만이 아니라, 정신의 영역도 포괄하고 있다. 이러한 코스모스는 결코 인간에게 구속되지도 소속되지도 않고 또 그의 소유물도 아닌 것이다(그러므로 인간중심주의는 말도 안 된다). 오히려 이와는 반대로 인간은 코스모스로부터 와서 여기에서 살다가 여기로 돌아가는 것이다.

플라톤의 '가장 완전하고 또 가장 아름다운 생명체'인 코스모스는 영혼을 갖고 있으면서 만물을 포괄하고, 또 총체적인 것이면서 존재와 생성의 통일체이기에, 이 코스모스에는 이른바 '사방'이라는 하늘과 땅, 신들과 인간들의 공동체에 의한 유기적 활동이 전개되고 있다. 플라톤은 그의 대화록[4]에서 옛 현자들의 코스모스에 대한 사유가 사방(하늘과 땅

---

2) M. 엘리아데(이동하 옮김), 『聖과 俗』, 학민사, 1996, 42-43쪽 참조.
3) 플라톤, 『티마이오스』, 29a 이하와 92c 참조.

및 신들과 인간)의 공동체에 의한 유기적 활동임을 언급한다: "오, 칼리클레스여, 옛 현자들은 그러나 주장하기로 하늘과 땅, 신들과 인간들이야말로 공동체에 의해 존립하는데, 말하자면 '사방' 간 서로의 친밀과 어울림(상응), 사려 깊음과 올바름을 통해서일세. 그러므로 친구여, 코스모스를 하나의 총체와 조화로운 것으로 고찰하고, 이것이 혼돈과 제멋대로의 망나니가 아님을 알게."

플라톤의 코스모스가 영혼을 가진 생명체로서 이러한 유기적이고 조화로운 역할을 하고 있다면, 그가 앞에서 했던 주장에 대해 어느 정도의 근거를 제공한 셈이다. 그러나 오늘날 자연과학과 실증주의에 중독된 우리에겐 여전히 생소하게 들릴 것이다. 그러나 자연과학과 실증주의 내지는 인간중심주의가 코스모스의 척도가 아님은 자명한 것이고, 우리도 이러한 전제에서 우주론과 존재론, 형이상학의 장을 여는 것이다.

이렇게 코스모스가 영혼을 가진 것으로, 만물을 포괄하는 것으로, 존재와 생성의 통일체로, 신적인 것으로, 그리고 사방의 공동체와 유기체로 파악된 것은 하이데거에 의해 다시 포착되고 심화된다. 물론 전기 하이데거의 세계개념은 후기와는 많이 다르다. 전기에서는 인간 현존재가 세계의 핵심을 형성하였는데, 후기에는 이러한 인간 현존재가 '죽을 자'라는 이름으로 '사방'의 코스모스에서 한 영역을 담당하게 된다.

그의 전기 세계개념은 현존재에 의해 '개시된 차원(Offenbarkeits-dimension)'이 본질적이었기에, 현존재가 곧 세계를 열고[5] "세계를 형성하는(welt-bildenden)"[6] 역할을 수행한다 — 마치 세계의 존재가 현존재에 의해 허가되어야 하는 것처럼. 그래서 세계는 결국 "현존재 자신

4) 플라톤, 『고르기아스』, 508a.
5) M. Heidegger, *Sein und Zeit*, 84쪽, 86쪽; *Vom Wesen des Grundes*, 36쪽 이하, 39쪽.
6) M. Heidegger, *Vom Wesen des Grundes*, 39쪽.

의 성격(ein Charakter des Daseins selbst)"을 갖게 된다.[7] 하이데거는 그의 전·후기 사유에서 근세의 세계개념을 비판했다. 근세의 '세계'는 지나치게 '연장적인 것(res extensa)'인데, 이는 하이데거에 의하면 데카르트에게서 분명하게 드러나고 칸트도 데카르트의 세계개념을 따른다고 한다.[8][9]

하이데거는 그의 후기 사유에서 세계개념을 독특하게, 그러나 고대 그리스의 세계관에 입각하여 풀이해나간다. 그는 「사물(Das Ding)」이라는 논문에서 세계를 이제 인간과 신들, 하늘과 땅이 거기에 속하는 아주 독특한 것으로 규명한다. 세계는 말하자면 하늘과 땅, 신적인 것과 죽어야 할 자들(인간)로부터의 '사방(四方, das Geviert)'[10]인 것이다. 하이데거는 이 '사방'에서의 각 영역을 그 본질에 상응하게 규명한다:

"대지는 건축하면서(세우면서) 토대를 이루는 것이고, 영양공급을 제공하면서 과실을 맺게 하는 것이며, 바다와 강, 암석뿐만 아니라 온갖 식물과 동물들을 품고 있다. 만약 우리가 대지를 말한다면, 우리는 벌써 다른 세 영역을 '사방'의 단일성으로부터 함께 생각하는 것이다.

하늘은 태양이 지나는 길이며 달의 행로이고, 성좌의 광채가 빛나는 곳이며, 일년의 계절들과, 낮의 빛과 어스름, 밤의 어둠과 밝음, 날씨의 호의와 황량함, 구름의 흐름, 파란 에테르의 심층인 것이다. 만약 우리가 하늘을 말한다면, 우리는 벌써 다른 세 영역을 '사방'의 단일성으로부터 함께 생각하는 것이다.

---

7) M. Heidegger, *Sein und Zeit*, 64쪽.
8) 앞의 책, 24쪽 참조.
9) 슈미트(G. Schmidt)는 근세의 세계개념이 "영혼이 없고 차가우며 계산되는 것"이라고 한다 (*Platon*, 131쪽).
10) M. Heidegger, "Das Ding", in *Vorträge und Aufsätze*, 166쪽 이하 참조.

신적인 것은 신성의 윙크하는 사자(使者)인 것이다. 이 신성의 은폐된 섭리로부터 신은 자기의 본질 가운데 현현하는데, 그는 그러나 현전하는 것(Anwesenden)과의 그 어떤 비교로부터도 벗어나 있는 것이다.[11] 만약 우리가 신적인 것을 칭한다면, 우리는 벌써 다른 세 영역을 '사방'의 단일성으로부터 함께 생각하는 것이다.

죽을 자는 인간이다. 인간은 죽을 수 있는 자이기 때문에 '죽을 자'로 칭해진다. 죽는다는 것은 죽음을 죽음으로 받아들일 줄 아는 것이다. 그러므로 오직 인간만이 죽는 것이다. 동물은 (죽지 않고) 그냥 삶을 마감한다. 동물은 결코 자기 앞에서도 자기 뒤에서도 죽음을 죽음으로서 가질 수 없다. 죽음은 무(無)의 상자인데, 이 무는 그러나 어떠한 측면에서도 결코 적나라한 존재자[12]일 수는 없다. 더욱이 이 무는 동시에 존재 자체의 비밀로 현성하는(west) 것이다. 죽음은 무(無)의 상자로서 자체 내에 존재의 현성하는 것(das Wesende)을 품고 있다. 죽음은 무의 상자로서 존재의 비호지대(Gebirg)인 것이다. … 죽을 자는 그러나 죽을 자로서 존재의 비호지대 속에 현성하고 있는 것이다. 그는 존재로서의 존재에로 (zum Sein als Sein) 현성하는 관계를 갖고 있다."[13]

하늘과 땅, 신적인 것과 죽을 자(인간)는 하이데거에 의하면 결코 자기 자신만을 위한 혼자가 아니라, 자기 스스로에 의해 서로 일치하는 '사방' 으로부터의 단일성 속에서 체류한다.[14] 그들은 단일성으로 서로 신뢰된

---

11) 신성의 성스러움이 — 하이데거에 의하면 철학자의 '존재'는 시인의 '성스러움'과 동질적인 말이다 — "그의 감춤 속으로 스스로 물러난다(entziehen)."는 것은 하이데거의 존재개념같이 스스로 은폐하는 속성을 갖고 있다. 또 이러한 존재개념은 헤라클레이토스가 '자연(physis)'을 "스스로 은폐하기를 좋아한다"(단편 123)고 한 것과 일맥상통한 내용이다.

12) 하이데거는 '존재자'와 '존재'에 엄격한 구분을 하고 있다. 이것이 소위 그의 '존재론적 차이'이다. 존재자는 사물적이거나 구체적이고 은폐되어 있지 않다. 이에 비해 '존재'는 철저하게 은폐되어 있고(verborgen) 비가시적이다.

13) M. Heidegger, "Das Ding", in Vorträge und Aufsätze, 170–171쪽.

자들의 존재사건이 일어나는(ereignende) '거울-놀이'로서 현성한다 (wesen). 이러한 '사방'은 각자 자신의 고유한 방식대로 나머지 다른 영역을 반영하고 또 각자는 '사방'의 단일성 내에서 다른 영역을 되돌려 반영한다. 하이데거는 (고대 그리스에서와 같이) 하늘과 땅, 신적인 것과 '죽을 자'(인간)로부터의 단일성의 존재사건이 일어나는 반영놀이를 세계라고 칭한다.[15] 이렇게 하여 하이데거의 '사방'으로서의 세계개념은 고대 그리스적 세계관에 의한 시적이고 신화적인 요소를 잘 반영하고 있고, 더더욱 플라톤의 코스모스에 관한 '사방'을 존재론적으로 풀이하고 있다.

그런데 '사방'의 유기적이고 조화로운 관계는 **'하늘과 땅의 결혼'**에 극명하게 드러나 있다. 이는 고대 그리스의 시인 헤시오도스(Hesiodos)에게서 잘 드러나는데, 그는 『신통기』에서 하늘 우라노스(Uranus)와 땅 가이아(Gaia)가 결혼하여 인류의 처음을 이루었음을 읊고 있다. 이러한 **하늘과 땅의 결혼**을 하이데거는 현대적 의미로 풀이하고 있는데, 이를 통해 우리 인간이 잊고 있는 부분을 들춰내고 있다. 그것은 우리가 일상 속에 파묻혀 살면서 하늘과 땅의 유기적 협조와 활동을 망각하기 때문이다.

한 알의 곡식과 한 송이의 포도도 다 이러한 하늘과 땅의, 그리고 이들을 최초로 있게 한 창조자와 기르고 관리하는 인간의 철저하고 절대적인 관여에 의한 것이다. "샘은 선사된 물 속에 머무르고 있다. 샘 속에는 돌

---

14) 앞의 책, 170쪽 참조. 하이데거는 그의 저서 『강연과 논문(*Vorträge und Aufsätze*)』 속에 포함된 소논문 「건축함 거주함 사유함(Bauen Wohnen Denken)」에서도 사방의 유기적 관계와 단일성을 강조한다: "하지만 '이 땅 위에서'란 이미 '하늘 아래'를 의미한다. 이 양자는 '신적인 것들 앞에 머물러 있음'을 더불어 말하며, '인간이 서로 상호간에 귀속해 있음'을 포함한다. 근원적인 통일성으로부터 사방이, 즉 땅과 하늘, 신적인 것들과 죽을 자들이 하나로 귀속한다."(143쪽)
15) 앞의 책, 172쪽 참조.

멩이가 머무르고, 또 대지의 어두운 잠이 함께하면서 하늘의 이슬과 비를 맞이하고 있다. (그러므로) 샘물 속에는 하늘과 땅의 결혼이 현존하고 있다. 그런데 이러한 하늘과 땅의 결혼은 포도주 속에도 체류하고 있다. 그것은 포도나무의 열매가 (만들어) 준 것이며, 이는 다시 대지의 토양분과 하늘의 태양이 서로 신뢰한 데서 이루어진 것이다. 그러므로 물의 선물에도 또 포도주의 선물에도 하늘과 땅이 체류하고 있다." 따라서 '사방'은 서로 공속하는 공동체인 것이다.[16]

사방의 거울—놀이를 통해 코스모스의 유기체적인 성격이 여실히 드러난다. 그러나 그럼에도 불구하고 하이데거에게서 아쉬운 부분이 있다. **그것은 성대한 '하늘과 땅의 결혼'과는 달리 인간과 초월자 사이의 공동체적이고 유기적인 관계가 미미하기 때문이다. 더욱이 하이데거에게서 인간의 대명사는 '죽을 자'로 규명되어 있다.**[17] 물론 인간의 운명은 그의 존재론에서 죽음과 무(無)에 의해 존재 자체와의 대면이 가능하겠지만, '죽음' 만으로는 다른 여타의 영역(하늘, 땅, 초월자)에 비해 미미하기만 하다. 인간이 죽어야 하는 자('죽을 자')라는 것은 사실이다. 그러나 이 사실이 코스모스 내에서 그의 위상을 대표한다거나 그의 전체를 결정짓는다고 하면 뭔가 미심쩍은 규명으로 보인다.[18] 그렇다면 인간은 코스모스

---

16) 앞의 책, 165쪽.
17) 물론 죽음은 하이데거에게 있어서 어떤 비참한 종말과 같은 뜻을 내포하고 있지는 않다. 오히려 하이데거에 의하면 인간은 흔쾌히 죽음을 맞이할 수 있기에, 사방 가운데서 오직 인간만이 이런 특수성을 갖는다고 볼 수 있다: "죽을 자들은 인간이다. 인간은 죽을 수 있기 때문에 죽을 자들이라고 불린다. 죽는다는 것은 죽음을 죽음으로서 흔쾌히 맞이할 능력이 있다는 것(Tod als Tod vermögen)을 뜻한다. 인간이 이 땅 위에서, 하늘 아래에서, 신적인 것들 앞에 머물러 있는 한, 오직 인간만이 죽는데, 좀 더 자세히 말해서 인간은 지속적으로 죽는다."(앞의 책, 144쪽)
18) 하이데거는 인간의 이승적인 것을 넘는 것에는 의미를 부여하지 않는다. 그는 성서가 인간을 '하늘에 고향을 둔 나그네'라고 하는 것과 플라톤이 인간의 영혼불멸을 증명하는 것, 나아가 칸트가 인간의 '이왕국적 존재'를 언급하는 것에도 별로 관심을 표명하지 않았다.

내에서 결코 끊임없는 유기적 '거울—놀이'에 참여할 수 없다.

그러나 하이데거에게서 인간의 대명사와 그의 본질규명은 '죽는 자'이다. 우선 인간은 신(神)과 하늘이 서로 가까이 하고 있는 것처럼 땅과 가까이 하고 있다. "땅은 봉사하면서 떠받치고 잉태하며 견디어내는 자이고, 또한 꽃을 피우고 열매를 맺는 자"[19]이다. 여기에 비해 인간은 '죽을 자'인데, 하이데거는 「사물」이라는 소논문 외에 「건축함 거주함 사유함(Bauen Wohnen Denken)」이라는 논문에서도 인간의 위치를 상세히 설명하고 있다: "죽을 자들은 인간이다. 인간은 죽을 수 있기 때문에 죽을 자들이라고 불린다. 죽는다는 것은 곧 죽음을 죽음으로서 흔쾌히 맞이할 능력이 있다는 것을 일컫는다. 인간이 이 땅 위에서, 하늘 아래에서, 신적인 것들 앞에 머물러 있는 한, 오직 인간만이 죽는데, 좀 더 자세히 말해서 인간은 지속적으로 죽는다."[20]

여기서 우리는 땅과 인간이 서로 가까이 있고 또 서로 유사한 역할을 수행하는 것을 엿볼 수 있다. 땅은 자신의 운명, 즉 봉사하고 떠받치며, 생명을 잉태하고 또 무릇 생명체들의 토대가 되어 묵묵히 견디어내며, 꽃이나 열매를 지어내면서 묵묵히 자연의 법칙을 따른다. 이와 마찬가지로 죽을 자인 인간은 죽음의 운명을 묵묵히 따른다. 여기서 운명이란 일종의 법칙적인 것을 의미한다.[21] 인간이 죽을 수밖에 없는 운명이라는 것, 즉 '인간이 죽는다'는 것은 운명이고 법칙인 것이다. 죽음이란 자연

---

19) M. Heidegger, *Vorträge und Aufsätze*, 143쪽.
20) 앞의 책, 144쪽.
21) 특히 고대 그리스의 '운명'개념에는 법칙적인 요소가 결정적이다. 이를테면 오이디푸스의 신화에서 오이디푸스가 장차 아버지를 살해하고 어머니를 자신도 모르게 강간하는 것은 비극적인 운명이었는데, 오이디푸스의 아버지는 아폴론 신탁으로부터 자신의 어린 자식에 관해 이 예언을 듣게 되자, 이를 피하려고 자식을 버린다. 그러나 이러한 운명으로부터의 도피행각을 비웃기라도 하듯 그는 운명의 사슬에 말려들고 만다.

에 순응하는 것이다. 우리가 죽으면 땅으로 돌아가는 것은 곧 자연의 법칙에 따르는 것이다. 자연의 법칙은 죽을 자로서의 인간의 탄생과 종말을 — 호메로스의 시구에 자주 등장하듯 "어머니 대지에서 태어나 어머니 대지로 다시 돌아가는" — 동시에 관장하고 있다. 그러나 이러한 자연의 법칙만이 인간의 운명을 결정짓는 전부는 아닌 것이다.

그런데 땅과 인간이 유사한 역할을 수행하는 것은 또 있다. 그것은 땅이 잉태하고 꽃을 피우며, 열매를 맺는 것에 상응하는 인간의 대응이다. 말하자면 땅이 수행하는 역할과 비슷한 일을 인간이 떠맡아야 하는 것이다. 그런 일을 인간은 자신의 삶을 영위해가면서 — 하이데거에 의하면 인간이 거주하면서 — 펼쳐야 한다. 인간은 땅을 구호하는 한에서 거주한다.[22] 구호함은 땅을 위험에서 벗어나게 할 뿐만 아니라, 그것을 자신의 고유한 본질로 자유롭게 놓아둠(freilassen)을 의미한다. 따라서 땅을 구호한다는 것은 결코 땅을 착취하거나 혹사하는 것일 수는 없다. 또 땅을 지배해서도 안 된다.

코스모스 내의 사방이 거울-놀이를 하는 데에 잘 드러나듯 인간은 다른 세 영역처럼 비춰야 한다. 그러므로 사방의 거울-놀이를 온전하게 하는 것이 무엇보다도 인간의 과제이다. 인간의 거주함엔 바로 이러한 과제가 포함되어 있는데, 이를 일반화하면 '보살핌'이다. 하이데거에 의하면 "거주함의 근본특성은 이러한 보살핌이다. 이 근본특성이야말로 거주함을 그것의 전 범위에서 관통한다."[23] 인간이 세상에 거주한다는 것은 땅이 수행하는 일과 같이 사물을 보살펴 꽃과 열매를 맺게 해주는 역할을 떠맡아야 하는 것이다. 땅은 영원한 측면에서 하늘과 신적인 것들을

---

22) M. Heidegger, *Vorträge und Aufsätze*, 144쪽 참조.
23) 앞의 책, 143쪽.

닮아 있지만, 그러나 생명체들의 삶과 죽음을 끊임없이 잉태한다는 점에서는 인간과 닮아 있다.

인간이 보살피는 것은 땅뿐만 아니라 하늘과 신적인 것들 또한 포함한다. 말하자면 '죽을 자'로서의 인간은 '땅을 구호하는 한에서', '하늘을 하늘로서 받아들이는 한에서', '신적인 것들을 기대하는 한에서' 그리고 '죽음을 죽음으로서 흔쾌히 맞이할 능력이 있는 한에서' 사물을 보살피고 사방의 모든 것들을 온전하게 하는 것이다. 인간이 하늘을 보살핀다는 것은 하늘을 하늘로서 받아들이면서 거주하는 것이다.[24] 인간은 태양과 달에게 그들의 운행과정을, 그리고 별들에게는 그들의 궤도를, 또한 사계절에게 그것들의 축복과 매정함을 일임한다.

또 이와 같이 인간은 신적인 것들을 신적인 것들로서 기대하며 삶을 영위한다. 그는 기대에 가득 찬 마음으로 성스러운 구원의 손길을 신적인 것들에게 갈구한다. 그는 신적인 것들이 도래하는 눈짓을 기다리며 이들이 지금 부재하는 징표를 착오하지 않는다. 이러한 불행의 상태, 즉 아직 구제의 손길이 닿지 않은 삶 속에서도 그는 멀리 있는(entzogen) 구제를 기다린다.

그런데 인간이 사방의 '거울−놀이'를 수행하는 데 있어서 '죽음을 죽음으로 받아들이는 능력'만으로 충분한가? 물론 하이데거의 존재사유에서 죽음의 독특한 역할, 즉 죽음을 부정할 것이 아니라 긍정하고 받아들이는 한에서 '존재 가능(Seinkönnen)'에 거처할 수 있다는 사실과, 죽음의 계기만큼 인간을 실존하게 하는 것은 없다고 할 정도로 — 그래서 하이데거는 '죽음으로의 미리 달려감(Vorlaufen in den Tod)'을 천명한다 — 다소 역설적인 진리를 우리는 이해해야 한다. 죽음을 삶의 원리로서

24) 앞의 책, 144쪽.

받아들이는 것, 더 나아가 죽음을 진리로서 끌어안을 때, 인간은 온전한 삶을 영위할 수 있다는 것이야말로 하이데거가 우리에게 들려주고자 했던 것이리라.

그러나 그럼에도 불구하고 의혹은 여전히 남는다. **그것은 과연 우주론적 측면에서 인간을 규명해주는 것이 죽음밖에 없는가**이다. 인간의 존재와 운명은 죽음만으로 다 설명되는가? 죽음 가운데서 또는 '무의 상자'와 '존재 자체의 비호지대'로부터 궁극적인 존재경험만으로 인간의 모든 형이상학적인 의혹은 다 풀리는가? **결코 그것만으로는 '형이상학적 존재(ens metaphysicum)'인 인간의 의혹은 해소되지 않는다.**

하이데거에서 인간은 코스모스를 구성하는 한 영역으로 받아들여지지만, 그는 '죽을 자'이므로 이 영역을 지키지도 수행하지도 못하고 어디론가 떠나고 만다. 그는 땅 위에서, 하늘 아래에서, 신적인 것들 앞에서, 죽을 자들과 더불어 있는 그런 거주함으로 삶을 영위하지만, 또한 그는 언제나 사물들 곁에서 체류하는 형태로 살아가지만,[25] 그러나 그는 '죽을 자'이므로 곧 사물들 곁을 떠날 것이고, 또 사물들 곁에 잠시 체류한다고 해서 그의 위상이 '사방의 거울-놀이'에 걸맞는 것도 아니다.

물론 인간은 하늘과 땅 사이에 거주하며 포도나무를 가꾸고, 또 포도주를 만들며, 이를 신 앞에 내려놓고 감사제를 드린다. 사방 가운데서의 인간의 역할이 분명히 드러난다. 좀 더 극단적으로 말하면, 인간이 존재하지 않는 코스모스란 무의미할 따름일 것이다. 따라서 인간은 그가 사방의 한 영역을 담당하고 감수하는 데에 상응한 위상을 찾아야 한다. 이러한 맥락에서 인간은 사방 중에서 결코 미미한 존재여서는 안 된다. 고구려의 고분벽화는 이 결핍된 부분을 충족시킨다.

---

25) 앞의 책, 145쪽 참조.

인간은 사방 가운데서 오직 대지 위와 하늘 아래에 거하는 사이—존재로만 처단되어서는 안 된다. 만약 그렇다면 인간의 운명은 오직 가혹할 따름이고, 하늘과 땅과 초월자의 (준)항구적인 위상과는 달리 — 하이데거에게서 드러났듯 — '죽음'만으로 특징지어지는 초라함의 대명사일 것이다. 그럴 수는 없다! 인간은 죽는 것으로 사방의 거울—놀이를 끝낼 것이 아니라, 하늘처럼, 대지처럼, 그리고 초월자처럼 끊임없이 거울—놀이에 임해야 하는 것이다.

고구려의 고분벽화는 사방의 거울—놀이에서 뛰어난 인간의 위상을 드러내 보인다. 그는 코스모스 내에서 '사이—존재'의 틀에서 벗어나, 다시 말해서 대지 위와 하늘 아래뿐만 아니라 대지 아래와 하늘 위로 나아간다. 인간의 사방 가운데서의 위상이 유감없이 (혹은 본래적으로) 드러난 것이다. 고구려의 인간은 구름을 타고 (혹은 신비한 공작과 용을 타고) 창공 가운데로 나아가고, 별들과 은하와 함께 인사하고 방문하며 대화하고 있다. 인간은 사방세계에서 — 하이데거에게서 잘 드러나듯 — 주로 대지와 관련을 맺어왔지만, 이제 하늘 및 초월자와 '거울—놀이'는 말할 것도 없고, 그 이상의 만남과 방문과 교류를 통하여 그의 본래적인 모습을 드러내고 있는 것이다. 초월자와 인간의 만남에서 철학과 종교의 궁극적인 문제가 특이한 방식으로 응답되고 있다. 따라서 **초월자와 만난다는 것은 일종의 형이상학과 종교의 궁극적 완성**이라고 할 수 있는 것이다.

이제 '하늘과 땅의 결혼'에서와 같이, 혹은 이와 유사한 양식으로 인간과 초월자가 무대 위로 드러난다. 어쩌면 하늘과 땅의 결혼보다는 **인간과 초월자의 만남**이 더욱 심대한 일일 것이다. 그것은 인간 자신의 운명과 실존의 문제 및 그의 궁극적인 문제가 걸려 있기 때문이다. 그들은 서로 만나고 함께 거주한다. 그들은 하늘과 땅을 주거지로 삼으면서 함께 삶을 이루어가고 궁극적인 것을 충족시킨다. 인간의 종교적이고 형이상학적인 미스터리와 갈증을 이보다 더 충족시키는 것이 도대체 어디에 있는 가!

그렇다면 고구려 고분벽화에서의 인간상은 철학적으로 무엇을 암시하고 있는가? 그것은 천상과 지상, 초월자와 인간의 세계를 아우르는 우주론과 형이상학의 새로운 지평을 여는 신비로운 영역을 밝히고 있다. 여기서 형이상학의 새로운 지평을 연다는 것은 형이상학이 근세철학에서와 같이 추상적 관념론으로 빠지거나 고작 인식론의 문제만 만지작거리는 데[26]에서 벗어나, 인간의 궁극적이고 실존적인 문제와 사방세계 내에서의 생생한 역할을 유감없이 드러내는 것을 말하고 있다. 이러한 새로운 지평은 고대 그리스에서 각인되었지만, 중세와 근세를 거치는 과정에서 변질되어 버렸기에, 결과적으로 본래적인 형이상학의 영역을 되찾는 일이기도 하다.

고대 그리스에서는 적어도 '인간의 궁극적인 것'과 영혼불멸, 코스모스와 세계의 운명(우주론), 초월자와 인간, 존재와 생성소멸 등이 형이상학의 주된 테마였지만, 중세와 근세로 내려오면서 변질되고 또 조작되고 말았다. **근세에서 치중했던 인식론의 문제는 물론 중요하다. 그러나 그것을 마치 형이상학의 전부인 것처럼 혹은 결정적인 것처럼 과장해서는 안 된다.** 그것은 인간의 궁극적인 문제가 결코 인식론적인 것으로 다 채워질 수도 또 해결될 수도 없기 때문이다. 근세는 인식론의 거대한 카테고리에서 '관념의 누각'을 건립하고 그 안에 안주하는가 하면, 또 이와 반대로 실증적 경험론을 들고 나와 소위 '낡은 형이상학'과 싸움을 벌여왔다.

---

26) 대체로 칸트의 『순수이성비판』은 형이상학을 인식론의 틀에 가두었다고 볼 수 있다. 칸트는 뉴턴 물리학의 모범에 따라 형이상학이 엄밀한 과학이기를 요구했고, 이러한 요구에 부응하지 않는 철학을 '낡은 형이상학'이라고 규명했다.

그러나 이 후자도 단세포적인 실증주의나 과학주의로 빠져버림으로써 형이상학을 송두리째 불신하는 과오를 범하고 말았다.

저러한 근세적 형이상학의 변질에 비해 '새로운 형이상학의 지평'을 여는 고구려 고분벽화의 경우는 결코 추상적 관념론이나 인식론의 카테고리 틀 안에서 허우적거리는 것이 아니라, 섬뜩하리만큼 — 적어도 이러한 작품 속에서는 — 생생하고 구체적이다. 그러면서도 인간의 실존적이고 궁극적인 문제를 다루고 있는 것이다. 그것은 인간의 운명과 궁극적인 것, 인간의 영혼불멸, 초월자와의 관계, 코스모스에서의 위상에 대해 **응답하고** 있기 때문이다. 물론 이러한 응답이 절대적이거나 정답이라고는 말할 수 없다. 원래 존재론과 형이상학의 응답은 합리적인 논리학과 과학에서의 응답과는 다르다! 그렇다고 전혀 논리학에서 벗어났다거나 비논리적이라고 말할 수는 없다.

종교의 궁극적 목적은 무엇인가? 그것은 물론 신학적 · 철학적 · 종교학적 분석에서 여러 가지로 응답되겠지만, 그리고 경우에 따라선 여러 가지 목적들로 분류될 수도 있겠지만, 어쨌든 그 어떤 다른 목적들보다도 **절대자와 초월자의 영역으로 나아가는 것**이 우선적일 것이고, **그와 결합하며 함께 거주하는 것**이다. 기독교의 궁극적인 목적도 이와 맞물려 있다. 천국에서 혹은 파라다이스에서 천사와 함께, 그리스도와 함께, 그리고 창조주 하나님과 함께 거주하는 것이야말로 기독교를 신앙하는 사람들에게 가장 강력하게 염원되는 목적일 것이다.

초월자와 만나고 사귀며 함께 거주하는 것이야말로 철학과 종교의 궁극적 목적 가운데 하나일 것이고, 고구려의 고분벽화는 바로 이러한 목적에 대해 응답하고 있는 것이다. 고분벽화에서 인간은 마치 무덤 가운데 누워 있는 사람이 되살아난(부활한) 몸을 이끌고 비상한 것처럼[27] 생생한 인간의 모습을 하고서 하늘의 별꽃가루가 뿌려진 정원으로 나아간다.[28] 여기서 '생생한 인간의 모습'을 하고 있다는 것은 우선 추상적 관념이나 개념적 인식론으로 불멸이나 영혼에 대해서 이론적으로 논의하는 차원이 아니라, 생생하게 활동하는 모습이 벽화 속에 동영상으로 담겨 있다는 것이다. 또한 무덤 주인이 신비로운 세 발 공작과 용을 타고 북두칠성이나 기타 다른 별에 다다른다는 것은 불멸신앙의 흔적이 묻어 나온다. 참으로 궁극적인 것에 대한 고구려인들의 웅장하고 숭고한 모습이 드러난다.

27) 기독교의 신앙은 철저한 부활신앙이다. 그것은 죽은 자가 무덤과 죽음을 이기고 일어나는 것이다. 예수는 부활에 대한 의심을 품었던 토마스에게 나타나 그의 옆구리에 찔린 상처의 흔적을 보여주었다.

28) 신선의 모습으로 천상의 세계로 나아가는 모습에서 횔덜린의 시구(詩句) "아직 알려지지 않은 미지의 나라"를 떠올릴 수 있다: "폭풍우의 / 가장 성스런 회오리 속에서 / 나의 무덤 벽은 / 붕괴되고 말 것이다. // 그리고선 / 지극히 자유롭고 영광스럽게 / 나의 영(Geist)은 / 아직 알려지지 않은 미지의 나라로 / 나아가리라."

9.
사방세계로 파악된 고구려인의 코스모스
― 불멸의 거울―놀이

고구려인들의 세계관에는 단순히 사방으로서의 코스모스가 하이데거가 파악한 사방(das Gevirt), 즉 서로 비추는 '거울―놀이'만 하고 있는 것이 아니라, 직접적인 교류가 이루어짐을 드러내 보이고 있다. 천상과 지상, 인간과 초월자가 한누리를 엮어가는 것이다.

우리는 앞 장에서 고구려의 고분벽화에 드러난 고대 한국인의 우주관을 파악해보았다. 인간은 땅 위에서의 거주자이고 또 하늘에서의 거주자이다. 고분벽화에서의 인간상은 지상적인 시공의 한계와 사멸성에 유폐되지 않고 열린 코스모스 속에서 궁극적인 의미를 호흡하는 그러한 존재로 드러난다. 고구려인들의 세계관을 통해 인간의 위상과 존엄성이 유감없이 발휘되어 있음을 목격할 수 있다. 그들에게서 인간은 땅에서의 일상적인 삶을 영위하고 또 신선이 되어 하늘을 날며 천상의 초월자와 만나고 교류함으로써 그 유기적이고 역동적이며 영원한 거울―놀이에 동참하고 있다. 지상에서의 일상적인 삶과 생활방식들을 그대로 고분벽화에 옮겨놓은 것은 지상이 하늘에 비해 결코 하찮은 것이 아니라는 의미이고, 이는 사방의 거울-놀이에서 조화로운 위치를 차지하고 있음을 표현한 것이다.

사방으로서의 코스모스는 고구려의 고분벽화 오회분(5호 무덤)에도 잘 드러나 있다. 여기엔 사방으로서의 코스모스가 총천연색의 영상과 입체적 역동성으로 그 신비를 드러내고 있다. 즉, 남쪽 부분에 해당하는 앞 부분에는 전(前)주작, 북쪽 부분에 해당하는 후미에는 후(後)현무, 동쪽에 해당하는 왼편에는 좌(左)청룡, 서쪽 부분에 해당하는 오른편에는 우(右)백호로 우선은 무덤을 지키는 사신(使臣)으로 파악된다. 그러나 이러한 사신은 강서대묘에도 잘 드러나듯이 널방 바닥에 놓인 주인을 지키는 수호신이면서 동시에 우주의 방향을 가리키는 방위신(神)이기도 하다. 따라서 주작, 현무, 청룡, 백호의 사신(使臣)은 다름 아닌 사신(四神)으로서, 이들로 하여금 자신의 무덤을 지키게 했던 고구려인의 기백과 위용은 과연 놀랍다.

네 방위를 담당한 생명체들은 동양의 음양오행설에서 각각 사방을 대표하는 사신으로서 "나쁜 기운을 물리치고, 죽은 자의 영혼을 하늘세계로 인도한다."[1] 사신이 죽은 자의 영혼을 안내하는 하늘세계에는 황룡이 있는데, 이 황룡은 코스모스의 중심을 상징한다.[2][3] 죽은 자의 영혼은 신선이 되어 천상의 세계로 나아갔는데, 바로 황룡 주변의 꽃과 구름 사이

---

1) 「월드컵 특별기획 역사스페셜」, 제2편 고분벽화, KBS 2002년 6월 8일 방송 참조.
2) 앞의 곳 참조.
3) 김일권 교수는 고분벽화에서의 황룡도를 사신도와 합하여 오신도(五神圖)를 주장한다. 그렇다면 황룡은 우주의 중심을 상징하면서 동시에 다섯 방위를 지키는 신들 중 하나라고 생각할 수 있다(김일권, 「벽화천문도를 통해서 본 고구려의 정체성」, 『고구려 정체성』, 고구려연구회 편, 학연문화사, 2004, 1047쪽, 1053쪽 이하 참조).

를 방문하고 있다. 이곳은 바로 고구려인들이 사유한 죽음 저편의 세계이다. 죽어서는 신선이 되어 기묘한 날개옷을 입고 용이나 천마, 봉황이나 세 발 공작을 타고서 하늘고향에서 산다고 믿은 것이다. 이 천장벽화는 고구려인들의 종교관을 보여주고 있다.

그런데 오회분 5호 무덤에서 용과 호랑이는 사방의 방위에도 등장하고 가운데 부분에 또다시 서로 뒤엉킨 모습으로 등장한다. 이 가운데 부분에 드러난 융합 형태의 용과 호랑이에 대해서는 그 상징어의 철학적 깊이를 헤아릴 필요가 있다. 그것은 천용지호(天龍地虎)의 호랑이와 용이 서로 얽히고 섞여서 하나를 이루고 있는 것이다. 이 모습을 혹자는 서로 싸우는 것으로 묘사하기도 하지만, 오히려 여기선 하늘과 땅의 결합 내지는 하나됨을 형상화한 것으로 보이며 서로 위용을 드러낸다고 보는 것이 옳다. 땅의 위용을 호랑이가 드러내고, 또 이에 비해 하늘의 위용을 용이 드러내어 서로 하나되어 엉키고 얼굴을 대면하여 불을 뿜어냄으로써 그 위용과 기운 및 일치되는 조화가 극대화되고 있다. 고대 그리스 신화에서는 '하늘(우라노스)과 땅(가이아)의 결혼' 이야기가 나오는데, 고구려의 벽화는 이를 형상화한 것으로 보인다.

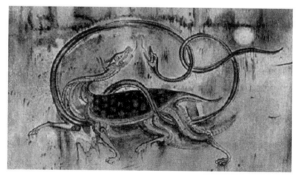

강서대묘의 안칸 북벽에 위치한 현무도

또한 현무도도 이와 유사하게 음양의 조화를 드러내고 있다. 뱀과 거북이 서로 칭칭 감고 있는 것도 싸우는 것이라기보다는 생명(뱀, 제약 상징)과 장수(거북)가 서로 결합하는 것을 표현한 것이고, 또한 서로 마주보고 불과 같은 기운을 뿜어내는 것으로써 음양이 서로 만나 우주에 질서를 부여함을 의미한다고 보아야 한다. 특히 통구사신총의 현무도에서는 거북과 뱀이 뿜어내는 기운을 통해 창공의 구름이 좌우로 나뉘고 있음을 보여주고 있다.

이 오회분(5호 무덤)에는 천상의 파노라마가 **사방의 생명놀이**를 하고 있어 그 생동감과 신비스러움이 보는 이로 하여금 황홀감에 도취되게 한다. 중앙에 위치한 용호도의 네 변을 해와 달과 별들, 각종 악기와 춤으로 노래하는 신선이 차지하고 있으며, 이 네 변의 바깥쪽에는 해신과 달신을 비롯한 문명을 일으킨 신들과 면류관을 쓴 하늘나라의 왕과 그의 신하(마치 기독교에서의 천사처럼)가 같은 궤도에 그려져 있다.

여기서 태양의 신은 남신(男神)의 형상을 띠고서(고대 그리스의 태양의 신도 남신 헬리오스이다) 세 발 봉황[4]이 그 상징어로 그려진 태양을 머리 위에 이고 있다. 또 달의 신도 여신의 형상을 띠고서(고대 그리스에서 달의 신도 여신 셀레네이다) 머리 위에 달을 이고 있다. 오회분 4호묘에 그려진 태양의 신과 달의 신은 두 손으로 태양과 달을 (숭앙하기라도 하듯) 받쳐들고 용의 꼬리를 달고서 날개를 펄럭이며 하늘세계로 나간다. 그런데 이들은 그들의 바깥쪽에 신비한 하늘나무를 두고서 서로 마주보며 날아오르는데, 그들의 다리는 힘 있게 앞뒤로 펼쳐지고 오색의 꼬리 부분은 아래에서 위로 생동감 있게 휘어 오르고 있다.[5]

---

4) 혹자는 여기에 그려진 새가 봉황이 아니라 세 발 까마귀라고 하기도 한다. 태양 속에 작게 그려져 있어서, 이를 정확히 파악하기가 쉽지 않다. 그러나 신비한 초─동물적 상상의 새임에는 틀림없다. 특이한 것은 그리스의 신화에서 헬리오스의 대를 이은 태양의 신 아폴론의 새도 까마귀이다.

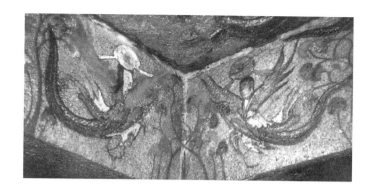

우리가 앞 장에서 문명을 창조한 신들에 대해 자세히 논의했지만, 이 고분에도 의미심장하게 그 우주론적 비밀을 간직한 채 그려져 있다. 만약 문명을 '카오스에서 코스모스로의 전향(Vom Chaos zum Kosmos)'이라고 한다면, 하늘나라의 왕과 문명을 일으킨 신들이 코스모스를 창건했다는 의미를 시사한다. 고분벽화에 그 직책까지 분명하게 표현된 각 문명의 신들은 과연 오늘날에도 그들이 담당했던 직책이 문명의 핵심을 이룸은 의심의 여지가 없는 것이다. 따라서 고구려인들은 어떠한 부류의 문명이 코스모스를 창건하는 데에 있어서 핵심적인 역할을 하는지를 통찰하고 있었던 것이다.

그런데 고분벽화를 통해 고대 한국인들은 코스모스 내에서의 인간의 운명과 위상을 어떻게 드러내고 있는가? 한마디로 인간의 운명은 결코 죽음으로 말미암아 침울한 종말을 고하는 것이 아니다. 그는 신선의 형

---

5) 생동감과 역동성이 흘러넘치는 것을 통해서도 한국과 중국의 문화 자체가 근본적으로 다름을 파악할 수 있다. 신영훈은 중원 사람들의 '아주 정적인 자세'와 사신총에서의 '해와 달을 나누어 이고 창천(蒼天)을 날아드는 역동적인 자세'를 통하여 온당하게 두 문화의 차이를 잘 설명하고 있다. 그리고 그 차이를 명쾌하게 규명하고 있다: "중원 사람들의 심사(心思)와 우리네의 심지(心地)에서 나타나는 이런 차이는 전혀 다른 바탕과 개념에서 유래된 것으로 보는 것이 타당할 듯싶다."(신영훈, 『고구려』, 조선일보사, 2004, 33쪽)

태로서 벽화의 천장 가운데 부분에 뒤엉켜 있는 용호도를 보고 있기에, '하늘과 땅의 결혼'을 지켜보고, 또 하늘의 왕과 문명의 신들에 의해 둘러싸여 있으면서 온갖 악기들로써 코스모스에 심포니를 연주하는 것으로 되어 있다. 이 그림으로 읽는 '환희의 송가'는 바로 고대 한국인들의 형이상학이고 우주론이며 인간론인 것이다.

　그렇다면 고분벽화에서 인간이 어떻게 천상의 심포니를 협연하고 있는지 구체적으로 파악해보자. 인간은 여기서 온갖 악기를 동원하여 코스모스에 심포니의 향연을 베풀고 있다. 그는 한편으로 천상의 협화음을 뽑어내고 또 다른 한편으로 그의 이러한 행위는 조화로운 코스모스가 뽑어내는 협화음에 일조하고 있는 것이다. 음악의 특성이 그렇듯이 아름다운 선율로 선사한다는 것은 동시에 아름다운 선율로 선사 받는 일이기도 한 것이다. 향연을 베푸는 이는 곧 향연에 취한다. 그것은 향연에 취할 줄 아는 이만이 향연을 베풀 수 있기 때문이다. 주고서 받거나 받고서 주는 것이 세상의 거래이고 인간사의 실상이다. 그러나 천상의 심포니는 ─ 마치 인간의 논리를 비웃기라도 하듯이 ─ 주는 것이 동시에 받는 것이고, 받는 것이 동시에 주는 것이다.

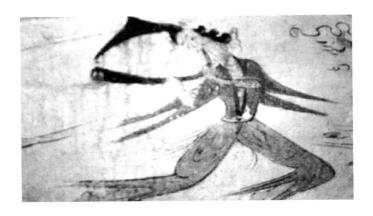

참으로 인간이 천상에서 할 수 있는 일 중에 이보다 더 영광스러운 일이 있을까. 예배와 제사와 향연에 음악이 대동되는 것을 고대의 한국인들은 간파한 것이다. 고분벽화의 사방에서 인간은 온갖 악기를 대동하여 천상의 콘서트를 펼치고 있다. 태양이 그려진 벽화에는 용을 타고 춤추는 신선과 긴 대금을 연주하는 신선이 협연을 하고, 달이 그려진 벽화에는 용을 타고 노래하는 신선과 완함(阮咸)을 연주하는 신선이 짝을 이루고 있다. 또 남두육성의 별자리에는 신선이 용을 타고 요고(腰鼓)와 거문고를 연주하고 있으며, 북극성이 그려진 자리의 왼편에는 신선들이 용을 타고 뿔나팔과 소(簫)를 연주하고 있다.

오회분 4호묘: 악기를 연주하며 비천하는 신선들

한마디로 이처럼 의미심장하게 표현된 인간의 운명은 서구 사유에서는 보기 힘든 경우이다. 이때까지의 어떤 서구의 형이상학도 코스모스 내에서의 인간의 위상과 존재를 이처럼 확고하고 적극적으로, 웅장하고 또 이웃과 조화롭게 해명해내지는 못한 것이다. 인간은 우주 내에서 지배자가 아니지만 노예도 아니며, 죽음으로 종말을 고하는 미완의 생명체도 아니고 코스모스의 운행에 있어 소외되지도 않는다. 그는 적극적으로 코스모스의 운행에 가담하고 있으며, 하늘과 땅, 신들과 자연의 이웃으로 존재하는 것이다.

이러한 표현과 진술은 그러나 결코 단순한 상상이나 욕구가 아니라, 형이상학의 특수성에 기인하고 있다. 따라서 실증적 잣대와 시각으로 이러쿵저러쿵 할 수는 없는 것이다. 이러한 진술과 표현은 지금 당장 현사실성의 지평에서 이루어지는 것도 아니고 또 드러나는 것도 아니지만, (이런 혹은 다른 방식으로 이루어질 수 있는, 그러나 어떤 형식으로든 이루어져야 할) 존재–당위(Sein-Sollen)를 추궁하고 추적하는 형이상학적 시도인 것이다. 그 가능성의 해답은 열려 있는 것이다.

말할 것도 없이 우리의 형이상학이 추구한 것에 대한 답변이 지금 당장 사실적 존재영역에 있는 것은 아니다. 그러나 결단코 무의미한 것일 수는 없다! 그것은 지금 당장 현실의 시공에서 드러나지 않지만, 언젠가는 이와 같이 혹은 이와 유사하게 일어날 가능성이 전혀 없다고 할 수 없기 때문이다. 즉 그것은 지금 당장 우리 눈앞의 무대에서 전개되지 않지만 존재해야 하는 당위(Sein-Sollen)나 존재할 수 있는 가능성을 포괄하기 때문이다. 따라서 이러한 '존재해야 하는 당위'와 '존재할 수 있는 가능성'에 대한 하나의 응답은 지극히 숭고하고 심오하며, 인간의 위상을 신격으로 승화시키는 일이기도 하다.

그리하여 우리는 고구려인들의 인간학이 사방으로 파악된 코스모스에서 어떠한 위치와 역할을 담당하고 있는지에 대해 좀 더 구체적으로 이해할 수 있을 것이다. 고구려인들이 파악한 인간의 코스모스 내에서의 위상은 하이데거에게서와는 달리 결코 미미하거나 위축되어 있지는 않다. 사방세계를 해명한 하이데거의 철학적 통찰은 예리하지만, 그리고 '인간'을 제외한 다른 세 방위(하늘, 땅, 신)에 대한 해명은 썩 납득이 가지만, 인간 부분은 그렇지 못하다. 하이데거에게서 인간은 '죽어야 할 자'로만, 그리고 여기에서 자신의 존재의미를 찾는 것으로 되어 있지만,

그것은 그러나 사방세계에서의 인간의 위상이 오직 수동적이고 미미한 것임을 단적으로 드러내고 있다. 물론 인간이 자신의 존재의미만 이해한다면 그만이라고 생각하면 어쩔 수 없는 노릇이겠지만, 그러나 코스모스 내에서 한 방위를 담당한 자의 위상에는 걸맞지 않다.

사방세계의 '거울−놀이(Spiegel−Spiel)'는 — 코스모스 내에서 하늘과 땅, 인간과 절대자를 중심으로 한 사방세계뿐만 아니라 그 외 코스모스 내에서의 사방 구성요소들 사이의 거울−놀이를 포함한다면 — 우선 고구려의 고분벽화가 사각형 형식을 하고서, 이 사각형 가운데에 벽화를 그림으로써 더욱 사방의 거울−놀이에 대한 실감을 돋보이게 한다. 그것은 서로 모서리를 바라보며 대각선적인 거울−놀이를 가능하게 할 뿐만 아니라, 그 다음 단계의 모서리 부분이 변이되어 새로운 사각형을 형성함으로써 사방의 역동성이 부각된다. 서로 대각선을 마주보는 '거울−놀이' 외에도 서로를 마주보는 '거울−놀이'도 드러나 있다.

그런데 놀라운 것은 고구려의 천문학에서 강서대묘를 비롯한 수많은 무덤벽화에서 네 방위를 지키는 방위신(사신도)이 등장할 뿐만 아니라, 하늘세계에서도 사방을 방위하고 보살피는 별자리가 등장하는 것이다. 고구려의 천문학에 정통한 김일권 교수는 이 하늘나라의 네 방위 별자리를 '사숙도(四宿圖)'[6]라고 칭한다. 여기서 네 방위 별자리(사숙도)는 북두칠성과 남두육성을 남북의 방위 별자리로 삼고, 동쪽은 태양의 상과 서쪽은 달의 상을 넣어 천문 시스템을 구축한 경우와, 동쪽과 서쪽을 각각 심방육성(心房六星: 전갈자리)과 삼벌육성(參伐六星: 오리온자리)으로 한 경우가 있다.[7] 고분벽화에 따라 동쪽에 태양과 심방육성(전갈자리)이,

---

6) 사숙도(四宿圖)의 개념형성에 관해서는 김일권, 앞의 논문, 1044쪽 참조.
7) 앞의 논문, 1047−1049쪽 참조.

그리고 서쪽에는 달과 삼벌육성(오리온자리)이 함께 방위신의 역할을 담당하는 천문 시스템도 그려져 있다.

김일권 교수에 의하면 고구려의 벽화천문에서 처음 마련된 사숙도의 네 방위 천문 시스템이야말로 중국의 묘실벽화에서는 현재까지 발견할 수 없는 것이고, 중국 산동성에서 발굴된 북제(北齊) 도귀묘(道貴墓, 571년)의 벽화천문 속에는 예외적으로 고구려식 일월남북두(해, 달, 남두육성, 북두칠성) 시스템이 적용되어 있다고 한다.[8] 김교수에 의하면 북제 도귀묘의 네 방위 천문체계는 "고구려의 영향을 받아 성립되었을 가능성이 매우 크고", "고구려의 천문사상이 중원으로 수출된 중요한 사례로 평가될 전망"이라고 한다.[9]

"남북조의 다른 벽화천문 양식과 달리 도귀묘는 분명한 사방위 천문사상을 표방하고 있는데, 그것은 어디까지나 4, 5, 6세기를 통하여 내내 고구려의 벽화천문도에서 새롭게 마련되었던 천문 시스템이다. 도귀묘보다 106년 앞선 덕흥리 고분(408년)에 이미 동서의 일월과 남북의 남북두(南北斗) 시스템이 표현되었으며, 그보다 이른 시기의 안악 1호분(4세기 말)에서도 동일한 일월남북두 천문 시스템이 마련되었다. 이후 각저총, 무용총, 삼실총, 천왕지신총, 덕화리 1호·2호분, 집안 오회분 4호·5호묘, 통구 사신총 등 많은 곳에서 지속적으로 전승되었다."[10]

그런데 우리가 앞에서 코스모스에서의 사신도의 방위신에 대한 철학적 의미를 읽었듯이 사숙도의 경우도 같은 차원에서 이해할 수 있을 것이다. 말하자면 사숙도의 네 별자리들도 사신도의 방위신과 같은 역할을

---

8) 앞의 논문, 1048쪽 참조.
9) 앞의 논문, 1049쪽 참조.
10) 앞의 곳.

맡음으로써 이들이 인간뿐만 아니라 코스모스와 삼라만상을 보살피고 방위하는 수호신의 위상을 갖는 것이 고구려 천문사상의 특징이다. 고분 벽화에 그려진 수많은 별자리들의 상징언어와 의미를 오늘날 우리가 모두 해명할 수는 없지만, 네 방위의 천문 시스템을 통하여 코스모스의 유기적 관계뿐만 아니라, 삼라만상이 보살피고 보호하며 방위하는 시스템으로 구축되어 있다는 고구려의 천문사상을 어느 정도 간파할 수는 있다고 여겨진다.

　북두칠성과 남두육성[11]이 서로 대칭을 이루면서 마주보고 있으며, 해와 달도 서로 마주보고 서로를 반영하고 있다. 장천 1호분은 온통 하늘의 장엄한 사방세계를 옮겨놓은 것 같다. 네모꼴의 벽면은 대각선으로 나누어져 있어 사숙도의 의미를 크게 부각시키고 있으며, 각 방에는 해와 달이 그리고 북두칠성과 남두육성이 서로 마주보며 자신의 방위를 드러내면서 동시에 맞은편의 방위를 반영하고 있다. 사후의 세계를 관장하고 인간의 영혼을 자기가 거처하는 곳으로 안내하는 북두칠성과 현실세계에서의 삶과 무병장수를 주관하는 남두육성이 서로 마주보면서 서로를 반영하는 것은 인간의 생명을 영원에 이르기까지 방위하고 보살핀다는 것인데, 인간 쪽에서 보면 남두육성의 주재를 받고, 죽어서는 북두칠성의 수호를 받아 인간의 영혼이 영원으로 이어지기를 염원하는 세계관이다.

11) 오회분의 5호분과 덕화리 2호분 등에 잘 드러나 있다.

10.
철학과 종교의 과제로서의 불멸성

가. 인간의 궁극적 과제로서의 불멸성

칸트(I. Kant)는 형이상학의 '피할 수 없는' 3대 과제를 신(神), 자유, 불멸성이라고 했다.[1] 그런데 이러한 칸트의 지적은 ― 물론 사람마다 생각하기 나름이겠지만 ― 인간의 깊은 심연에 놓인 궁극적인 문제를 꿰뚫어 본 것으로 사료된다. 따라서 칸트가 지적한 신, 자유, 불멸성이라는 것은 '형이상학의 3대 과제'에 그치는 것이 아니라, 인간의 근본적이고 궁극적이며 또 실제적인 문제인 것이다.

칸트에게서 신과 자유 및 불멸성이 형이상학의 3대 과제인 것은 이것이 결코 회피할 수 없는 인간의 궁극적이고 근원적인 물음이라는 것이다. 이러한 근원적인 과제는 실로 인간의 삶에 의미를 부여하는 가장 중

---

1) I. 칸트, 『순수이성비판』, B7, B346.

요한 방향점이라고 할 수 있다. 따라서 그에게서 이러한 형이상학의 3대 과제는 실천이성의 '요청(Postulat)'으로 받아들여지고 있다. '인간의 궁극적인 목적'은 무엇일까? 물론 어떤 무엇(etwas)을 궁극적인 목적이라고 설정하면 피식 웃는 철학자가 많을 것이다. 우리도 그렇게 확정하자는 것이 아니다. 인간의 궁극적인 목적이 무엇인지에 대해서는 확정된 것도 없고 또 밝혀진 것도 없다. 각자 나름의 궁극적인 목적을 설정할 수도 있다. 그러나 깊이 성찰하면 그 누구도 자기 존재의 불멸성이 가장 근원적인 문제임을 부인할 사람은 없을 것이다.

그것은 인간의 근본적인 과제이고 또한 궁극적인 문제이기 때문이다. 신과 불멸성의 문제는 실제로 소크라테스와 플라톤에게서 핵심적인 과제로 여겨져 왔고, 플라톤의 경우 『파이돈』을 비롯한 그의 여러 대화록에서 인간의 영혼불멸 문제를 핵심적 관건으로 다루고 있다. 플라톤은 철학을 한마디로 '죽음의 준비'로 보고 있다.

앞의 세 가지의 '피할 수 없는' 과제들 중에서 '자유'라는 과제 하나만 놓고 보아도 이것이 인간의 심오하고 궁극적인 문제가 됨을 알 수 있다. 자유의 개념은 사회적이고 정치적이며 법적인 의미에서부터 존재론적이고 종교적인 의미에 이르기까지 그 의미의 심층을 이루고 있는 것이다. 여기서 전자에 속하는 자유의 개념은 대체로 우리에게 잘 알려져 있다. 인류정신사의 역사는 이러한 자유의 쟁취를 위한 몸부림과 싸움이 처절했음을 우리는 잘 알고 있다.

자유의 개념은 종교의 영역에 이르기까지 확대되어 있다. '해탈'이나 '열반'이라는 불교의 용어는 절대적으로 심층적 자유의 개념이다. 기독교의 경우도 대동소이하다. 죄와 죽음 및 멸망으로부터의 해방은 영원한 자유의 획득과 직접적인 연결고리를 형성하고 있다. 칸트가 지적한 신과 불멸성의 경우도 위와 유사한 깊이와 중량을 갖는 문제이다. 인간에게 절대적이고 궁극적인 의미를 제공하는 것은 바로 자유를 포함하여 신과 불멸성이라고 해도 과언이 아니다. 우리를 포함한 모든 존재하는 것들에 대한 궁극적인 응답은 절대자 혹은 신을 떠나서 생각할 수 없다.

과학은 외부세계에 드러난 현상만을 설명할 뿐 그 어떤 존재론적이고 형이상학적인 답을 제공할 수 없다. 우리를 포함한 세계는 결코 풀리지 않는 수수께끼와 신비 및 미스터리로 가득 차 있다. 존재하는 것 자체만으로도 충분히 신비이고 미스터리이며, 나아가 뭔가가 왜 이렇게 혹은 저렇게 존재하는가라는 물음도 신비와 수수께끼인 것이다. 우리는 그러나 그 어떤 궁극적인 것에 대해서도 확실한 해결의 실마리를 제공해줄 수 없다. 우리의 의지와 능력은 한계가 있기에, 우리가 궁극적인 것에 대해 확고한 응답과 해결을 마련한다는 것은 미흡하거나 오류일 따름이다.

엘리아데의 인간본질 규명인 종교적 인간(Homo religiosus)은 이를 잘 뒷받침하고 있다. 인간은 결코 혼자서 궁극적인 문제를 해결할 수 없기에, 초인간적인 존재자, 즉 신(절대자)과 연관된 삶 속에서 한 걸음씩 자신의 운명을 해결해나가는 것이다. 말하자면 인간은 어떤 형태로든 초자연적인 것과 초인간적인 것, 나아가 신적인 것과 영원한 것과의 유대관계와 교류를 통해 삶을 영위해나가는 것이다.

'피할 수 없는' 과제들 중에서 불멸성도 다른 과제들과 내밀한 연결고리를 갖고 있으며, 이는 인간의 운명을 결정하는 심각하고 심대한 문제이다. 죽음과 더불어 인간의 모든 것이 절대적 종말로 치닫거나 무(無)로 침잠해버린다면, 혹은 한 줌의 먼지로 공중분해되고 만다면 도대체 우리 인간은 무엇이고, 우리의 존재의미란 또 무엇이란 말인가? 우리의 모든 것이 단순한 추락과 끝장으로 엮어져 있다면, 절대적인 허무주의만이 인간의 종말을 지배할 따름이다. 그러나 우리를 포함하여 뭔가가 존재하는 것만도 기적과 신비와 수수께끼로 둘러싸인 만큼, 이런 기적과 신비와 수수께끼의 세계가 죽음과 더불어 새로운 기적의 장(場)을 형성할지는 쉽게 긍정하거나 부정하지도 또 속단하지도 못하지만, 추론하거나 믿을 수는 있다. 따라서 모든 것이 단순하게 끝장이 난다고 주장하는 것도 무리수다.

불멸성이 인간의 궁극적인 문제라는 것은 굳이 철학자들의 논증이 아니어도 알 수 있다. 이를테면 만물 가운데 모든 생명체는 본래적으로 생존하려는 의지를 갖고 있다. 땅 위에 기어 다니는 작은 곤충이나 벌레도, 바닷가에서 모래를 뒤지며 사는 작은 미물들도 생명의 위기를 맞으면 방어하거나 도망을 친다. 그런 태도를 삶을 향한 본능이라고 해도 무관할 것이다. 그러나 그들의 삶 너머에 무엇이 있는지 우리로서는 알 수 없으며 또한 그들이 그러한 세계에 대해 뭔가 지각하고 있는지도 알 수 없다.

그러나 긍정적으로 파악하든 또는 부정적으로 파악하든, 무릇 생명체들은 끊임없이 살려고 한다 — 그것도 더욱 좋은 조건과 환경에서. 이를 확대 해석해보면 인류도 그 발원시대부터 그리고 동서양을 막론하고 철학과 종교, 문학과 예술 등을 통해 영원과 불멸을 추구해온 것이다. 고구려의 고분벽화에도 이러한 사상이 잘 농축되어 있다.

인간은 본래적으로 사유하고 초월하는 속성을 갖고 있고, 이러한 초월적 사유에 의해 불멸성과 같은 궁극적인 형이상학의 문제를 제기하고 또 응답하는 것이다. 물론 이때 제기하는 문제와 응답이 실증적이고 합리적인 시각에서 정답이라고는 기대할 수 없지만, 그러나 무조건 틀렸다고 할 수는 없다. 형이상학적인 답변의 특징은 지금 당장 우리의 눈앞에서 증명해내어야 하는 것은 아니기 때문이다. 그것은 더욱이 실증주의와 합리성의 잣대로는 처리될 수 없는 것이다. '형이상학($\mu\varepsilon\tau\grave{\alpha}-\tau\grave{\alpha}-\varphi\upsilon\sigma\iota\kappa\grave{\alpha}$: 초-자연학)'이라는 개념 속에는 이미 실증과학이나 경험세계의 감각현상을 뛰어넘는다는 뜻이 배태되어 있다.

그런데 인간이 불멸성을 떠올리고 사유하는 것은 결코 단순한 불멸에의 욕망이거나 상상, 혹은 희망만은 아니다.[2] 그것은 형이상학적 근원을 묻는 과정에서 혹은 종교적인 요인을 찾는 데에서 혹은 플라톤의 경우에 분명하듯 '우주적 정의'의 관점에서 불멸할 수 있는(해야 하는) 이유가 있기 때문이다. 인간은 초인간적이고 불멸하는 신적인 요소(이를테면 '신의 형상'이라든지 영혼의 존재)를 갖고 있다고 철학, 종교, 신학은 말한다. 인간이 불멸을 추구하는 것도 바로 이러한 초인간적이고 신적인 요소가 있기 때문일 것이다. 인간은 본래적으로 궁극적인 것과 영원한 것, 초월적인 것과 초자연적인 것, 신적인 것과 뗄 수 없는 관련성을 갖고 있으며, 그러한 것과의 관련 속에서 삶을 추구한다.

고분벽화를 통해 볼 때 고대의 한국인들도 인간이 영혼을 통해 불멸하고[3] 신적인 존재에 동참할 수 있음을 깨달은 것이다. 이러한 신적인 속성을 통하여 그들은 인간이 자연법칙과 그의 인과율에만 얽매어 있는 것이 아니라, 이러한 한계를 초월할 수 있음을 터득한 것이다. 그들에 의해 비춰진 인간상은 비록 자연 속에 살지만 초자연적인 것을, 지상에 거하는 존재이지만 초인간적인 것을, 신(神)이 아니지만 신적인 것을 추구하며 살아간다.

인간은 지상에서 유한한 존재이지만 무한한 것을 추구하고, '한계상

---

2) 쇼펜하우어는 그의 『의지와 표상으로서의 세계』와 『인생론』 등에서 인간의 살려고 하는 의지를 부정적으로 보았다. 그러나 살려는 의지는 엄밀히 말하면 가치중립적이라고 할 수 있고 인간의 본성에 속한다고 할 수 있다. 살려는 의지를 부당하다고 볼 수는 없다. 단 부당하게 살려는 것은 문제가 된다.

3) 이러한 영혼불멸의 사상은 유물론을 추구하는 북한 사회에서도 정확히 지적하고 있다. 손수호(김일성 국합대학 역사학부 고고학 강좌장)는 당시의 고구려인들이 "사람들은 비록 죽었어도 '령혼'은 살아 있다."는 것을 생각했다고 하고 또 "'령혼'이 영원히 생존시와 같이 생활할 수 있다."는 것을 생각했다고 한다(『특별기획전 고구려!』, 민족화해협력범국민협의회 · 중앙일보 · SBS 주최, '특별기획전 고구려! 행사추진위원회' 편집 및 발행, 2002, 206쪽 참조).

황'⁴⁾에 갇혀 있지만 이 한계를 벗어나기를 시도한다. 그는 형이상학적 갈증을 갖고 있고 그 갈증을 풀지 않으면 살 수 없는 '형이상학적 존재(ens metaphysicum)'이다. 놀랄 만한 사실은 바로 고구려의 고분벽화가 이러한 '형이상학적 존재'인 인간에게 그 궁극적인 것을 스크린 위에다 총천연색의 동영상으로 펼쳐 보이고, 또한 그러한 사건에 대해 무언의 메시지로 응답을 하고 있다는 것이다. 이 스크린 위에 드러난 것은 불가능의 벽이 허물어지는 것과, 인간과 신적인 존재와의 경계, 순간과 영원의 단절, 생성소멸의 굴레와 항구적인 존재와의 갈등, 시간과 공간의 제약, 삶과 죽음의 수수께끼 등등 온갖 '한계상황'이 극복되고 그 미스터리가 밝혀지는 것이다.

인간에게서의 불멸에 대한 신앙과 종교는 예술행위나 질서생활, 문화와 윤리적 생활의 추구와 마찬가지로 인간의 삶 속에 본질적으로 포함되어 있기에 — 원시적 형태의 종교이든 '고등종교'이든 — 하나의 보편적 현상이라고 할 수 있다. 종교는 — 특히 엘리아데의 전 저작들에서 자명하게 드러나듯 — 어쩌면 인간의 가장 오래된, 가장 강력한, 가장 절실한 갈망의 형태로 볼 수 있을 것이다.

엘리아데는 인간의 본질규명을 '종교적 인간(Homo religiosus)'으로 본다.⁵⁾ 그것은 인간이 본질적으로 종교적이어서, 철두철미하게 신(절대자)과 연관된 삶 속에서, 신의 가까이에서 살기를 원한다는 것이다. 그에 의하면 인간은 어떤 형태로든 초자연적인 것과 초인간적인 것, 신적인 것과 영원한 것과의 접속을 통해 삶을 영위하고, 만약 이러한 초월자와

---

4) Grenzsituation: 야스퍼스의 용어. 이는 현존재로서의 살아 있는 인간이 도피할 수 없는 하나의 불가능의 벽이다. 그래서 그는 어떤 방식으로든 이 한계상황에 부딪치고 맞서야 한다.
5) M. 엘리아데(이동하 옮김), 『聖과 俗』, 학민사, 1996, 17쪽, 58쪽, 81~82쪽, 145쪽 이하 참조.

관련을 맺지 않으면 살 수 없다는 것이다.

엘리아데의 '인간'은 오로지 위를 향하여 열린 공간, 땅 아래에서부터 땅 위와 하늘 저쪽까지 그 지평의 돌파가 가능한 세계, 다른 세계, 즉 초월적 세계와의 교섭이 제의적으로 가능한 공간에서만 살 수가 있는 것이다. 그의 '종교적 인간'은 거룩한 세계 속에서만 진정한 실존을 가질 수 있고 또 이와 같은 세계에서만 살 수 있다. 이런 종교적 필요성은 '종교적 인간'의 '존재론적 갈망'을 드러내고 있다. "신들과의 교섭이 가능성을 얻는 곳에", "신들에게 가장 가까이 다가가는 곳에 발을 디디고 서려는 것"이 곧 "종교적 인간의 의지"이다. 한마디로 "종교적 인간의 심원한 향수는 '신적인 세계'에서 거주하려는 것"이다.[6]

이처럼 '종교적 인간'은 되도록 신들과의 교섭이 가능한 곳에 살기를 원하며 신들과 가까이에서 살기를 원한다. 그는 "태초의 완전성에 대한 향수"를 갖고 있으며 근원을 향한 향수를 갖고 있다.[7] 그는 살아 생동하면서 신들과 또한 자연계의 가족(하늘의 별들, 특히 북두칠성과 남두육성)과 서로 교류하고 서로 거주하며 서로 하나로 되고 서로 한 가족으로 되는 것이다. 이것이야말로 종교의 궁극적 목적이면서 형이상학의 완성이라고 해야 하지 않겠는가.

형이상학의 '피할 수 없는' 3대 과제가 신(神), 자유, 불멸성이라는 칸트의 지적은 우리 인류의 정신사를 파악해볼 때 지극히 온당한 것으로 여겨진다. 그것은 아직 형이상학이 형성되지 않은 시대에서부터, 다시 말하자면 엄격한 학문성을 요구하는 칸트의 '형이상학'보다 훨씬 이전의 원시시대부터 신과 자유 및 불멸성은 인류의 피할 수 없는 과제였기 때

---

6) 앞의 책, 58–59쪽 참조.
7) 앞의 책, 81–82쪽 참조.

문이다. 어쩌면 원시와 고대의 신화에서부터 끊임없이 이어지는 핵심적인 테마는 바로 신과 자유 및 불멸성에 관련된 것이다.

신화는 그 독특한 외형적 양식과 장르와는 달리 인간의 현실적이고 절박한 철학을 문제 삼고 있는 것이다. 그래서 철학의 탄생을 '신화에서부터 이성으로(Vom Mythos zum Logos)'라고 정형화하는 것은 온당하지 않다. 그런 면에서 신화는 인류 최초의 철학이라고 해야 할 것이다. 우리 인류는 아주 일찍부터 이런 테마를 신화나 문학, 시(詩)와 음악과 미술 등을 통해 드러내었다. 우리는 여기서 호메로스의 서사시와 오르페우스의 신화에서 영혼불멸에 관한 기획과 플라톤의 영혼불멸에 대한 증명을 통해 소위 신화의 시대에서부터 본격적인 철학연구에 이르기까지 불멸성이 인간의 궁극적인 과제였음을 밝혀본다.

나. 호메로스의 서사시에서 하데스와 인간의 불멸성

호메로스는 그의 서사시 『오디세이아』 제11장에서 오디세우스가 하데스를 찾아가고 거기서 죽은 인간의 영혼들과 만나고 대화하는 장면을 노래로 읊었다. 인간이 불멸하는 존재자임을 시가(詩歌)로 드러낸 것은 아주 놀라운 일이 아닐 수 없다. 그러나 안타깝게도 그리스 신화에서는 하데스로 몰려온 인간들이 한결같이 비참하고 불행한 모습을 하고 있다. 물론 하데스에는 엘리시온(Elysion)이라는 파라다이스가 있지만, ― 사후세계의 재판관들인 미노스(Minos)와 아이아코스(Aiakos) 및 라다만티스(Rhadamanthys)가 합의하고 동의한다면 ― 그러나 극도로 제한된 저명인사가 갈 수 있을 따름이다. 그런데 하데스의 아래에는 엘리시온과는 극단적인 반대로 아주 무거운 죄인들이 가는 타르타로스가 있는데, 이를테면 제우스의 형제들(포세이돈, 하데스)과 전쟁을 벌여 패한 거인족들

(제우스의 아버지 세대)이 감금된 채 벌을 받고 사는 곳이다. 참으로 하데스는 저주받은 곳이고, 이곳에 온 영혼들은 한탄과 고통으로 신음하고 있는 것이다.

이런 인간의 처참한 모습은 고구려의 고분벽화에 그려진 인간의 불멸성과는 크나큰 대조를 이룬다. 고구려의 고분벽화에서 인간은 결코 저주받고 신음하는 그런 곳으로 가는 것이 아니라 지극히 평화롭고 또한 생명현상이 흘러넘치는 신비한 '동화의 마을'이라고도 할 수 있는 선향(仙鄕)에 머무는 것이다. 벽화 속에 드러난 이런 선향의 모습은 다음 장에서 논의하고 여기선 오디세우스의 하데스 참관기를 파악해보기로 한다.

오디세우스는 키르케 여신의 도움으로 하데스에 당도한다. 그가 하데스로 가고자 했던 이유는 수없는 표류와 고통을 끝내고 고향 이타카로 돌아갈 수 있는지 알기 위해 아주 유명한 예언자인 테이레시아스[8]를 만나고자 했기 때문이다. 여러 가지 제사의식을 치르고 난 후에 오디세우스는 유명한 인사들의 영혼과 만난다. 소원했던 대로 오디세우스는 테이레시아스의 영혼과 만나 앞으로 일어날 일들에 대해 듣고, 또 그의 어머니와 몇몇 여성들의 영혼과 만나며, 아가멤논과 아킬레우스, 아이아스와 헤라클레스, 끔찍한 타르타로스의 주민들과도 만나고서 지상으로 돌아온다.

오디세우스에게 찾아온 첫 번째 망령은 그의 동지였던 엘페노르였다.

---

8) 장님 예언자로 유명한 테이레시아스는 오이디푸스에게 비밀을 폭로한 것으로 유명하다. 즉, 오이디푸스가 그의 아버지이자 테베의 왕인 라이오스를 자신도 모르게 전쟁터에서 죽이고 자신의 어머니를 아내로 맞은 것에 대한 예언이다. 탄생하자마자 버림을 받았던 오이디푸스는 그의 아버지도 어머니도 모를 수밖에 없었다. 그러나 테이레시아스의 예언이 점차 사실로 드러나자 먼저 오이디푸스의 어머니이자 아내가 된 이오카스테(에피카스테)가 자살해 죽고 오이디푸스도 두 눈을 뽑아 신음하며 떠돌다 죽고 만다.

그와는 채 매장도 못하고 장례도 치르지 못했으며 울어주지도 못한 상태에서 작별을 하게 되었는데, 처참한 엘페노르의 모습을 보고 오디세우스는 울면서 도대체 어찌하여 이렇게 어두운 하데스로 왔는지 물었다. 엘페노르는 "신이 내리신 사나운 운명"이라고 답한다. 그러고서 자신의 몸에 남아 있는 갑주 제구들과 자신의 시체를 화장해서 잿빛의 바닷가에다 무덤을 만들어 달라고 오디세우스에게 부탁한다.

곧이어 테이레시아스의 망령이 오디세우스에게 찾아와 대뜸 왜 태양빛을 버리고 꼴사나운 하데스의 모습을 보려고 왔는지 질책한다. 그는 오디세우스의 날카로운 검을 치워줄 것을 부탁하고는 검은 피를 마시고 난 후에 신탁의 말을 들려준다. 오디세우스가 오랫동안 표류하는 것은 그가 포세이돈의 아들 외눈박이 키클롭스를 장님으로 만들었기 때문에 대지를 뒤흔드는 포세이돈의 원한이 큰 탓이라고 일러준다. 그러므로 훌륭한 제물을 포세이돈에게 바치고, 또 고향으로 돌아가면 불사의 신들께 큰 제물을 바칠 것을 권한다.

오디세우스는 거무죽죽한 피를 마시고서 나타난 어머니의 망령과도 만나 서로 울먹이며 대화를 나눴다. 그는 어머니의 망령을 붙잡아보려고 세 번이나 달려들었지만, 그때마다 어머니의 영혼은 그림자처럼 혹은 꿈처럼 가볍게 날아 달아나버려 오디세우스의 가슴은 비탄으로 가득 찼다. 죽어야 하는 인간으로서 누구나 죽은 다음에는 정해진 법칙과 운명에 따라 이렇게 될 수밖에 없다고 그의 어머니는 일러준다.

얼마 후 트로이 전쟁의 영웅 아가멤논의 영혼이 고뇌에 가득 찬 모습을 하고서 오디세우스에게 찾아왔다. 그는 큰 소리로 울면서 다가와 손을 내밀려고 무척 애를 썼다. 이 모습을 보고 오디세우스도 측은함에 못 이겨 눈물을 흘렸다. 아가멤논은 자신의 긴 고뇌를 가져온 원한을 오디세우스에게 쏟아내었다. 그는 자신의 아내와 아이기스토스가 살해 음모를 꾸며 자신을 죽였다고 하였다. 자신에게 음식을 대접해놓고 마치 구유에서 머리를 들이밀고 여물을 먹고 있는 소를 도살하듯이 그렇게 비참하게 자신을 죽였다고 하였다. 더욱이 '개의 탈을 쓴' 그의 아내는 죽은 자신의 눈도 감겨주지 않고 또 입도 다물어줄 생각도 하지 않았다고 말하면서 울먹였다.

드디어 아킬레우스의 영혼이 애처롭게 탄식하면서 나타났는데, 그는 아무런 사리분별도 못하는 망령들이 사는 곳, 곧 죽은 사람들의 환영이 모여 사는 하데스에 오디세우스가 왜 왔는지 질책하였다. 오디세우스는 험준한 고향 이타카로 어떻게 돌아갈 수 있는지 하데스의 테이레시아스에게 신탁을 듣기 위해 왔다고 답하였다. 그리고 오디세우스는 아테네의 모든 군사들이 아킬레우스를 신이나 다름없이 존경했다고 말하고서 지금 이 하데스에서도 다른 망령들을 통치하고 권위를 떨치는 것에 대해 치하를 하자, 그는 전혀 엉뚱한 대답을 한다:

"제발 내가 죽은 것을 달래려고 하지 말게나, 명예로운 오디세우스여. 들에서 품팔이를 하는 소작인으로서 남에게 고용을 당할망정 나는 지상 세계로 가고 싶네. 설령 그것이 버젓한 내 밭을 갖지 못하고 생활이 넉넉지 못한 자의 집이라 하더라도 죽어버린 망령들 전체의 군주로서 통치하는 일보다는 낫단 말일세."9)

이리하여 오디세우스는 무사인 아이아스를 비롯해 제우스의 아들 미노스, 거인 오리온, 장사 헤라클레스 등을 만나보았으나 다들 불쌍하고 처참한 모습을 하고 있었다. 특히 레토 여신에게 건방지게 굴었다는 이유로 대지의 여신의 아들 티튀오스에게 내려진 참혹한 형벌은 두 눈을 뜨고 보기가 어려웠다. 그는 제우스의 아내가 경치 좋은 파노페우스를

---

9) 토머스 불핀치(한백우 옮김), 『그리스 로마 신화』, 홍신문화사, 1993, 210쪽.

지나 퓌토 델포이로 행차할 때 이 행차를 습격했다는 죄목으로 땅에 누운 채 두 마리의 독수리에 의해 쉬임없이 간을 쪼이고 있었다.

하데스에 머물던 마지막 즈음에 오디세우스는 탄탈로스의 참혹한 고통의 현장도 목격했다. 탄탈로스는 갈증으로 늘 목이 타는 벌을 신으로부터 받았다. 그는 원래 제우스의 아들이고 소아시아 리디아의 왕이었지만, 신들을 농락한 죄로 엄한 벌을 받게 되었던 것이다. 그는 신들을 초대해놓고 식탁 위에다 자신의 외아들을 죽여 올려놓았다. 신들은 이 짓을 도저히 용서할 수 없었다. 그는 늪 속으로 던져져 영원히 목마름과 굶주림의 고통을 겪는 벌을 받았다. 그는 늪 속에 있지만, 그리고 물이 그의 턱 밑에까지 차올라오지만, 그러나 아무리 물을 마시려고 해도 마실 수 없었다. 그가 물을 마시려고 몸을 구부리면 물은 언제나 말라버려 간 곳이 없는 것이다. 그뿐인가. 그의 머리 위에는 온갖 종류의 맛있는 과일들이 주렁주렁 열려 있지만, 그것을 따려고 그가 손을 내미는 순간에 바람이 불어와 이 과일들을 순식간에 어두운 구름 속으로 쓸어가버리는 것이다.

시지포스도 심한 고문과도 같은 가혹한 벌을 받고 있었다.[10] 두 손으로 거대한 바위를 깎아지른 산꼭대기 위로 굴려 올리는 벌인데, 팔다리를 버티고 죽을힘을 다해서 산꼭대기로 밀어 올리는 순간 이 염치없는 바위는 산 아래로 굴러 떨어지는 것이었다. 그러면 그는 또다시 그리고 끊임없이 이 바위를 산 위로 밀어 올려야 한다. 그의 손발과 몸에서는 땀이 비

---

10) 시지포스는 제우스와 헤르메스의 비행을 인간들에게 밀고하는 바람에 제우스로부터 극심한 미움을 받았다. 시지포스의 가문은 프로메테우스의 집안이라 인간을 위해 항상 좋은 일을 하다가 신들로부터 미움을 샀던 것이다. 시지포스의 신화는 알베르 카뮈의 소설 『시지프스의 신화』를 통해 우리에게 잘 알려졌다. 카뮈는 그리스 신화에 나오는 이 이야기를 모티브로 삼아 인간세상에서의 부조리의 철학을 확인시켜주고 있다.

오듯 하고 먼지 또한 머리에서부터 온몸에 덮여 눈도 못 뜰 지경이었다.

이리하여 우리는 호메로스의 신화에서 인간이 불멸하는 존재자임을 한편으로 확인하지만, 그러나 이런 불멸하는 존재자로서의 인간의 위상은 어처구니없게도 말이 아니다. 저승의 강 카론을 건너 하데스로 몰려온 인간들은 마냥 비참하고 불행한 모습을 하고서 어둡고 무시무시한 곳에서 살고 있는 것이다. 따라서 하데스는 결코 인간의 안식처도 고향도 아닐 뿐만 아니라 저주받은 곳이고, 이곳에 온 영혼들은 한탄과 고통으로 신음하고 있는 것이다. 인간이 영원히 그리고 본래적으로 거주하는 고향으로서의 선향(仙鄕)을 피력한 고구려 고분벽화의 내세관과는 상당한 차이를 드러내고 있다. 어둡고 싸늘한 비극이 지배하는 하데스에서 주민들은 더 이상 죽거나 도망치지도 못하고 나날을 이어가고 있다. 오직 한 번 오르페우스가 그의 아내 에우리디케를 구하기 위해 이 하데스로 와서 악기를 켜고 노래했을 때, 하데스의 주민에게 휴식이 주어졌다.

다. 오르페우스의 신화에서 영혼의 불멸

기원전 6세기경 트라키아의 전설적인 시인이자 사제이고 기적을 행하는 사람으로 알려진 오르페우스는 '오르페우스 교'의 창시자로도 유명한 인물이다. 오르페우스의 신화에는 하데스로의 사후세계 여행이 잘 드러나 있는데, 이 오르페우스의 여행에는 영혼불멸사상과 윤회사상, 윤회전생을 벗어나는 것, 나아가 내세희망과 영혼숭배와 같은 현상을 살펴볼 수 있는 계기가 마련되어 있다. 그러나 앞의 호메로스의 신화에서도 확인되었듯이 이 사후세계는 결코 밝지 않을 뿐 아니라 인간들 또한 아무런 기쁨도 희망도 없이 연명하고 있을 따름이다.

그리스 신화에서 잘 알려져 있듯 오르페우스는 지극히 구슬픈 노래를 불러 온 세상에 알려진 가수이고 시인이었다. 칠현금을 뜯으며 부르는 그의 시가에는 사람들뿐만 아니라 심지어 무생물들까지도 감동을 받았다고 전해지고 있다. 그런데 결혼한 지 얼마 되지도 않아 그의 아내 에우리디케(Euridike)가 불의의 사고로 세상을 떠나고 만다. 에우리디케가 한번은 뒷동산에 꽃을 꺾으러 갔는데, 때마침 에우리디케의 아름다움에 홀딱 반한 어떤 부랑자에게 쫓겨 도망을 치다가 독사에게 물려 그만 세상을 떠나고 말았다. 오르페우스는 이 슬픈 사건에 식음을 전폐하고 밤낮으로 구슬픈 노래를 불렀다. 이 노래에 무생물까지도 눈물을 흘렸으며, 강물은 멈추고 숲은 슬퍼 뛰어다녔다. 암사슴도 사자를 두려워하지 않게 되었고, 토끼도 개에게 다가갔다.

그러나 오르페우스는 자신의 슬픈 노래로 위안을 얻지 못하고, 자기 아내를 일찍 데려간 무심한 하데스 왕을 원망하면서 황천나라(하데스)로 길을 떠났다. 그는 칠현금을 들고서 끝도 없이 해가 지는 방향으로 걸어갔다. 한없이 걸어가던 어느 날 그는 시커멓고 커다란 문이 있는 하데스의 입구에 다다랐다. 햇빛도 비치지 않고, 어두운데다 구름과 안개가 자욱하여 무섭고 으스스한 분위기가 감돌았다. 게다가 문 앞에는 머리가 세 개나 달린 악명 높은 큰 개인 케르베로스가 눈을 부릅뜨고 지켜보고 있었다. 온 사방이 어두컴컴하기만 한데 이 괴물의 눈 여섯 개만 불덩이처럼 빛나고 있었다. 오르페우스는 칠현금을 켜고서 노래를 부르기 시작했다. 황천나라 문지기 케르베로스가 그만 그 노래에 매혹되어 눈물로 뺨을 적시었기에, 오르페우스는 아무 탈 없이 하데스의 안으로 들어갔다. 그가 칠현금을 켜고서 감미롭고 구슬픈 노래를 부르자 황천나라 백성들은 감동하였고, 갖가지 **가혹한 형벌로 영혼들을 괴롭히는 일을 맡은 저승의 일꾼**들도 오르페우스의 노래에 감동하여 하던 일을 망각해버렸다.

노래를 부르면서 한참을 들어가니 하데스 왕의 궁전이 나타났다. 우락

부락하게 생긴 파수병이 번뜩이는 창을 겨누면서 오르페우스에게 달려들었다. 오르페우스는 다시 칠현금을 켜고 노래를 불렀다. 음악에 취해 파수병도 황홀한 표정을 지으며 주저앉고 말았다. 오르페우스는 곧장 궁전 안으로 들어갔다. 이때 천둥과 벼락이 치는 소리가 나서 오금을 떨고 있는데, 고개를 들어보니 하데스 왕이었다. "너는 어떤 녀석이기에 아직 올 때가 되지도 않았는데 이곳으로 왔느냐? 이곳은 사람이 죽어서 오는 곳인 줄 모르느냐? 어떻게 들어왔건 결코 마음대로 나갈 수 없느니라. 이곳 하데스의 구석에 처박아 넣을 테니 그리 알거라."

오르페우스는 칠현금을 내려서 더욱 침착하게 켜기 시작했다. 그는 눈을 감은 채 아름다운 목소리로 노래를 불렀다. 노래와 칠현금의 소리가 주위에 울려퍼졌고 그 아름다운 음악이 하데스의 왕국에 메아리쳤다. 늘 엄하고 화난 표정을 하고 있던 하데스의 마음은 이윽고 점차 누그러졌고, 생전 웃어보지도 못한 그의 얼굴에 미소가 번졌다. "오오, 참으로 아름다운 음악이로다. 내 이때까지 이리도 기분 좋은 일이 없었는데, 참으로 놀랍구나. 그래, 무슨 일로 이 무섭고 음침한 곳으로 왔는지 말해보렴. 애타는 소원이 없었다면 감히 죽기도 전에 이곳에 오기가 만무한 걸." "그러하옵니다. 대왕마마! 부디 저의 사랑하는 아내 에우리디케를 돌려주십사 하고 찾아왔습니다. 저의 아내 에우리디케와 다시 한 번 밝은 지상에서 살게 해주십시오."

마침내 하데스 왕도 측은히 여기는 마음이 생겨나 "저 사람에게 자기 아내를 돌려주어라."고 하였다. 그러나 하데스 왕은 순순히 에우리디케를 오르페우스에게 돌려주지 않고 고약한 조건을 달아 황천나라를 나가게 했다. 황천나라를 다 빠져나갈 때까지 뒤로 돌아보지 말라는 엄명을 함께 내린 것이다. 황천나라를 거의 다 빠져나갔을 때 오르페우스는 그러나 에우리디케밖에는 아무것도 생각하지 못하였기에, 안타깝게도 자기도 모르게 뒤를 돌아보고 말았다. 이리하여 에우리디케는 또다시 하데스의 나라로 끌려가고 말았다.

하데스 왕은 그리 쉽게 에우리디케를 돌려주지 않았지만, 오르페우스가 만약 그의 명령을 망각하지 않고 뒤를 돌아보지 않았더라면 지상으로의 귀환도 불가능한 것은 아니었다. 비극의 시인 오르페우스는 에우리디케를 데리고 황천나라를 빠져나오지 못했지만, 그러나 이런 황천나라가 존재하고 자신의 사랑하는 아내 에우리디케가 거기에 살고 있음을 확인한 것이다. 지상에서의 죽음이 영원한 종말로 이어진 것이 아니라 황천나라로 옮겨 삶을 영위하고 있음을 오르페우스의 신화는 밝히고 있다.

안타까운 것은 호메로스의 경우와도 유사하게 황천나라로 간 영혼들이 지극히 불행하게, 때론 가혹한 형벌을 받으며 지내고 있다는 것이다. 우선 황천나라는 호메로스의 사후세계의 모습도 그렇듯이 온통 어둠이 지배하는 세계라서 영혼들이 즐겁게 살지 못하는 곳임을 느끼게 한다. 이런 모습은 고구려의 고분벽화와 확연한 차이를 드러낸다. 별들의 세계를 비상하고 신들과 거하면서 악기를 연주하며, 아름다운 동화의 마을에 이웃들과 옹기종기 모여 살며, 생명과일이 주렁주렁 열리고 새들이 모여드는 그곳은 그리스 신화의 사후세계와는 전혀 다르다. 오르페우스의 신화에서 황천나라에는 사람의 머리를 빙빙 돌리는 형벌(영원히 돌아가는 수레바퀴에 매어 있다)이 있고, 영원한 굶주림과 갈증에 시달리는 형벌이 있으며, 독수리에게 간을 쪼이는 벌도 있다.[11]

---

11) 저승세계의 처참한 상황에 관해서는 보에시우스(정의채 옮김), 『철학의 위안』, 성바오로출판사, 1973, 181–186쪽 참조.

라. 플라톤의 영혼불멸론

우리가 앞에서 논의했듯이 소크라테스와 플라톤 이전에, 특히 호메로스와 오르페우스의 신화에서 영혼의 불멸을 읽을 수 있었다. 플라톤은 그러나 서구 철학사에서 가장 먼저 그리고 가장 큰 규모로 영혼불멸을 철학의 중심문제로 끌어들였다. 그는 인간이 한편으로 생성소멸의 세계에 속하는 유한한 존재이지만, 그러나 지상에서의 죽음으로 모든 게 끝나는 것이 아니라 그 영혼이 불멸한다고 역설했으며, 인간의 영혼불멸을 밝히기 위해 사투를 벌이다시피 하고, 끝내는 자신을 목숨을 걸고(특히 『파이돈』에서) 영혼불멸을 증명하는 데 주력했다.[12]

오늘날 실증주의와 실용주의 및 경험과학이 지배하고 현세중심주의와 상업자본주의가 활개치는 시대에 현대인은 정신적인 것이나 영원에 관한 것에는 관심조차 두지 않기에, '영혼'에 대해 별로 심각한 의미를 부여하지 않는다. '인간'을 규명할 때 현대인의 시각은 전적으로 육체에 한정되어 있지, 결코 영혼에 무게를 두지 않는 편이다. 그러나 고대 그리스에선 전적으로 달랐고, 플라톤을 비롯해 플로티노스, 아우구스티누스 등 많은 철학자들에게서 육체보다는 영혼에 그 무게가 쏠렸다.

플라톤에 의하면 우리의 영혼은 지상에서의 죽음과 더불어 사라지는 것이 아니라, 죽은 후에도 살아남는다. 더욱이 놀라운 것은 호메로스와 오르페우스의 신화를 비롯한 전래의 신화적 서술에서 대부분 하데스의 음침하고 슬프며 고통스럽고 소름끼치는 장면(소크라테스에 의하면 물

---

12) 특히 플라톤의 대화록 『파이드로스』, 245c-e; 『파이돈』, 69 이하; 『소크라테스의 변명』, 39c-42a; 『국가』, 614b-621b 참조.

론 이러한 하데스는 불의를 행한 자들을 위해 엄존하고 있다)이 지배적인 데 반해 신들과 함께 거주하는 행복한 곳이 있음을 피력하는 것이다.[13] 그래서 선한 영혼은 악한 영혼보다 훨씬 좋은 행운을 갖는다는 것이다.[14] 이런 확신은 소크라테스가 태연자약하게 독배를 마신 것에도 영향을 미쳤다.

죽는다는 것은 소크라테스와 플라톤에게서 영혼이 단지 육체를 떠나 홀로 있는 것에 불과하고,[15] 영혼의 육체로부터의 분리와 해방이며, "육체의 쇠사슬로부터의 해탈"[16]에 다름 아니다. 이처럼 영혼의 육체로부터의 해방을 — 소크라테스가 유언으로 크리톤더러 의약의 신 아스클레피오스에게 닭을 한 마리 바칠 것을 소원한 것을 참조해볼 때 — 곧 질병으로부터의 해방으로 여긴 것이다.[17]

플라톤의 대화록에는 이미 그의 전기 사상에서부터 영혼불멸을 주요 테마로 다룬 곳이 보인다. 이를테면 『소크라테스의 변명(*Apologie*)』에서는 이 세상에서의 부당하고 불의한 재판으로 정의의 문제가 다 끝나는 것이 아니라 저승에서의 최종적이고 정의로운 재판으로 이어진다. 소크라테스는 배심원들로부터의 사형선고를 순순히 받아들이지만, 그러나 그들의 부당하고 불의로운 선고를 사후의 법정으로 옮겨 그들을 그 법정에 서게 한다: "저에게 사형판결을 내린 여러분께 말씀드립니다만, 나를

---

13) 소크라테스는 하데스를 사람들이 아내와 자식 및 사랑하는 사람을 만날 수 있는 곳이며, 지혜를 보람 있게 향유할 수 있는 곳이라고 피력한다(플라톤, 『파이돈』, 68b 참조).
14) 플라톤, 『파이돈』, 72e 참조.
15) 앞의 책, 64c 참조.
16) 앞의 책, 67d. 또한 81a, 83a("철학은 영혼의 감금을 해방시키는 노력"), 84b("인간적인 모든 악에서 해탈") 참조.
17) 육체는 여러 가지 욕망(물욕, 애욕, 공포, 공상 등)으로 인해 영혼에 짐이 되고 영혼의 순수한 인식활동, 즉 진리와 지혜를 얻는 데에 방해가 된다고 소크라테스는 그의 대화자에게 밝힌다 (앞의 책, 66a—e 참조).

죽인 바로 다음에 여러분은 제게 내린 사형보다 훨씬 더 엄한 벌을 받게 될 것입니다."[18]

소크라테스는 불의의 재판을 일삼는 지상의 재판관들("이승에서 스스로 재판관이라고 자처하는 사람들")과 대비해서 저승의 정의로운 재판관들 — 미노스(Minos), 라다만티스(Rhadamanthys), 아이아코스(Aiakos), 트립톨레모스(Triptolemos) — 을 언급하고 이들을 만난다는 것에 대한 큰 희망을 표명한다. 그리고 이러한 최후의 재판관들에게서는 이승의 재판에서 볼 수 있는 불의하고 부당한 재판을 볼 수 없을 뿐만 아니라, 지상에서 정의를 어기고 불의한 짓을 한 멜레토스와 아니토스 및 이들 패거리들의 경우 저승에서의 법망을 피할 수 없다는 사실을 밝힌다.

『소크라테스의 변명』에서 소크라테스는 마지막으로 자신의 신념에 대한 확신을 갖고서 의미심장한 여운을 남긴 채 끝을 맺는다: "하지만 우리는 모두 떠날 때가 되었군요. 저는 죽기 위해서이고 여러분은 살기 위해서 떠납니다. 그러나 우리들 중에서 어느 편이 더욱 좋은 일을 만나게 될는지는 오직 신(神)만이 아실 겁니다."[19] 이리하여 소크라테스는 사형선고를 받고서 그 집행기간까지의 일정한 시간 동안 제자들과 대화를 나누고, 특히 피타고라스의 제자들과는 영혼불멸에 관한 대화를 나누는데, 그 내용이 플라톤의 『파이돈』에 그대로 전해지고 있다.

『소크라테스의 변명』의 마지막 부분에서 소크라테스는 인간이 죽음으로 끝나는 것이 아니라 사후의 세계인 저승이 있음을, 그리고 인간의 영혼이 거기에서 존재하게 됨을 피력한다. 앞에서도 언급했듯이 아직 정의로운 재판이 남아 있을 뿐만 아니라, 선량한 재판관과 선량한 사람들이

18) 플라톤, 『소크라테스의 변명』, 39c.
19) 앞의 책, 42a.

신들과 함께 사는 그런 저승인 것이다. 그래서 이승에서의 죽는 것 자체가 그리 나쁜 것이 아니라고 소크라테스는 말한다. 특히 소크라테스는 전승된 말을 언급하면서 죽음이란 단지 영혼이 여기서 다른 곳으로 옮겨가는(Versetzung) 거주장소의 변경에 불과하고, 마치 이사를 하여(Umzug) 삶의 거처를 바꿔 사는 것과 같다는 것을 강조한다.[20] 그러므로 거기에서 선량한 사람들의 삶은 이쪽 이승에서의 삶보다 더욱 행복할 뿐만 아니라, 죽음이 없는(unsterblich) 삶이 계속되리라는 것이다.[21]

소크라테스는 자신의 사형집행이 곧 거행되지만 잠시 후 다이몬의 안내를 따라 하데스에 이르러 지혜 있는 선한 신들과 또 이 세상 사람들보다 더 훌륭한 저 세상 사람들에게 간다는 확고한 신념이 있기에 슬퍼하지 않는다고 『파이돈』에서 자신의 대화자인 심미아스와 케베스에게 고한다.[22] 오히려 그는 일생 동안 추구해온 것에 대한 희망을 품고서 '큰 기쁨을 갖고' 떠난다고 술회한다.[23]

플라톤은 그의 대화록 『파이돈』에서 본격적으로 영혼불멸을 증명하는데, 소크라테스의 대화 파트너의 요구에 의해서 진행된다.[24] 이런 대단위의 기획은 우리의 철학사에서 처음이며 획기적인 시도라고 할 수 있다. 보통 사람들은 소크라테스의 대화 파트너와 같이 인간이 죽으면 육체는 썩고 영혼은 흩어져 결국 없어진다고 하나,[25] 플라톤은 소크라테스로 하여금 이를 완강히 부인한다. 플라톤에게서 철학의 근본적인 과제는

---

20) 앞의 책, 40c 이하 참조.
21) 앞의 책, 41c 참조.
22) 플라톤, 『파이돈』, 63b-c, 108b 참조.
23) 앞의 책, 67c 참조.
24) 앞의 책, 70a-b 참조.
25) 앞의 책, 77b-e 참조.

바로 이 영혼불멸과 이데아의 실현 및 진·선·미의 문제이다. 플라톤에게서 영혼불멸에 관한 문제는 대화록 『파이드로스』와 『국가』 및 만년의 저작인 『법률』에서도 꾸준히 논의되고 있다. 『파이돈』에서 소크라테스와 그의 대화 파트너들이 타진한 영혼불멸에 관한 증명은 네 가지 항목으로 요약된다.

첫째로 삶과 죽음은 우주 가운데에 있는 다른 현상들과 마찬가지로 하나의 상반되는 운동이라는 것이다.[26] 모든 생성과 소멸은 서로 대립되어 있는 상반된 현상들이 서로 바뀌면서 생긴다. 이를테면 잠을 자고 깨는 현상, 아름다움과 추함, 옳음과 옳지 않음, 찬 것과 더운 것의 상반되고 유기적인 변화와도 유사하게 죽음도 삶과의 유기적인 변화일 따름이라는 것이다. 따라서 산 사람은 죽은 사람으로부터 오고, 죽은 사람 또한 순수한 영혼의 형태로서 저 세상으로 거처를 옮긴다는 것이다. 만약 생명 있는 모든 것이 죽기만 하고, 죽은 다음에 다시 생명을 가질 수 없다거나 죽은 그 상태에만 머물러 있다면, 결국 생명 있는 만물은 죽음 속에 파묻히고 만다고 소크라테스는 역설한다.[27]

둘째로 '상기설'에 의해 뒷받침되는 것으로 우리의 영혼은 육체를 입기 이전에 이미 존재했다는 선재설이다.[28] 플라톤에 의하면 우리가 사물을 인식하는 것은 우리의 영혼이 육체를 입기 전에 이미 이데아의 세계에서 본 것을 회상하는 것에 지나지 않는다는 것이다. 즉 우리가 무엇을 배워서 안다고 하는 것은 곧 우리가 본래 가지고 있던 것을 회복하는 것이고(즉 순수한 영혼의 형태로 그 인식의 원형을 목격했기에), 감각을 사용해서 그것을 회복하는 것에 불과한 것이다.[29]

---

26) 앞의 책, 70d 이하 참조.
27) 앞의 책, 72c-d 참조.
28) 앞의 책, 73c 이하 참조.

이를테면 우리가 어떤 사물들을 '닮았다'거나 '같다'고 할 때, 이렇게 말할 수 있는 것은 이데아로서의 닮음 자체와 같음 자체를 우리의 영혼이 육체를 입기 전에 이미 보았기 때문에 가능하다는 것이다.[30] 아름다운 것과 아름다움 자체, 선한 것과 선 자체, 경건한 것과 경건 자체 등등 무수히 많은 경우에 있어서 전자들은 각각 후자에 의해 그 존재의미를 부여받는 것이다. 그런데 후자들에서 '자체'의 형태를 띠고 있는 이데아를 우리가 출생 이전에 목격하고 경험했기에,[31] 전자들을 그런 부류로 칭하고 규명할 수 있는 것이다.

또 '크다' 혹은 '작다'와 같은 진술을 하는 것도 마찬가지다. 지상에서 이런 개념은 늘 상대적이다. 큰 것이라고 하더라도 이보다 더 큰 것이 등장하면 저 큰 것은 당장 작은 것으로 자리매김을 당한다. 그래서 이런 지상에서의 상대성을 초월하여 '큰 것'이라고 규명할 수 있는 것은 우리의 영혼이 큼 자체로서의 이데아를 생전에 보았기 때문에, 즉 큰 것의 이데아를 전제하기 때문에 가능하다는 것이다. 따라서 이런 영혼의 선천성은 지상에서의 삶 가운데서 경험에 의해 생겨난 것이 아니라, 미리부터 획득되어 있는 것이다. 이런 상기설은 소크라테스가 메논의 종에게 수학문제를 던져, 그가 지상에서 전혀 수학을 배운 적이 없지만 회상을 통해 성공적인 답변에 이름을 통해 증명한다.

셋째, 영혼은 육체와는 달리 이질적인 것이 섞이지 않은, 즉 원래부터 단일한 자기동일성을 가진 불멸하는 존재라는 것이다.[32] 영혼은 본질상 이데아와 유사하기 때문에, 늘어나거나 줄어들지 않으며 항상 자기동일

---

29) 앞의 책, 75e 참조.
30) 앞의 책, 74c 이하, 75c-d 참조.
31) 앞의 책, 75c-d 참조.
32) 앞의 책, 78c 이하 참조.

성을 유지하고 있다. 다양하고 이질적인 것으로 합성된 것은 항상 변화하여 본성상 결국 분해될 수밖에 없으나, 합성되지 않은 것은 독자적으로 그리고 참으로 존재하는 것으로서 — 앞에서 살펴본 같음 자체, 아름다움 자체, 선 자체, 큼 자체 등등 — 항상 그대로 있으면서 자기동일성을 유지하는 것이다.

아름다움 자체에 비해 수많은 개별적인 아름다운 것들은 손으로 만져볼 수 있고, 눈으로 볼 수도 또 감관으로 지각할 수도 있지만, 전자는 그러나 가시적인 것의 대상이 아니다. 전자는 비가시적이고 불변하는 것이어서 오직 예지적 사유에 의해서만 파악될 수 있는데, 영혼이 곧 이와 같은 부류의 것에 속한다. 후자는 가시적이고 변하는 것이며 육체가 이에 해당한다.[33] 더욱이 후자인 수많은 개별적인 아름다운 것들이 아름답고 칭해지는 것은 오직 아름다움 자체인 미의 이데아에 '참여함으로써만'(참여설) 가능한 것이다.[34]

물론 영혼과 육체가 서로 불편한 동거를 하고 있고 서로 영향을 주고받기에, 영혼은 신체에 이끌려 변화하는 것들의 세계로 휩쓸려 들어가 방황하고 술에 취한 사람처럼 허둥대며 혼란에 빠질 수 있지만(물론 이때도 영혼 자체가 비영혼으로 변하지는 않는다), 그러나 제정신이 들고 제자리에 돌아오면 순수하고 영원하며 불변·불멸하는 세계로 향하는 것

---

33) 앞의 책, 78e 이하 참조.

34) 앞의 책, 100c-d 참조. 여기서 플라톤은 소크라테스를 통하여 미(美)의 이데아론을 강력하게 주장한다. 말하자면 아름다운 것이란 어떤 방편으로든 아름다움 자체(즉 미의 이데아)가 거기에 있거나 혹은 아름다움 자체에 참여함으로써만 아름다운 것이 되며, 어떤 경우에든 아름다운 것이란 오직 아름다움 자체에 의해 아름답게 된다는 것을 소크라테스는 그의 대화 파트너에게 강력하게 주장한 것이다(앞의 책, 100d 참조). 플라톤은 이윽고 미의 이데아뿐만 아니라 이데아론을 일반화시켜 사물은 이 이데아에 참여함으로써 존재의미를 갖게 된다고 한다 (102b 참조).

이다. 말하자면 순수하고 영원하며 불변·불멸하는 것은 영혼과 '동질적인 것'[35]이기에, 영혼이 제 자신으로 돌아오면 그는 언제나 이들과 함께 존재하며 이들과 사귀는 것이다.

이리하여 소크라테스는 그의 대화 파트너인 케베스에게 영혼과 육체의 근본적인 속성을 요약하여 규명한다: "영혼은 신적인 것과 아주 흡사하고 불멸·불사하며, 예지적이고 한결같은 모습의 자기동일성을 유지하며, 따라서 분해되지 않고 불변한다. 그러나 육체는 이에 반하여 인간적이고 사멸할 것이며, 비예지적이고 이질적으로 다형다양하며 분해될 수 있고 가변적인 것이다."[36] 소크라테스는 또 다른 대화 파트너인 심미아스의 영혼은 단순한 '조화(harmonia)'에 불과한 것이 아니냐는 반론에 대하여 크게 일축하고, 영혼이야말로 '신적인 것'이라고 규명하는데, 결국 심미아스도 이에 동의한다.[37]

넷째, 영혼은 본성적으로 생명 그 자체이므로 스스로 움직이고 살아 있는 자기운동의 원인인 것이다. 영혼은 자기운동으로서의 생명이라고 할 수 있는데, 여기서 자기운동(自己運動)의 원리라는 것은 운동의 원인이 밖에서 주어지는 운동, 즉 기계적인 운동이 아니라 스스로의 힘을 바탕으로 하여 자기 내부로부터 자발적으로 생기는 운동이라는 것이다. "스스로 움직이는 것은, 우리들이 일반적으로 영혼이라는 이름으로 부르는 것과 동일한 것을 지칭한다."[38]고 플라톤은 자기운동을 영혼의 존재와 동일시한다. 따라서 인간이 살아 있다는 것은 영혼이 육체와 더불어

---

35) 앞의 책, 79d.
36) 앞의 책, 80b.
37) 앞의 책, 94e 참조.
38) 플라톤, 『법률』, 895 이하 참조; 『파이드로스』, 245 참조.

있어 생명을 끊임없이 주고 있기 때문이다.[39] 인간이 죽는다는 것은 결코 인간의 종말이 아니라, 인간의 영혼이 그 거처를 옮기는 것에 불과하다. 영혼이 생명 그 자체인 것은 곧 영혼의 본성이어서 "죽음의 공격을 받을 때도 멸할 수 없는 것"[40]이다.

말하자면 죽음이 인간을 엄습할 때, 그의 가사적(可死的) 부분인 육체는 죽는다고 볼 수 있으나, 불사적(不死的) 부분인 영혼은 "고스란히 자기를 보전하면서 물러가는 것"[41]이다. 그러므로 생명 자체인 영혼의 자기운동이 정지된다는 것은 하늘과 세계과정 전체가 정지된다는 것을 뜻한다. 플라톤에 의하면 코스모스가 늘 유기적인 자기운동을 하는 것은 바로 세계영혼을 갖고 있기 때문이라는 것이다. 따라서 영혼은 불멸·불사할 수밖에 없다.

39) 플라톤, 『파이돈』, 105c–d 참고.
40) 앞의 책, 106b.
41) 앞의 책, 106e.

11.
고구려의 고분벽화에 드러난 불멸사상

고구려의 고분벽화를 통해 드러난 불멸사상은 결코 단순한 소망이 아니라, 엄밀한 형이상학적 근거에 의해 밝힌 일종의 표현인문학이다. 불멸성에 관한 문제는 인간의 궁극적 물음이고 동시에 인간의 운명과도 결부되어 있는 중요한 관건이다. 여기에 고대 한민족의 사상적 원형의 흔적이 용해되어 있다. 고대 그리스의 철학자 플라톤은 그의 대화록 『파이돈』에서 인간의 영혼불멸을 주장했다. 그는 소크라테스로 하여금 피타고라스 학파의 두 제자들과 불멸에 관해 논의하도록 하고, 죽음이 인간의 영원한 끝이 아니라는 것을 천명한다. 그러나 고구려의 고분벽화는 그러한 불멸성을 총천연색의 벽화로 담아내었다.

인간은 동물이나 다른 피조물과는 달리 지음을 받은 대로 혹은 자연상태로만 살아가지 않는다. 인간은 자연의 일부분이지만, 동시에 자연초월적인 존재이다. 인간은 경우에 따라선 자신의 자연적 조건에 이의를 제기하기도 하고 자신을 지배하는 자연법칙 자체를 문제로 삼으며, 지상적인 조건을 벗어난 초지상적·초자연적 세계를 떠올린다. 따라서 인간에게서 자연상태는 결코 최후의 안주처나 귀향하는 지점이 아니다.

인간은 자신을 포함한 모든 존재자들이 존재하는 의미와 이유를 묻고, 자신이 어디서 와서 어디로 가는지의 행방을 묻는 자이다. 그는 자신이 생성소멸의 굴레 속에 있는 존재자인 줄 알지만, 그러나 동시에 이러한 생성소멸의 근거와 이유를 문제시하고, 왜 세계가 이러한 구조를 갖는지에 대해서도 묻고 또 대항한다. 그는 세계 내에 존재한다. 그러나 그는 자신이 포함된 세계 전체를 낯설게 여기고 문제시하며 이러한 세계를 극복하고 초월해야 할 과제를 떠올린다. 그는 결코 동물이나 기타 다른 피조물처럼 자연상태와 자연법칙만으로 안주할 수는 없는 것이다. 이런 자연상태는 결코 그에게 더 이상 고향이 될 수는 없고 인간은 여기서 자신을 떠돌이로, 유리하는 자로 여기는 것이다. 인간은 자신을 지배하는 자연법칙 자체와 자기에게 거주처를 제공하는 세계를 문제로 삼는다.

생성소멸의 자연법칙은 인간을 포함한 모든 존재자들이 맞이할 수밖에 없는 죽음 앞에서 극단적으로 냉혹한 모습을 드러낸다. 인간은 자신이 죽음에 내던져져 있다는 사실을 목격하면서 자신의 무력함과 궁극적인 한계를 뼈저리게 체득한다(야스퍼스의 '한계상황'). 그는 자신의 선택과도 무관하게 더 이상 어쩔 수 없는 불가능의 벽 앞에 놓이게 되고 '죽음에-처한-존재(Sein-zum-Tode)'(하이데거)임을 받아들이지 않을 수 없다.

그러나 이러한 상황 속에서도 그는 다른 피조물과는 달리 죽음을 문제로 여기고 그것을 당연한 자연법칙으로만 받아들이지는 않는다. 그는 자신이 처한 근원적인 상황에서조차 자신뿐만 아니라 모든 인간과 존재자들이 왜 사멸하지 않으면 안 되는지를 묻고, 이러한 사멸 앞에서 자신을 포함한 모든 존재자들의 존재의미를 묻는 것이다. 그는 불가능의 벽이라는 죽음 앞에서 극단적인 자신에게로 퇴행하여 자신의 실존을 획득하기도 하고 내세나 불멸성을 바라보기도 한다.

생성소멸의 법칙에는 ― 앞에서 언급했듯 ― 인간도 들어가 있다. 한 번 태어난 자는 죽어야 한다는 것이고 그것은 곧 자연의 섭리이고 천명인 것이다. 인간을 '이왕국적 존재'라고 규명한 칸트에게서도 잘 드러나듯 인간은 철저하게 자연법칙의 지배를 받는 존재이다. 그러나 이 자연법칙이 인간의 모든 운명을 결정하는 법정은 아닌 것이다. 그에게는 자연법칙의 인과율에서 해방된 도덕률이 존재하는 것이다.

고대의 문화민족들은 인간의 죽음을 단순한 자연법칙의 카테고리에서 설명함으로써 그 죽음의 문제를 다 해결한 것으로 생각하지는 않았다. 그들은 대지를 생명체인 가이아로 보았기에, 우리를 먹여 살리는 대지는 우리의 목숨까지도 품고 되돌려 받아들이는 그런 어머니로 여겼던 것이다. 그래서 죽음은 곧 '어머니 대지(Terra Mater)'의 품으로 돌아가는 것이나 다름없었다.

고대의 시인들은 대지를 생명의 유기체로, '성스러운 어머니 대지(Terra Mater)'로 노래했다. 인간이 거기로부터 와서 그 안에서 살다 거기로 돌아가기 때문이다. 호메로스는 「만물의 어머니인 대지에 대한 찬가(Geen meetera pantoon)」에서 다음과 같이 노래하고 있다: "모든 지상의 존재자들을 먹여 살리는 / 만물의 어머니인 대지에 관하여 나는 노래하리라. / 땅에서 일어나는 일이건, 바다와 공중에서 요동하는 것이건 다 그대의 / 충만과 은혜를 입고 있도다. / 좋은 자손들과 좋은 과실들은 그대로부터 왔으니 / 죽어야 하는 인간에게 생명을 부여하거나 / 돌려받는 것은 그대의 위력이로다. / 그러나 그대가 가슴으로 애지중지하게 기른 만물은 / 복될진저, 곧 이들에게 질투 없는 지극한 복이 마련되나니. … 별들로 가득 찬 하늘 우라노스의 아내이고 신들의 어머니인 그대 복되소서."

또 호메로스와 유사하게 아이스킬로스도 「코에포리」에서 이 어머니 가이아를 "모든 것을 낳고, 기르고, 다시 그 자궁 속에 받아들이는 자"라고 노래했다. 그러나 그 누구보다도 대지를 성스러운 어머니로 노래한 이들은 인디언들이었을 것이다. 와나품족의 추장인 스모할라는 땅을 경작하는 것조차 받아들이지 않았다. 그는 땅을 경작하는 것을 곧 어머니의 살을 찢는 것으로 여겼고, 돌을 빼내는 것을 어머니의 뼈를 꺼내는 것으로 보았으며, 풀을 자르는 것을 어머니의 머리카락을 베는 것으로 파악했던 것이다.[1]

이렇게 대지가 유기체인 어머니로 받아들여지는 데는 — 특히 자연에 순응한 고대인들의 세계관을 참고할 때 — 이론(異論)의 여지가 없을 것이다. 그러나 인간의 죽음이 '어머니 대지'에로 돌아간다는 것만으로 죽음문제가 다 끝난 것은 아니다. 인간은 땅 아래뿐만 아니라 하늘 위로 나아간 것이다. 고구려의 고분벽화에서 인간은 땅 아래 거주하면서 하늘 위로 나아가고 별들을 방문하고 있다. 그들은 그들의 유래가 하늘이고 천손(天孫)이라고 확고하게 믿고 있으며, 따라서 죽음이란 다름 아닌 육체의 탈을 벗은 영혼의 본향으로의 귀향이라고 여기는 것이다.

고대 그리스인은 신화의 형태로 불멸하는 인간의 영혼을 떠올리고 있다. 오르페우스의 신화에도 호메로스의 신화에도 또 제우스의 형 하데스가 다스리는 나라(하데스)에도 그러한 모습이 드러난다. 그러나 안타깝게도 이들이 드러내는 사후의 세계는 — 앞 장에서 면밀히 검토했듯 — 지극히 비참하고 어둡고 슬픈 형태를 띠고 있다. 그런데 피타고라스는 이들과 대조적으로 인간의 살아 있는 형태가 오히려 벌을 받아 영혼의

---

1) M. 엘리아데(이동하 옮김), 『聖과 俗』, 학민사, 1996, 123쪽 참조.

상태에서 쫓겨난 것이라 여긴다. 그러나 아쉬운 것은 피타고라스가 이러한 진술 외에는 더 이상 그러한 세계에 대해 해명한 게 없다는 것이다.

그러나 고구려인들은 오르페우스나 호메로스에게서처럼 또 하데스의 왕국처럼 어둠과 비참, 고통, 벌과 같은 형태로 드러내지 않았다. 고구려인들에게서 죽은 자는 '하늘의 영광'으로 나아간다. 그들은 하늘 식구의 곁으로 나아가고 별들을 방문하며 초인간적 존재자들과 교제한다. 그들은 이들의 곁에[2] 거주하는 것이다.

고분의 천장벽화는 아주 특이하다. 벽에 있는 그림이 대체로 사실적이고 지상적인 것을 다루었다면, 천장의 그림은 상징적이고 천상적인 것을 담고 있다. 무용총의 천장벽화는 마치 우주의 삼라만상을 담은 듯 각종 동식물과 동식물의 형태를 한 생명체들, 천마와 신선 등등의 모습으로 가득 찼다. 분명 이들은 코스모스의 가족일 것이다. 피라미드 식으로 이루어진 천장은 각 층마다 천상적이고 상징적인 내용을 나타내고 있는데, 봉황을 비롯한 세 발 공작, 용, 천마 등 신비로운 생명체들(현실세계에서는 존재하지 않는)과 하늘을 나는 신선, 별들과 구름 등등이 드러난다. 마치 신선이 살고 있는 천상의 세계를 표현한 것으로 보인다. 이 천장벽화에는 죽음 저편의 세계, 사후의 세계, 즉 영원한 고향에 대한 고구려인들의 종교관이 담겨 있다.

고분의 세 평 안팎의 방에는 땅과 하늘, 인간의 지상에서의 삶과 천상에서의 삶이 서로 연결되어 있고 또한 똑같은 우주적 중량을 갖고 있다. 이들 양자 사이엔 결코 절대적 단절이 가로놓인 것이 아니라, 오히려 그 경계선이 지워지고 없다. 이 양자 사이에 넘을 수 없는 벽을 허문 곳에 고대 한국인들의 형이상학적 초월성이 내재하고 있다. 인간의 세계와 신의

2) 코스모스의 이러한 속성을 증명하는 것이 플라톤의 대화록 『티마이오스』이다.

세계, 이승과 저승, 지상과 천상이 서로 유기적 순환관계에 놓여 있는 것이다. 지상에서의 죽음은 천상에서의 탄생이다. 죽음이란 곧 인간이 이 지상으로 오기 전에 있었던 천상세계로의 귀향이라는 것이 이미 단군신화에 잘 각인되어 있고, 천손(天孫)사상에도 잘 드러나 있다. 따라서 고구려인들에게 천상의 세계는 인간이 온 곳이자 갈 곳이다. 이러한 철학적 바탕으로 고구려인들은 고분을 건축하고 벽화를 그렸는데, 고분벽화에는 고구려인들의 생사관과 내세관을 꿰뚫어보는 예지력이 드러나 있다.

인간의 운명은 보통 이승에서 저승으로 건널 수 없는 불가능의 벽 앞에서 좌절하고 만다고 실존철학자들은 말한다. 그렇지만 고구려인들은 이승과 저승의 중간에 위치한 죽음 앞에서 어떠한 좌절이나 비탄, 공포와 불안으로 떨지 않는다. 그들에게는 지상에서의 삶이라고 해서 결코 하찮은 것이 아니며, 죽는다고 해서 혼백이 사라진다거나 모든 게 끝장나는 것도 아닌 것이다.

오회분 4호 고분은 내부에서 피라미드형으로 건축하여 궁륭형의 세계를 만들었는데, 여기에 신들의 세계와 신비로운 하늘의 세계, 다양한 천상의 파노라마를 역동적으로 펼쳐 보이고 있다. 피타고라스와 아리스토텔레스가 말한 '하늘의 협화음'을 총천연색의 동영상으로 재현했다고 해도 과언은 아닐 것이다. 더욱이 여기서 경각심으로 파악해야 하는 것은 동양에서의 특별한 하늘의 의미이다. 그것은 살아 생동함과 동시에 인격적인 요소까지 갖추고 있는 것이다. 이러한 하늘의 의미를 파악할 때 고분벽화의 불멸성에 대한 의미가 더욱 명확하게 드러난다.

또 오회분 4호 고분에는 해와 달을 머리로 받쳐 든 신선들, 장고와 거문고, 피리와 뿔피리 등 수많은 악기들을 연주하는 모습들이 드러난다. 신선들은 신비한 불사약이 담긴 그릇을 들고서 하늘세계의 별들 사이로 스치고 있다. 또한 곳곳에 신비로운 형태의 나무들은 본향의 정원을, 생명과 행복이 넘치는 동화의 마을을 장식하고 있으며 마치 '태초의 완전성'(엘리아데)을 표현한 것이기라도 하듯, 혹은 원초의 에덴동산과 같은 낙원을 상징하듯 가늠하기 어려울 정도로 신비한 색채를 띤 채 서 있다.

신들과 하늘의 세계(오회분 4호묘)

그런데 신선들이 불사약을 들고 있다든지, 불사조의 봉황이나 용을 타고 있다는 것은 인간이 죽음으로서 모든 것이 끝나는 것이 아니라 불멸한다는 것이며, 더욱이 인간이 신선으로 되어 하늘을 날고 별들을 방문하는 것은 '영원의 상하'에서 펼치는 존재의 향연을 드러내고 있는 것이다. 이미 천의(天衣)를 입고서 혹은 구름을 타거나 신비한 하늘세계의 동물들(봉황, 학, 용, 주작, 천마 등등)을 타고서 비천(飛天)하는 것은 모든 멸망하는 요인들과 불가능의 장벽을 깨뜨리고 불멸하는 자유의 나라에서 유유자적한다는 것을 적나라하게 드러내는 것이고, 또 하늘나라의 초월자들과 함께한다는 것을 보여주는 것이다. 더욱이 악기를 연주하면서 비천하는 것은 천상에서 '천상의 향연'을 펼치고 있음을 형상화한 것이 아니고 무엇이겠는가.

　이러한 비천은 그리스의 신화에서 이카로스가 하늘을 날고 싶은 나머지 양초로 날개를 붙여 하늘로 날아간 것과는 전혀 차원이 다르다. 그저 하늘을 나는 것을 드러내기 위해서는 날개를 단 모습만으로 충분할 것이다 — 마치 서양에서의 큐피드나 천사들처럼. 그러나 고분벽화에서의 비천은 단지 나는 것만을 드러내거나 나는 것만을 목적으로 하는 것은 아니다. 그들은 하늘나라의 불멸하는 초월자와 함께하고 또 그들의 대열에 껴서 그들과 함께 거주한다는 것이다.

　불사약을 찧고 있는 것은 불멸하는 시공에서 불멸하는 식구들이 본향(선향, 신향, 동화의 마을)에서 살고 있다는 것이다. 불사약을 찧고 있는 것은 달 속에 그려진 옥토끼의 모습에도 드러난다(진파리 1호분, 개마총에 그려진 달 등등). 옥토끼는 계수나무 아래에 있는 약 절구통 속의 약을 찧고 있다. 그것은 불사(不死)하게 하는 선약인 것이다. 이러한 불사약은 고대 그리스 신화에서 신들의 암브로시스(Ambrosis: 신들만의 양식)와도 비슷한 성격을 띠고 있다. 그리스 신화에서 그러나 암브로시스와 음료수인 넥타르는 오직 신들에게만 허용된 것이며 인간에겐 허용되어 있지 않아, 신들의 세계와 인간 사이에는 넘을 수 없는 장벽이 놓여 있음을 파악할 수 있다(이원론).

기가 찰 정도로 기발한 불멸성의 발상은 덕흥리 벽화분이나 무용총에 드러난 사람의 머리 형상을 한 새(인두조[人頭鳥])에도 나타난다. 불사조의 머리가 사람이 됨으로써 **불사(不死)하는 인간**을 표현한 것이다. 심지어 덕흥리 벽화분에 있는 목이 유난히 긴 하조(賀鳥)는 등에 불사약까지 업고 있으면서 인간의 얼굴을 하고 있어, 영원불멸의 의미를 더욱 증폭시키고 있다. 고구려의 고분벽화에는 '만세전'이라든지 '천추전(千秋塼)'이라는 글귀가 쓰인 벽화도 발견되는데(덕흥리 고분, 천왕지신총, 대동강 유역의 낙랑고분), 이를 통해 만세와 영원을 기원하는 의미가 표현된 것이다.

일찍부터 북방 아시아의 민족들에게서 하늘을 나는 새[3]와 주인을 지키는 개, 하늘의 비밀을 아는 사슴(삼실총, 『나무꾼과 선녀』), 인간과 동행하는 말은 단순한 지상에서의 동물[4]로만 그치는 것이 아니라, 천상과 지상의 전령으로 받아들여졌다. 특히 개는 주인의 영혼을 지키고, 말은 주인을 하늘세계로 인도하는 사자(使者)인 것이다. 압록강 너머의 집안에

---

3) 하이데거는 그의 「건축함 거주함 사유함」에서 거주함은 소중히 보살핌이고 또 수호함이라고 한다. 그런 거주함은 친밀성을 갖고서 사물들의 곁에(bei den Dingen) 머무는 것이라고 한다.

있는 각저총의 내부 이음길의 벽에 부리부리하게 눈을 뜨고서 우람하게 짖는 모습을 한 개는 누가 봐도 확실하게 주인을 지키고 있는 역할을 하고 있음을 알 수 있다. 또한 고분벽화에 자주 등장하는 불사조인 세 발 봉황과 공작, 세 발 까마귀[5]는 **불멸로 인도하는 사자(使者)**의 역할을 담당한다.[6]

---

4) 신영훈이 지적하듯 "인도에서 불교국으로 전해진 '지키는 짐승'은 사자였다."(신영훈, 『고구려』, 조선일보사, 2004, 201쪽) 그러나 고구려의 고분에서 사자는 지킴이로 등장하지 않는다. 사자가 고구려에 없었을 뿐만 아니라 사자의 속성이 사람을 지키지 않기에 지킴이로 등장하기는 만무하다. 그런데 "일본에서는 사자보다 고구려에서 건너온 '고마이누'가 일본 민족이 숭상하는 도량인 신궁과 신사에까지 퍼졌고 오늘에 이르고 있다."(앞의 곳)

5) 고분벽화에 그려진 동물들은 소위 '상서로운 동물'로서 평범하게 이해되는 동물들과는 다르다. 그러나 그럼에도 불구하고 우선 동물에 대한 오늘날의 개념을 그대로 적용시키면 안 된다. 오늘날의 동물개념은 근세에 형성된 것으로서 인간이 코스모스에서 주도권을 휘어쥐고 주인 행세를 하면서부터 동물의 이미지는 전적으로 추락하였다. 오늘날의 동물은 인간에 의해 마음대로 처분될 수 있는 상황이다. 동물은 이제 실험동물이나 소비를 위한 산업적인 고기로 전락하였다. 그러나 고대와 원시로 올라갈수록 동물의 개념은 오늘날의 동물개념과는 전적으로 다르게 받아들여진다. 심지어 보드리야르가 말하듯 "옛날에는 동물들이 인간보다 훨씬 성스럽고 신성한 성격을 지녔다."(장 보드리야르, 하태환 옮김, 『시뮬라시옹』, 민음사, 2004, 213쪽)고 하는 이들도 있다. "아무튼 동물들은 항상, 우리에게서까지도, 모든 신화들이 그 자취를 밟고 있는 신성한 혹은 제물적인 고상함을 가지고 있었다."(앞의 책, 214쪽)

6) 신영훈은 세 발 까마귀가 태양의 상징이 된 것에 대해 독특한 해석을 한다: "하필 왜 까마귀가 해의 상징이 되었을까 잔뜩 궁금했는데 천산산맥을 넘으면서 비로소 한 가지 사실을 깨닫게 되었다. 해발 3,000m가 넘는 고산지대에는 다른 새는 살지 못한다고 한다. 그런 고지에서 살 수 있는 새는 오직 까마귀뿐이란다. 마을 사람들의 설명이었는데 사실이 그렇다면 정말 놀랍다. 고구려 사람들이 해의 정령으로 까마귀를 등장시킨 것은 그들이 기마민족답게 말을 타고 널리 다녔고 까마귀가 뭇 새보다 높은 지역에 서식한다는 사실을 터득했다는 말이 되기 때문이다. 이는 가공이 아니라 실상의 미화이다."(신영훈, 앞의 책, 20쪽) 2007년 방영한 드라마 「주몽」에서도 나왔듯이 고대 한국의 국가(부여, 고구려)가 중국 한나라와 전쟁할 때 삼족오의 깃발을 앞세웠다. 태양의 정령으로 상징되는 삼족오는 중국에는 없는 문화이다(앞의 책, 70쪽 참조). 만약 중국에서 삼족오의 벽화가 발견된다면, 그것은 부여와 고구려 및 동이계의 영향일 것이다.

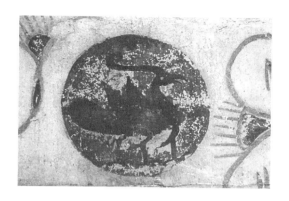

또 말의 경우는 하늘로 비상하는 천마총의 천마를 통해서도 잘 알려져 있고 『나무꾼과 선녀』에서도 잘 밝혀져 있는데, 고구려의 고분벽화에도 (안악 1호분, 덕흥리 벽화분, 장천 1호분, 개마총 등등) 무덤 주인을 하늘로 인도하는 천마라든지, 하늘세계를 달리는 천마가 생동감 있게 그려져 있다. 이러한 천마는 고대 그리스의 신화에서 페가수스로서 태양신의 수레를 동편에서 서편으로 끄는 역할을 맡아 태양의 운행을 돕거나 신들이나 영웅들의 여행(천상에서 지상으로 혹은 지상에서 천상으로)을 도운 것으로 묘사되었다.

덕흥리 고분의 천마도

또한 플라톤의 대화록 『파이드로스』에서는 인간의 영혼이 날개 돋은 두 말(하나는 '고귀한 천마'와 다른 하나는 하늘로의 비상을 방해하는 '정욕의 영혼'을 상징하는 흑마)과 이들을 다루는 마부('지성적 영혼')로 구성되어 있는데, 마부와 고귀한 천마가 득세할 경우 인간의 영혼이 하늘로 날아간다는 것을 나타내고 있다. 플라톤의 '영혼마차'와는 그 방식과 유형이야 다르겠지만 고구려인들과 고대의 한국인들은 천마를 타고 하늘로 나아갔을 것이다.

나오는 말

절대적인 침묵과 어둠이 지배하는 고분의 공간에는 놀라울 정도로 오묘한 철학적 내용을 담은 벽화가 펼쳐져 있다. 왜 이런 엄밀한 공간에 벽화를 그렸을까? "말할 수 없는 것에 대해선 침묵하라."고 어떤 철학자(비트겐슈타인)는 설파하지만, 그리고 이런 진술은 실증주의에겐 지극히 타당한 명제가 되겠지만, 그러나 역설적으로 '말할 수 없는 것'을 말하는 데에서 철학이 시작된다고도 할 수 있다. 실증학문으로 대답 못하는 곳에 철학이 날개를 펼치기 때문이다. 그리고 저런 명제를 철학에 명령할 권리는 없다! 물론 '말할 수 없는 것'을 말한다고 해서 어찌 황당하고 터무니없는 것들을 늘어놓는단 말인가.

무덤벽화는 분명 사자(死者)와 직접적인 관련이 있으며, 결코 후세의 사람들에게 보여주기 위해 그린 것은 아니라고 여겨진다. 그런데 한 인간의 운명이 죽음과 함께 모두 끝나버린다거나 종말과 무화(無化)로 이어진다고 여겼다면 굳이 벽화를 그리지도 않았을 것이다. 그러나 그들은 그토록 심혈을 기울여 그렸기에, 거기에는 우리가 예상하지 못한 철학적 · 종교적 · 형이상학적 의미가 존재하리라는 추론을 할 수가 있다. 그런데 벽화 자체가 바로 이러한 철학적 · 종교적 · 형이상학적 의미를 대변해주고 있다.

고분벽화는 인간이 거주하는 모습, 즉 삶을 영위하는 인간의 진솔한 모습에서부터 신비한 하늘의 세계와 인간의 운명 및 불멸성에 이르기까지 그 심오한 철학적 · 종교적 · 형이상학적 의미를 드러내고 있다. 20세기에 이르러 철학자 하이데거와 종교사학자인 엘리아데에 의해 인간의 거주하는 모습이 철학적인 지평 위로 등장하게 되었다. 물론 철학사에서 인간의 거주하는 모습에 대한 논의가 철학적인 테마로 되는 것은 자연스러운 일이고, 또 이런 테마가 당연히 논의되어 왔을 것이다. 그러나 하이데거는 그의 존재사유에서 이 문제를 크게 부각시켰다. 고구려인들은 그러나 지금으로부터 거의 2천 년 이전에 이미 그 중요성을 간파하고서 벽화에다 이 테마를 옮겨놓았다.

고구려인들이 천착한 철학적 문제들은 오늘날에도 여전히 공감을 하고 있는 문제들이며, 우리들뿐만 아니라 세계적으로도 관심영역이 되는 그런 테마들이다. 고향과 귀향의 철학, 축제문화, 문명의 창조, 원시도교의 향연, 이원론의 극복, 초월자에 대한 사유, 네 방위로 파악된 우주론, 죽음이라는 운명과 자유, 불멸사상, 내세론 등등 이 모든 테마들은 확실히 동서양을 막론한 보편적인 측면에서 중요한 이슈가 된다. 따라서 고분벽화에 그려진 철학은 세계철학의 차원에서 논의되고 해석될 필요성이 있는 것이다. 동시에 저러한 테마들은 한국의 고대철학의 지평을 펼치는 획기적인 사건이라고 할 수 있다.

인간이 '형이상학적 존재(ens metaphysicum)'라고 한다면, 고분벽화를 통해 '새로운 형이상학의 지평'을 펼쳐놓은 고구려의 정신세계는 결코 추상적 관념론이나 인식론의 카테고리 틀 안에서 허우적거리는 것이 아니라, 섬뜩할 정도로 — 적어도 이러한 작품 속에서는 — 생생하고 구체적이다. 그러면서도 인간의 실존적이고 궁극적인 문제를 다루고 있는 것이다. 그것은 인간의 운명과 궁극적인 것, 인간의 영혼불멸, 초월자와의 관계, 코스모스에서의 위상에 대해 **응답하고** 있기 때문이다.

종교의 궁극적 목적은 무엇인가? 그것은 물론 신학적 · 철학적 · 종교학적 분석에서 여러 가지로 응답할 수 있겠지만, 그리고 경우에 따라선 여러 가지 목적들로 분류될 수도 있겠지만, 어쨌든 그 어떤 다른 목적들보다도 절대자와 초월자의 영역으로 나아가는 것이 우선적일 것이고, 그와 결합하며 함께 거주하는 것이다. 기독교의 목적도 이와 맞물려 있다. 천국에서 혹은 파라다이스에서 천사와 함께, 그리스도와 함께, 그리고 창조주 하나님과 함께 거주하는 것이야말로 기독교를 신앙하는 사람들에게 가장 강력하게 염원되는 목적일 것이다.

초월자와 만나고 사귀며 함께 거주하는 것이야말로 철학과 종교의 궁극적 목적 가운데 하나일 것이고, 고구려의 고분벽화는 바로 이러한 목적에 대해 응답하고 있는 것이다. 고분벽화에서 인간은 마치 무덤 가운데 누워 있는 사람이 되살아난(부활한) 몸을 이끌고 비상한 것처럼 생생한 인간의 모습을 하고서 하늘의 별꽃가루가 뿌려진 정원으로 나아간다. 여기서 '생생한 인간의 모습'을 하고 있다는 것은 우선 추상적 관념이나 개념적 인식론으로 불멸이나 영혼에 대해서 이론적으로 논의하는 차원이 아니라, 생생하게 활동하는 모습이 벽화 속에서 동영상으로 담겨 있다는 것이다. 또한 무덤 주인이 신비로운 세 발 공작과 용을 타고 북두칠성이나 기타 다른 별에 다다른다는 것은 불멸신앙의 흔적이 묻어 나온다. 참으로 궁극적인 것에 대한 고구려인의 웅장하고 숭고한 모습이 드러난다.

참고문헌

강윤동(KBS 고구려 특별대전 기획본부 편), 『고구려 이야기』, 범조사, 1994.
강학순, 「하이데거의 보살핌에 관한 현상학적 존재사유」, 『보살핌의 현상학』 ('철학과 현상학 연구' 제18집), 철학과현실사, 2002.
강학순, 「하이데거 사유의 종교철학적 지평」, 『기독교철학』 창간호, 한국기독교 철학회, 2005.
김부식(신호열 역해), 『삼국사기』 I, II, 동서문화사, 1978.
김원룡, 『벽화』('한국미술전집' 4), 동화출판공사, 1974.
김원룡, 「고구려의 미술」, 『한국사상』 7, 1964.
김원룡, 「고구려의 벽화고분」, 『한국사의 재조명』, 1975.
김원룡, 『한국벽화고분』, 일지사, 1980.
김일권, 「벽화천문도를 통해서 본 고구려의 정체성」, 『고구려 정체성』, 고구려연 구회 편, 학연문화사, 2004.
김일권, 「고구려 고분벽화의 별자리그림 考定」, 『백산학보』 46, 1996.
김일권, 「고구려 고분벽화의 천문 관념체계 연구」, 『진단학보』 82, 1996.
김일권, 「고구려 고분벽화의 북극성 별자리에 관한 연구」, 『고구려 연구』 5, 1998.
김재선 · 엄애경 · 이경, 『한글 동이전』, 서문문화사, 1999.
김종태, 「고대한국미술의 특색과 그 형성」, 『한국미의 연구』, 열화당, 1978.
F. W. 니체(사순욱 옮김), 『짜라투스트라는 이렇게 말했다』, 홍신문화사, 2007.
E. R. 도즈(주은영 · 양호영 옮김), 『그리스인들과 비이성적인 것』, 까치, 2002.
류연산, 『고구려 가는 길』, 아이필드, 2004.
리하르트 샤에플러(김영필 옮김), 『종교철학』, 이론과 실천, 1994.
C. 레비스트로스(이동호 옮김), 『신화를 찾아서』, 동인, 1994.
H. 롬바흐(전동진 옮김), 『아폴론적 세계와 헤르메스적 세계』, 서광사, 2001.
H. 롬바흐(전동진 옮김), 『철학의 현재』, 서광사, 2001.
박종홍, 『한국의 사상』, 문공사, 1982.
박찬국, 『들길의 사상가 하이데거』, 동녘, 2004.
박창범, 『하늘에 새긴 우리 역사』, 김영사, 2002.
박현, 『한국고대지성사산책』, 백산서당, 1995.
J. 보드리야르(하태환 옮김), 『시뮬라시옹』, 민음사, 2004.

보에시우스(정의채 옮김), 『철학의 위안』, 성바오로출판사, 1973.

북애(고동영 옮김), 『규원사화』, 한뿌리, 2005.

B. 스넬(김재홍 옮김), 『정신의 발견』, 까치, 2002.

서길수, 『고구려 역사유적 답사』, 사계절, 2000.

송항룡, 「한국 道教 · 道家사상의 特質」, 조명기 외 지음, 『한국사상의 심층』, 우석출판사, 1994.

신영훈, 『고구려』, 조선일보사, 2004.

신형식 외, 『아! 고구려』, 조선일보사, 1993.

신형식, 『집안 고구려 유적의 조사연구』, 국사편찬위원회, 1996.

심재룡 외, 『한국에서 철학하는 자세들』, 집문당, 1989.

M. 엘리아데(이동하 옮김), 『聖과 俗』, 학민사, 1996.

오가와 히데오(고선윤 옮김), 『고대문명』, 서울문화사, 2004.

W. H. 월시(이한우 옮김), 『형이상학』, 문예출판사, 1996.

「월드컵 특별기획 역사스페셜」, 제2편 고분벽화, KBS 2002년 6월 8일 방송자료.

우실하, 『동북공정 너머 요하문명론』, 소나무, 2007.

울리히 호이서만(장영태 옮김), 『횔덜린』, 행림출판사, 1980.

유경채, 「고구려벽화에 관한 소감」, 『생활문화』(1-2), 1946.

윤내현, 『한국고대사』, 삼광출판사, 1991.

윤병렬, 「플라톤과 하이데거 및 고구려의 고분벽화가 표명한 '사방'으로서의 코스모스」, 『하이데거 연구』 제10집, 세림출판사, 2004.

윤병렬, 「'거주함'의 철학적 지평: 하이데거의 사유와 고구려의 고분벽화를 중심으로」, 『하이데거 연구』 제11집, 세림출판사, 2005.

윤병렬, 「"나무꾼과 선녀"에서의 종교현상학」, 『보살핌의 현상학』('철학과 현상학 연구' 제18집), 철학과현실사, 2002.

윤사순 · 고익진, 『한국의 사상』, 열음사, 1992.

이가원 외, 『한국학 연구입문』, 지식산업사, 1981.

이광세, 『동서문화와 철학』, 철학과현실사, 1996.

이광표, 『사진으로 보는 북한의 문화유산』, 동아일보사, 1997.

이규보 · 이승휴(박두포 옮김), 『동명왕편 · 제왕운기』, 을유문화사, 1987.

이기백, 『한국사 신론』, 일조각, 1993.

이남석, 「북한의 고구려 고분 연구 현황」, 김정배 편, 『북한의 고대사 연구와 성과』, 대륙연구소, 1994.

이태호 · 유홍준 편, 『고구려 고분벽화』, 풀빛, 1995.

이형구 외, 『고구려의 고고 · 문물』, 한국정신문화연구원, 1996.

이어령, 『한국인의 신화』, 서문당, 1996.

이용곤, 『동양철학개설』, 홍학출판사, 1993.

이은창, 「한국고대벽화의 사상사적 연구: 삼국시대 고분벽화의 사상사적인 고찰을 중심으로」, 『성곡논총』 16, 1985.

이형구, 「고구려의 삼족오 신앙에 대하여: 고고학적 측면에서 본 조류숭배 사상의 기원문제」, 『동방학지』 86, 1994.

일연(권상로 역해), 『삼국유사』, 동서문화사, 1978.

전광식, 『고향』, 문학과지성사, 1999.

전동진, 「롬바흐의 그림철학」, 『하이데거의 예술철학』, 철학과현실사, 2002.

전호태, 『고구려 고분벽화 연구』, 사계절, 2001.

전호태, 『고구려 이야기』, 풀빛, 2001.

전호태, 「고구려 고분벽화의 이해를 위하여」, 『역사비평』 26, 1994년 가을호.

전호태, 『고분벽화로 본 고구려 이야기』, 풀빛, 1999.

정대현 외, 『표현인문학』, 생각의 나무, 2000.

정재서, 『不死의 신화와 사상』, 민음사, 1995.

정재서, 『한국도교의 기원과 역사』, 이화여자대학교출판부, 2006.

정진홍, 『종교학 서설』, 전망, 1980.

조명기 외, 『한국사상의 심층』, 도서출판 우석, 1994.

조선미, 「고구려 고분벽화에 나타난 회화사상」, 『초우 황영수 박사 고희기념 미술사논총』, 1988.

조선일보사, 『집안 고구려 고분벽화』, 1993.

진홍섭, 「삼국시대 미술의 정신세계」, 『전통과 사상』 IV, 한국정신문화연구원, 1986.

차주환, 「한국 도교의 공동체관」, 『도교사상과 한국도교』(도교문화연구 제11집), 국학자료원, 1997.

최무장·임연철 편저, 『고구려 벽화고분』, 신서원, 1990.

최상욱, 「거주하기의 의미에 대하여」, 『하이데거와 근대성』, 철학과현실사, 1999.

최순우, 「고분벽화」, 『한국회화』(권 1), 도산문화사, 1981.

최순우, 「통구의 고구려벽화」, 『신예술』(1), 1956.

최창규, 『한국의 사상』, 서문당, 1996.

칼 구스타프 융 편저(정영목 옮김), 『사람과 상징』, 도서출판 까치, 1995.

K. 케레니(장영란·강훈 옮김), 『그리스 신화』, 궁리, 2002.

토머스 불핀치(한백우 옮김), 『그리스 로마 신화』, 홍신문화사, 1993.

타히르 후세인 엮음(박영구 · 최병연 옮김), 『유네스코 세계문화유산』, 베텔스만 출판사.

『특별기획전 고구려!』, 민족화해협력범국민협의회 · 중앙일보 · SBS 주최, '특별기획전 고구려! 행사추진위원회' 편집 및 발행, 2002.

한국방송공사, 『고구려 고분벽화』, 1994.

한국역사연구회 고대사 분과, 『고대로부터의 통신』, 푸른역사, 2004.

한상남, 『한국전래동화』, 민서출판사, 1991.

한상우, 『우리것으로 철학하기』, 현암사, 2003.

한전숙, 『현상학』, 민음사, 1996.

헨드릭 빌렘 반 룬(박성규 옮김), 『인류 이야기』, 아이필드, 2002.

혜초(이석호 옮김), 『왕오천축국전』, 을유문고, 1984.

＊ 하이데거의 저작

Beiträge zur Philosophie(GA. 65), Vittorio Klostermann Verlag: Frankfurt a.M., 1989.

Martin Heidegger: Innen- und Außenansichten, Suhrkamp: Frankfurt a.M., 1989.

Der Feldweg, Vittorio Klostermann: Frankfurt a.M., 1953.

Der Satz vom Grund(1957), Günther Neske: Pfullingen, ⁶1986.

Der Ursprung des Kunstwerkes, Reclam: Stuttgart, 1988.

Die Grundbegriffe der Metaphysik(GA. 29/30), Frankfurt a.M., 1983.

Die Technik und die Kehre(1949/50), Günther Neske: Pfullingen, 1962.

Einführung in die Metaphysik, Max Niemeyer: Tübingen, 1987.

Erläuterungen zu Hölderlins Dichtung(『횔덜린의 시작(詩作) 해석』), Klostermann: Frankfurt a.M., 1951.

Gelassenheit, Neske: Pfullingen, 1982.

Heraklit, gemeinsames Seminar mit Eugen Fink im WS 1966/67, Klostermann: Frankfurt a.M., 1970.

Hölderlins Hymnen 'Germanien' und 'Der Rhein'(GA.39), Frankfurt a.M., 1980.

Hölderlins Hymne 'Andenken' (GA.52), Frankfurt a.M., 1982.

Holzwege, Klostermann: Frankfurt a.M., ⁶1980.

Hölderlins Hymne 'Der Ister' (GA.53), Frankfurt a.M., 1984.

Nietzsche I, II, Günther Neske: Pfullingen, 1961.

Parmenides(Gesamtausgabe Bd. 54), Klostermann: Frankfurt a.M.,
   1982.
Sein und Zeit(1927), Max Niemeyer: Tübingen, [15]1984.
Unterwegs zur Sprache, Neske, Stuttgart, 1993 (10. Aufl.).
Über den Humanismus, Klostermann: Frankfurt a.M., 1949.
Vorträge und Aufsätze(「강연과 논문」), Günther Neske: Pfullingen, [6]1990.
Was heisst Denken?, Max Niemeyer: Tübingen, 1961.
Was ist Metaphysik?, Klostermann: Frankfurt a.M., [5]1949.
Wegmarken(1967), Klostermann: Frankfurt a.M., [2]1978.
Wozu Dichter?, in *Holzwege*, Klostermann: Frankfurt a.M., [6]1980.

Aristoteles, *Aristoteles' Metaphysik*, hrg. von Horst Seidel, Felix
   Meiner Verlag: Hamburg, 1989.
Bollnow, O.F., *Neue Geborgenheit*, Kohlhammer: Stuttgart, 1979.
Diels, H. *Die Fragmente der Vorsokratiker*, Rowohlt: Hamburg, 1957.
Fink, G., *Who's Who in der antiken Mythologie*, dtv, München, 1993.
Gethmann-Siefert, A., *Heidegger und Hoelderlin. Die Ueberforderung
   des dichters in duerftiger Zeit*, in Heidegger und die praktische
   Philosophie, Suhrkamp: Frankfurt a.M., 1988.
Gundolf, Friedrich, *Hölderlins Archipelagus*, in *Hölderlin*, hrg. von
   Alfred Kelletat, J.C.B.Mohr: Tübingen, 1961.
Ritter, J. (Hrg.), *Historisches Woerterbuch der Philosophie*, Schwabe
   Verlag: Basel/Stuttgart, 1972.
Hölderlin, Friedrich, *Hölderlin*(Werke und Briefe in einem Band),
   ausgewaehlt von Pierre Bertaux, Winkler Verlag: München.
Hoffmann, K.(Hrg.), *Die Wirklichkeit des Mythos*, Knauer: München/Zürich, 1965.
Holz, Harald, *Vom Mythos zur Reflexion*, Alber: Freiburg/München
   1975.
Husserl, Edmund, *Gesammelte Schriften*, Meiner: Hamburg, 1992.
Husserl, Edmund, *Erfahrung und Urteil*, Classen Verlag: Hamburg, 1964.
Husserl, Edmund, *Ideen zu einer reinen Phänomenologie und phänomenologische Philosophie*, Erstes Buch, Den Haag, 1976.
Jaspers, K., *Die Sprache/Über das Tragische*, Piper: München, 1990.

Kant, I., *Kritik der reinen Vernunft*, hrg. von Raymund Schmidt, Felix Meiner Verlag: Hamburg, 1976.

Kerenyi, K., *Die Eröffnung des Zugangs zum Mythos*, Wiss. Buchgesellschaft: Darmstadt, 1982.

Kerenyi, K., *Umgang mit Göttlichem*, Vandenhoeck & Ruprecht: Göttingen, 1955.

Kaufmann, Sylvia, *Die Wiederkehr der Goetter als Erwartungshorizont*, in 『독일문학』, 제66집, 한국독어독문학회, 1998.

Kemper, Peter, *Macht des Mythos—Ohnmacht der Vernunft?*, Fischer: Frankfurt a.M., 1989.

Kitto, H.D.F., *Die Griechen*, Deutsche Buch-Gemeinschaft: Berlin /Darmstadt/Wien, 1967.

Marx, Werner, *Heidegger und Tradition*, Felix Meiner: Hamburg, 1980.

Marx, Werner, *Gibt es auf Erden ein Mass?*, Fischer: Frankfurt a.M., 1986.

Otto, Rudolf, *Das Heilige*, C.H. Beck: München, 1979.

Otto, Walter F., *Theophania*, Rowohlt: Hamburg, 1956.

Phänomenologische Forschungen 22, Alber: Freiburg/München, 1989.

Pieper J., *Über die platonischen Mythen*, Kösel Verlag: München, 1965.

Platon, *Sämtliche Werke*(전집), Insel verlag: Frankfurt a.M. und Leipzig, 1991.

Pöggeler, Otto, *Der Demkweg Martin Heideggers*, Neske: Pfullingen, 1983.

Rueegg, Walter, *Antike Geisteswelt*, Suhrkamp Taschenbuch, 1980.

Schelling, F.W.J., *Texte zur Philosophie der Kunst*, 1982.

Schmidt, Gerhart, *Vom Wesen der Aussage*, Anton Hain KG: Meisenheim/Glan, 1956.

Störig, H.J., *Kleine Weltgeschichte der Philosophie 2*, Fischer: Frankfurt a.M., 1981.

Volkmann-Schluck, K.-H., *Die Philosophie der Vorsokratiker*, Königshausen & Neumann: Würzburg, 1992.

저자 윤병렬

독일 본(Bonn)대학교 철학과에서 마기스터 학위와 박사학위를 받았다. 현재 안양대, 중앙대, 강남대 등에 출강하고 안양대에서 겸임교수로 재직 중이다. 한국하이데거학회의 회장을 역임하였고, 연세대 연세철학연구소에서 전문연구원으로 활동하고 있다.
주요 저서 및 논문으로 『하이데거의 사유에서 진리이해의 변화: 후설과 고대 그리스 사유의 조명에서 하이데거의 진리파악에 대한 검토』(Shaker 출판사), 『노자에서 데리다까지』(예문서원, 공저), 『철학의 센세이션』(철학과현실사, 2002년 문화관광부 추천도서), 「후설 현상학에서의 세계이해: 보편지평으로서의 세계」, 「퓌시스 · 존재 · 도(道): 헤라클레이토스 · 하이데거 · 노자의 시원적 사유」, 「고대 그리스와 하이데거의 사유에서 개시와 선포의 해석학」, 「플라톤과 하이데거 및 고구려의 고분벽화가 표명한 ‘사방’으로서의 코스모스」, 「존재에서 존재자로?: E. 레비나스의 존재이해와 존재오해」, 「도(道)와 존재: 노자와 하이데거의 사유세계 엿보기」, 「하이데거의 존재사유에서 고향상실과 귀향의 의미」 등이 있다.

고구려의 고분벽화에 그려진 한국의 고대철학

지은이   윤병렬

1판 1쇄 발행   2008년 9월 20일
1판 1쇄 인쇄   2008년 9월 25일

발행처   철학과현실사
발행인   전춘호

등록번호   제1-583호
등록일자   1987년 12월 15일

서울특별시 종로구 동숭동 1-45
전화번호 579-5908
팩시밀리 572-2830

ISBN 978-89-7775-675-5 03150
값 15,000원

●잘못된 책은 교환해 드립니다.